D1738452

En la oscuridad

Ed y Lorraine Warren
Carmen Reed y Al Snedeker
con Ray Garton

En la oscuridad

EDICIONES OBELISCO

Si este libro le ha interesado y desea que le mantengamos informado
de nuestras publicaciones, escríbanos indicándonos qué temas son de su interés
(Astrología, Autoayuda, Ciencias Ocultas, Artes Marciales, Naturismo,
Espiritualidad, Tradición…) y gustosamente le complaceremos.

Puede consultar nuestro catálogo en www.edicionesobelisco.com

Colección Estudios y Documentos
En la oscuridad
Ed y Lorraine Warren

1.ª edición: septiembre de 2020

Título original: *In the Dark*

Traducción: *Daniel Aldea*
Corrección: *Sara Moreno*
Diseño de cubierta: *Enrique Iborra*
Prólogo: *Salvador Larroca*

© 1992, Ed y Lorraine Warren con Ray Garton, Carmen Reed y Al Snedeker
Edición publicada por acuerdo con Graymalkin Media LLC., USA
(Reservados todos los derechos)
© 2020, Ediciones Obelisco, S. L.
(Reservados los derechos para la presente edición)

Edita: Ediciones Obelisco, S. L.
Collita, 23-25. Pol. Ind. Molí de la Bastida
08191 Rubí - Barcelona - España
Tel. 93 309 85 25
E-mail: info@edicionesobelisco.com

ISBN: 978-84-9111-632-5
Depósito Legal: B-13.783-2020

Impreso en España en los talleres gráficos de Romanyà/Valls S. A.
Verdaguer, 1 - 08786 Capellades (Barcelona)

Printed in Spain

A mi mujer, Dawn,
por su paciencia
en cada una de estas páginas

—RAY GARTON

AGRADECIMIENTOS

Me gustaría darles las gracias a todas las personas que aportaron generosamente su talento editorial y su apoyo moral durante la redacción de este libro:

A mi agente y amiga, Lori Perkins; a mi maravillosa editora, Emily Bestler, y a sus ayudantes, Tom Fiffer y Amelia Sheldon, quienes se mostraron pacientes y serviciales en todo momento; a mis amigos Scott Sandin, Paul Meredith y Stephanie Terrazas; a mis padres, Ray y Pat Garton; a Joe Citro y Jerry Sawyer, dos buenos escritores que siempre dicen la verdad; a Decano R. Koontz, de quien fluyen todos los buenos consejos; a la reverenda Cheri Scotch, Suma Sacerdotisa del Templo de Diana, cuyo buen juicio –y sentido del humor– siempre son de gran ayuda, y, por supuesto, a Dawn, porque sin ella este libro no existiría.

—RAY GARTON

Prólogo

Los Warren y el cine de terror

El género del terror es, posiblemente, uno de los más complicados de realizar con éxito, no por su dificultad técnica –que también–, sino porque es muy fácil que una mala ejecución de los clichés del género lo convierta, por una especie de transmutación no alquímica, en comedia o parodia.

Aunque la primera película considerada de este género fue *La mansión del diablo,* de 1896, dirigida e ideada por Georges Méliès, el terror, de alguna manera, ya estaba presente cuando se inventó el cine, o por lo menos estuvo presente desde sus albores, ya en 1896, cuando los hermanos Lumière presentaron su filmación *La llegada del tren.* Siendo la mayoría de los asistentes a la proyección desconocedores del cinematógrafo, creyeron que serían arrollados por el ferrocarril que llegaba a la estación, de manera que cundió el pánico entre ellos.

El terror paranormal, que es el que nos ocupa, es un subgénero que ha estado vigente –con intensidad variable, pero siempre despertando interés– desde los años sesenta y lo sigue estando.

En lo que a mí respecta, el terror y la fantasía son dos de los principales hilos conductores que he seguido toda mi vida. Como el gato que sigue el estambre hasta encontrar el ovillo, he hecho cosas y tomado decisiones que me han llevado desde sitios seguros a otros más inciertos sólo por el placer de la aventura, sólo por el placer de hacer algo que alguno de mis ídolos fílmicos haría, aunque, *a priori,* diera miedo.

Aunque en el pódcast *Elena en el País de los Horrores* la nuestra sea otra forma de terror, mucho más realista y que tiene que ver con los vivos y no con los muertos, cuántas noches, por puro *hobby,* hemos pasado mi gran amiga Elena Merino y yo, linterna en ristre, junto a algún relevante investigador, intentando adivinar qué más hay en algún sitio, procurando obtener datos fehacientes con los que elaborar una opinión formada por la propia experiencia y no sólo asintiendo ante lo que nos cuenta en Internet el «magufo» de turno.

Me he relacionado con auténticos investigadores de varias disciplinas —algunos de los cuales son amigos—, entre ellas la paranormal, y siento decir que, pese a que la mayoría de las explicaciones a los asuntos sobrenaturales son interpretaciones erróneas (por lo general, muy tamizadas por las creencias propias del testigo) o sugestiones (el miedo hace ver y oír cosas, es cierto), hay otras muchas también —por qué no decirlo— que son directamente fraudes intencionados... Y escribo *intencionados* porque, además, hay fraudes inconscientes que perpetran los protagonistas convencidos de que lo que ven es real.

Muchas de las historias sobrenaturales consideradas indiscutibles son, por desgracia, fraudes. No obstante, esto pasa en otros terrenos también; hay demasiadas «verdades» asumidas como tales que la ciencia ya se ha encargado mil y una veces de aclarar y, aun así, se practican (¿quién no ha oído hablar de que colgarse un tapón de corcho de la oreja quita el dolor de muelas?). Otras simplemente se convierten en leyendas urbanas, de las que hay millones, más aún en su vertiente internauta, como las conocidas *creepypastas,* todo un género por sí mismo. Sin ir más lejos, el mito de Slenderman, nacido en un foro en la red. Hay quien se ha jorobado la vida por creer en estos mitos, gente que, incluso, ha matado por superstición.

El problema de contar las verdaderas razones por las cuales se crea un mito es que se puede desacreditar a algunas personas que viven del misterio. Incluso la prensa especializada tiene como cruz propia la recurrente falta de pruebas objetivas. Puede exponer los casos, pero rara vez explicarlos. No hablo de ilegitimidad, sino de que, en muchos casos, el tiempo transcurrido entre el suceso y su crónica no permite hallar nuevas pruebas o explicaciones, más allá de lo que conste en las hemerotecas.

Por supuesto nunca faltarán los fans acérrimos, sin mayor información que la hallada en Internet, que las mantienen a capa y espada. Ni los que, por inercia, se topan de primeras con esas mismas historias en idénticos foros, clonadas una y otra vez, adornadas y presentadas como hechos irrefutables. Son colosos con los pies de barro, que no resisten un atisbo de sentido común ni el simple paso del tiempo, pero que permanecen incólumes pues de lo primero hay poco, y, de lo segundo, están protegidas mientras se viralicen en la red sin una mínima revisión.

Para mí, de existir algo preternatural debería ser, a la fuerza, sutil y, a veces, por desgracia, también interpretable. Los supuestos fenómenos paranormales no deberían poderse replicar en laboratorio. Pero, mal que nos pese, existe algo llamado leyes de la física que prevalece, aun a pesar de que algunas personas crean normal que los platos floten y salgan disparados o los cuchillos crucen habitaciones buscando una víctima terrenal que masacrar.

En el mundo real, de momento, ningún fantasma ha matado a un vivo (eso sólo lo hacen estos últimos entre ellos), pero en el cine podemos asumir licencias. Si, de entrada, aceptamos que los coches vuelan, que viajar por el tiempo es algo común y que podemos igualar y sobrepasar la velocidad de la luz (véase *Regreso al futuro*, *Terminator* o *La guerra de las galaxias),* todo estará bien. Eso mismo es aplicable al terror.

Lo tenue, lo apenas perceptible que en el mundo real nos aterrorizaría, en la pantalla de cine puede ser insulso y aburrido, y si se pasa de vueltas, directamente ridículo.

Yo soy un asiduo al cine. No es fácil que se me escape algún estreno que considere importante, de ésos a los que a uno todavía le ilusiona ver sentado ante la gran pantalla. Pero, además, paso incontables tardes frente a la pequeña pantalla, buscando por género en las varias cadenas por cable de las que dispongo.

Pasar esos largos ratos revisando la nutrida lista de películas de terror que estas plataformas ofrecen, intentando decidir o, mejor dicho, buscando la película que no existe, esa que quiero ver, pero no se ha hecho aún, me resulta tedioso y prescindible. Se pasa más tiempo tratando de elegir qué película ver que viéndola en sí. Siempre confío en que una mano invisible guiará la mía en la elección acertada, pero ¡qué va! No valgo para la adivinación. He empezado –que no acabado– montones de films de serie B de muy dudosa calidad, siempre queriendo descubrir ese que me encantará y que nadie conoce. El mundo real no me recompensa a menudo.

Por eso, lo que ha hecho James Wan (Malasia, 1977) tiene mucho mérito. Ha creado una franquicia exitosa, un universo propio apuntalado sobre la figura de sus Mulder y Scully del misterio y ha logrado lo mismo que Disney o Marvel, pero con el terror, algo que la Hammer ha intentado y no ha conseguido, pese a haber filmado la excelente *La mujer de negro*: crear un universo propio.

Los Vengadores de Wan son Ed y Lorraine Warren, y sus *spin-off* una muñeca diabólica y una monja infernal. Ignoraré, de momento, otras sagas de terror, también protagonizadas por Patrick Wilson, como la de *Insidious,* donde no me cuadra mucho ver a una señora mayor (Lin Shaye) dando guantazos y patadas voladoras a espectros en el plano astral. De ésas, Wan sólo dirigió la primera, sin duda la mejor; en las demás, sólo ha ejercido como productor y guionista.

He de decir que, en mi modesta opinión, las que conforman el universo *Expediente Warren* son películas que saben manejar con maestría las herramientas que he mencionado con anterioridad: la colocación del crujido o de otra clase de sonidos inquietantes, la selección del plano, el uso de espejos (con las connotaciones mágicas que conllevan como ventanas al *otro lado)* y, por qué no, la elección del momento correcto para incluir una secuencia realmente efectista. Ese lenguaje propio del TERROR con mayúsculas aquí está presente y convierte estas películas en herederas de clásicos como *Poltergeist* o *El final de la escalera*, incluso la excelente *El exorcista*.

El desarrollo es muy parecido al de las películas de acción. Empezamos con un caso en el que se nos propone un villano que luego, más avanzado el metraje, cruzará su camino con Ed y Lorraine. En ese breve prólogo, ya nos hacemos a la idea de cuán poderoso es, de lo complicado que será manejarlo y, también importante, sabremos que habrá que pagar un precio.

Los fantasmas están controlados por algún demonio que se nos desvelará posteriormente y sólo la fe de nuestros protagonistas y el amor que se profesan harán que lo que *a priori* parece una tarea imposible, se torne una misión cumplida de la que surja una reliquia más para su propio museo de los horrores. ¡Me encanta!, aunque siempre me pregunto a quién se le ocurre guardar en su casa semejante colección de espantos, menos todavía creyendo en estos temas. Y, más aún, ¡¿qué padre en su sano juicio regalaría a su hija una muñeca tan monstruosa como la Annabelle de la peli?! Tampoco veo a la señora de la limpieza rompiendo la figurita esa fea de la estantería, en realidad relicario-cárcel de algún bicho muy maligno, que luego de ser liberado de su santa atadura, se merienda a todos los ocupantes de la casa…

Si lo pensamos bien, las historias que dan miedo se reducen a muy pocas variaciones: grupo de jóvenes que se meten ellos solos en algún sitio donde no es recomendable estar, gente que rompe alguna regla y paga un precio, una familia joven que compra una casa de ensueño misteriosamente barata, vacaciones juveniles en sitio con leyenda, asesino invencible y semiparanormal con tal sed de sangre que no deja a nadie con cabeza y que siempre acaba con la muerte incierta del malo, reservando la posibilidad de una futura secuela… Ya sabemos de quiénes hablo, ¿no? ¿Me oyes, Michael Myers?

En sus cintas, Wan nos presenta a los Warren como la herramienta extraoficial de la Iglesia, esa que mandar a los sitios donde la presencia eclesiástica no sería adecuada para su propia imagen, y ellos cumplen porque saben manejar a la perfección sus capacidades individuales. Lorraine aporta siempre información específica del más allá, esa que no está en los libros, gracias a sus sentidos mediúmnicos, y Ed cumple a las mil maravillas el papel de sagaz protector y conocedor del mundo de los demonios y espectros. Entre los dos se las apañan perfectamente para transmitir al espectador lo que a veces podría ser confuso. Son una especie de navaja suiza, que igual sirve para derrotar demonios que fantasmas, eso sí, derrotarlos del todo: matar a un malo ya muerto o que nunca vivió.

Siempre me ha llamado mucho la atención que, para vencer a un demonio, haya que pronunciar su nombre y, en la primera escena de *La monja*, Valak ya se lo diga a nuestros héroes. Malos, los demonios, lo son, ¡y mucho!, pero listos... no tanto, para qué nos vamos a engañar. Pueden poseer, retorcer, maltratar e incluso hacer flotar nuestros cuerpos, pero si les enseñas la cruz, los mojas con agua bendita o mencionas su nombre de demonio, se acabó. ¡Qué bajón ser demonio! Quizá estaría bien contar la historia desde el punto de vista del demonio, donde el pobre, siguiendo las órdenes de su jefe, se ha de infiltrar en un cuerpo humano para probar los placeres carnales y así, de paso, cabrear a Dios....

Y entonces viene un enemigo invencible, vestido de negro con alzacuellos blanco, con un maletín repleto de armas de destrucción masiva de demonios, y así, sin más, lo elimina usando un libro, dos palitos cruzados y su nombre. Seguro que no sería un éxito en el infierno, ya os lo digo.

Como sea, la demonología es un tema interesante. Si nos preguntasen nombres de demonios, diríamos los recurrentes y ya famosos por la literatura, el cine, o los videojuegos, pero realmente hay tratados enteros sobre esta disciplina, donde se pueden encontrar sus castas y su estatus en el averno, cual ejercito militar de las tinieblas.

Pero ¿acaso sabemos qué son los demonios?, ¿son malos por irreverencia ante Dios o lo son sólo con los humanos?, ¿su única función es tentarnos y hacernos pecar o son un método de control desarrollado por la Iglesia ante el caos que supondría que no hubiese un castigo frente a una mala acción?

Los demonios no son un invento de ahora. Ya en los primeros escritos se mencionan y están presentes en las principales religiones con diferentes nombres (hablo de demonios en las principales religiones porque, en la del culto a Maradona, ese «cargo» recaerá, seguramente, en los hinchas del club contrario, por buena gente que sean).

Hay demonios mesopotámicos, judaicos, cristianos, sintoístas, etcétera. Hay demonios (a veces llamados genios) que sólo son portadores de malas noticias. Es curioso como el cine nos los retrata, desde los *djinn,* los daimones o los genios, hasta los demonios de la cultura judeocristiana, tal cual los conocemos.

En las tradiciones abrahámicas, la lucha contra el demonio se lleva a cabo a través de los exorcismos y hay incontables películas que tratan el tema, pese a que ya sea un argumento manido.

El proceso y los requisitos por los cuales un sacerdote es ordenado exorcista resulta muy curioso. A la Iglesia le cuesta reconocer las posesiones (la verdad es que tiene sentido), pero estando ya su negocio basado en un credo a lo invisible, estaría feo no atender las demandas de millones de creyentes en Dios que, por la ley del yin y el yang, creen también en el demonio como su antagonista, o que piensan que, en ausencia del bien, sólo puede quedar el mal. ¿Y cómo puede el Diablo molestar a Dios? Tentando y poseyendo a sus creaciones, ¡como si a él le importase!

Cuando el libro que estoy prologando vea la luz, se acabará de estrenar una nueva película de los Warren, esta vez, sobre la supuesta posesión de Arne Cheyenne Johnson, que afirmó haber cometido dos asesinatos porque un demonio le obligó a hacerlo. En las películas del universo Warren, ya ha sido establecido que Ed Warren, igual que pasaba en la vida real, cumple con los requisitos de la Iglesia y es el único laico con potestad para administrar el exorcismo. Por lo tanto, estoy convencido de que vamos a tener la oportunidad de volver a verle demostrando sus habilidades, como en la primera película.

El libro que nos ocupa, *En la oscuridad*, también tiene que ver con un caso de posesión demoníaca. Narra el conocido caso Snedeker, donde los Warren tuvieron una actuación determinante que quizá también será llevada al cine, imagino que adaptando la historia a las necesidades de la gran pantalla.

Como breve sinopsis, puedo contar, sin desvelar gran cosa, que trata sobre una familia que se muda al pueblo de Southington, donde podrán atender con mayor facilidad las necesidades hospitalarias de uno de sus hijos, enfermo de cáncer. Una vez allí, alquilan una casa que anteriormente había sido una morgue… Cómo llegan los Warren a verse involucrados en esta aventura es algo que el lector tendrá que descubrir por sí mismo.

—Salvador Larroca

Prefacio

Posesión demoníaca

El estudio de las posesiones demoníacas nunca ha sido, no lo es en la actualidad, ni muy probablemente lo *será* en el futuro, una disciplina científica.

Sin embargo, son muchas las personas que han dedicado su vida a este tipo de fenómenos, que han tratado de determinar el momento inicial en el que se produce la posesión para poder evitarlo.

Las posesiones se remontan a la época de Jesucristo, quien, según el Nuevo Testamento, expulsó a demonios de varias personas. En la actualidad, las posesiones se han convertido casi exclusivamente en un tema para las películas de terror de Hollywood. No obstante, muchas Iglesias y sectas cristianas siguen practicando el rito del exorcismo; entre éstas, la que más lo hace es la propia Iglesia Católica.

Existen dos tipos distintos de posesión. Por un lado, están las posesiones del cuerpo de una persona y, por el otro, las posesiones de un espacio físico, como una casa u otro tipo de edificación. Sin embargo, la opinión generalizada en el seno de la Iglesia Católica es que ambos tipos de posesión responden a un patrón similar.

La primera fase viene determinada por el momento en el que el demonio, o demonios, entra en el cuerpo de la persona, el edificio o vivienda infestada. Existen diversas teorías sobre las causas que provocan esta primera fase de la posesión. En un caso de posesión demoníaca muy bien documentado, el demonio aseguró haber elegido a su víctima incluso antes de que ésta naciera. Algunos creen que incluso un interés pasajero en cuestiones paranormales puede convertirse en una invitación a la posesión. Otros, sin embargo, están convencidos de que seguirá siendo un misterio y que, hasta que no nos encontremos cara a cara con nuestro Creador, no descubriremos la verdad de primera mano.

A pesar de todo, hay algo en lo que todo el mundo coincide: la fase inicial de la posesión sólo se produce cuando la víctima, o la persona que reside en el edificio escogido, toma la decisión, por muy inconsciente o vaga que ésta sea, de permitirla.

En el caso de la familia Snedeker, por ejemplo, ellos no hicieron nada para provocar la posesión de su casa, sino que ésta se había iniciado mucho antes. Gracias a sus poderes de clarividencia, Lorraine percibió que algo terrible había sucedido en aquel lugar durante los años en los que la casa había sido una funeraria. Alguien había estado usando los cadáveres para satisfacer sus perversiones, y fueron los actos de necrofilia de esa persona los que abrieron la puerta de la posesión; la decisión de esa persona de entregarse a semejantes perversidades fue una invitación a que las fuerzas del mal entraran en la casa mucho antes de que los Snedeker se mudaran a ella.

Una vez que se ha producido la entrada inicial, la entidad responsable de la posesión se dedica a asediar al anfitrión o a los ocupantes de la vivienda. Y, habitualmente, su principal arma es el miedo. La entidad demoníaca no sólo se alimenta del miedo, sino que sabe que éste debilita a sus víctimas, lo que le allana el camino para hacerse con el control absoluto, que es la culminación de toda posesión.

En el caso de los Snedeker, las fuerzas presentes en la casa, decididas a tomar posesión también de los miembros de la familia, recurrieron al miedo para debilitarlos y tratar de enfrentarlos entre sí, mientras esperaban a la tercera etapa de la posesión. Debilitada y vulnerable, confundida y aterrorizada, la víctima siempre acaba llegando a un punto de inflexión en el que se entrega voluntariamente a las fuerzas de la oscuridad.

No puede celebrarse ningún exorcismo oficial sin una investigación seria que determine la autenticidad de la actividad demoníaca denunciada. A veces, una persona con algún tipo de desorden psicológico o una adicción, o incluso toda una familia que está sufriendo una crisis doméstica, puede convertir varias coincidencias insignificantes en una serie de acontecimientos aterradores que la lleven a creer que la casa está infestada de demonios. A lo largo de la historia, las enfermedades mentales, tales como la esquizofrenia, el síndrome de Tourette, la enfermedad de Huntington, el párkinson e incluso la dislexia se han confundido con posesiones, por lo que, a pesar de los avances en el campo de la medicina, sigue siendo necesario que un sacerdote descarte este tipo de trastornos antes incluso de que se decida la idoneidad o no del exorcismo.

Un sacerdote con experiencia médica o psiquiátrica, incluso a veces con ambas, da comienzo a la investigación para tratar de descartar el resto de las posibilidades. A continuación, y sólo cuando las otras opciones han sido descartadas, prosigue su tarea, la cual consiste en tratar de determinar una posible presencia demoníaca. Una vez que ha podido demostrar de forma convincente la actividad sobrenatural, el sacerdote se pone en contacto con la Iglesia. Tras una exhaustiva revisión del caso y una vez que se concluye que éste es auténtico, se toma la decisión de llevar a cabo un exorcismo.

Según los testigos, aunque no hay dos exorcismos iguales, todos tienen dos cosas en común. La primera de ellas es algo que las personas que participan en uno, ya sea el exorcismo de una persona o de una vivienda, jamás pueden olvidar: la *presencia.*

Pese a ser invisible y etérea, todos los participantes la perciben tan claramente que se convierte en algo cuasi tangible. Se trata de una presencia que no es ni masculina ni femenina, ni humana ni animal, ni individual ni colectiva, pero que es perfectamente perceptible y, a medida que avanza el exorcismo, normalmente se hace cada vez más fuerte. Cuando decide comunicarse, a veces se refiere a sí misma como «yo» y, otras veces, como «nosotros». Se mueve alrededor de los presentes como una brisa helada, una corriente de aire nacida en lo más recóndito de la cueva más profunda de la tierra, hasta que termina el exorcismo y la entidad demoníaca es expulsada en el nombre de Dios.

Lo segundo que tienen en común todos los exorcismos es también lo que los convierte en tan amenazadores: el peligro.

Los participantes de un exorcismo se encuentran en peligro constante y deben estar preparados para oír los insultos más obscenos y ver las imágenes más aterradoras que probablemente oirán y verán en toda su vida. Deben parapetarse detrás de una sólida fe para poder soportar las terribles agresiones del mundo sobrenatural. A menos que se plantee una batalla total, los demonios se negarán a marcharse. Su arma principal, como siempre ha sido, es el miedo. Se alimentan de él y harán todo lo posible por provocarlo en los participantes del exorcismo que pretende expulsarlos.

No todos los intentos tienen éxito.

Los demonios esperan que alguien los invite a entrar, pero no siempre se marchan cuando se lo piden…

Uno

La mudanza

—Mamá, hemos de irnos de esta casa. Aquí hay algo maligno.

Carmen Snedeker estaba fregando un plato en la cocina, con los antebrazos y las manos llenos de la espuma del jabón. El suelo a su alrededor estaba repleto de montones de papeles de periódico y cajas de cartón vacías. Willy, el hurón que hacía las veces de mascota de los Snedeker, jugaba entre ellos. Los platos que hacía poco habían estado envueltos en papel de periódico y guardados en cajas de cartón estaban ahora sobre la encimera situada a su derecha, manchados de tinta y del polvo del viaje.

Las voces risueñas de los niños resonaban en las paredes desnudas mientras entraban y salían corriendo de la casa y se familiarizaban con su nuevo hogar.

Carmen oyó cómo Al y el hermano de éste movían y arrastraban hasta el interior de la casa los muebles más pesados.

Stephen, su hijo de catorce años, había estado deambulando por la cocina detrás de ella, silencioso e inquieto, dando paraditas a las cajas y los papeles con la punta de las zapatillas como si quisiera decirle algo, pero no se atreviera a hacerlo. Carmen había decidido que esperaría hasta que el chico estuviera listo para hablar.

—¿Qué has dicho, Stephen? –le preguntó Carmen mientras enjuagaba un plato.

—He dicho que aquí hay algo maligno, mamá, y que tenemos que irnos de esta casa –repitió él.

Tras dejar el plato en el escurridor que había a su izquierda, Carmen se dio la vuelta lentamente y con el ceño fruncido.

—¿Irnos? Pero si acabamos de llegar, cielo.

—Lo sé, pero tenemos que irnos ahora mismo.

—Pero ¿a dónde quieres que vayamos?

—Podemos volver a Nueva York, a nuestro apartamento. Hemos de hacerlo, mamá. Hay algo… –Se detuvo un instante y entornó un poco los ojos, como si estuviera seleccionando la siguiente palabra entre una lista de opciones. Entonces, dijo–: … que no está bien. Hay algo en esta casa que no está bien.

Carmen frunció aún más el ceño mientras se enjuagaba la espuma de las manos y brazos y se los secaba con un trapo. Se dio la vuelta, se apoyó en el borde de la encimera, se cruzó de brazos y se quedó mirando a su hijo fijamente.

Estaba muy demacrado y pálido, por no hablar de aquellas ojeras tan oscuras y profundas. Pese a que, por supuesto, había intentado habituarse a los cambios físicos que estaba experimentando y hacía como si éstos fueran imperceptibles, cada vez que le miraba, se le encogía el corazón.

Era como si el tratamiento de cobalto que había estado recibiendo le hubiera absorbido casi toda la energía, convirtiéndolo en un delgaducho muñeco de porcelana que apenas guardaba semejanza con el niño que había sido antes.

El tratamiento también le había provocado un estrés importante y, en opinión de Carmen, era precisamente ese estrés el responsable de sus alegatos acerca de la casa. Tenía que ser eso. Su hijo no conocía la verdad sobre la casa. Sólo Carmen y su marido, Al, sabían la historia de aquella casa.

—¿Qué crees que le pasa a la casa, Stephen? –le preguntó en voz baja.

El niño arrugó su tersa frente y desvió la mirada un instante. A continuación, se encogió de hombros y dijo casi en un susurro:

—No… lo sé. Algo… malo. Es… –Sacudió bruscamente la cabeza en un gesto que denotaba agitación y frustración a partes iguales–:

…difícil de explicar. Pero es malo. Maligno. Y si no nos marchamos ahora… nos pasará algo malo. Algo muy malo.

—Cielo, las casas no son malignas. Sólo lo son las personas. El mal reside en sus corazones, en las cosas que a veces hacen y se dicen las unas a las otras. Pero esta casa…, bueno, es sólo una vieja casa. Si pudiera hablar, probablemente nos contaría grandes historias, quizá incluso alguna que otra historia de *terror*. Pero eso no es maligno. Simplemente es algo nuevo, eso es todo –agregó con una media sonrisa–. Con el tiempo acabarás acostumbrándote y te sentirás mejor, más cómodo. ¿Has visto ya tu habitación? Está en el sótano.

Stephen inclinó la cabeza para mirar el suelo y después asintió ligeramente. Cuando volvió a hablar lo hizo en voz tan baja que Carmen no le entendió.

Carmen le levantó suavemente la barbilla con un dedo.

—¿Qué has dicho?

—Que ha sido allí donde me he sentido tan incómodo. Había algo… maligno, mamá. No quiero dormir allí abajo. Hay algo que no está… bien.

Carmen hizo un esfuerzo para que su expresión no la delatara. Volvió a decirse a sí misma que Stephen no sabía nada acerca de la casa ni de las cosas que habían pasado en ella.

Respiró hondo y parte de la tensión acumulada en su pecho se relajó.

—Pero ésa es tu habitación –dijo–. Siempre has querido una habitación para ti solo.

Stephen sacudió la cabeza.

—Pues no pienso dormir allí solo.

—Pero Michael no volverá de Alabama hasta dentro de unas semanas. ¿Dónde vas a dormir hasta entonces?

Stephen se encogió de hombros y se agachó para acariciar a Willy.

—Dormiré en el sofá. O quizá en el suelo del salón, no lo sé. –Empezó a sacudir la cabeza de nuevo, se dio la vuelta y se dirigió hacia la puerta de la cocina esquivando y pasando por encima de las cajas vacías–. Pero no pienso dormir allí abajo solo.

Carmen se quedó de espaldas al fregadero, con los brazos cruzados y el trapo colgando de una mano. Le vio alejarse, después escuchó sus pasos sobre el suelo de madera hasta que le perdió de vista, y entonces continuó escuchándolos hasta que dejó de oírlos.

Se dio la vuelta, cogió otro plato de la pila y comenzó a lavarlo al tiempo que dejaba escapar un suspiro lento y silencioso.

◆ ◆ ◆

En poco tiempo, los Snedeker habían recorrido lo que les parecía un largo y tortuoso camino, un camino que había empezado en abril de 1986.

Al y Carmen se conocieron en 1977 en Plainville, Connecticut, en una bolera donde Carmen trabajaba de camarera. Al era un hombre bastante atractivo, con un bigote corto y bien recortado y cabello castaño oscuro. Medía algo más de un metro ochenta y tenía una complexión sólida y musculosa debido a los años de duro trabajo. Carmen, por otro lado, era menuda, con una sonrisa amplia y contagiosa y el cabello rubio ondulado. Aunque se sintieron atraídos al instante el uno por el otro, Carmen era una persona a la que le gustaba tomarse su tiempo cuando debía tomar alguna decisión importante en su vida.

Carmen era la mediana de cinco hermanos, hija de un sargento mayor de la Fuerza Aérea. Seis semanas después de su nacimiento en la Base Harris de la Fuerza Aérea, en Biloxi (Misisipi), Carmen, sus dos hermanas mayores y sus dos hermanos menores, se mudaron con sus padres a otra ciudad. Y después a otra y a otra más… y continuaron mudándose durante cinco años en función de los destinos de su padre, hasta que éste quedó discapacitado y recibió la baja del servicio activo. Entonces se mudaron a la ciudad natal de los padres de Carmen, Decatur, en Alabama. Sin embargo, y a pesar de su corta edad, aquellos años de constante desarraigo, de no establecerse jamás definitivamente en un lugar, de constantes traslados a un lugar nuevo y desconocido, condicionaron de algún modo el carácter de Carmen, convirtiéndola en una persona con un recelo instintivo por los cambios importantes en la vida, incluso por aquellos que son naturales.

Más tarde, ya en la edad adulta, Carmen se embarcó en un cambio vital drástico: el matrimonio. Con él llegaron dos cambios más: sus hijos Stephen y Michael. No obstante, éstos fueron cambios positivos que la llenaron de felicidad, cambios que enriquecieron su vida en lugar de desestabilizarla. Y después llegó el peor cambio de todos: el divorcio. Carmen volvió a encontrarse en territorio desconocido, soltera y con dos hijos.

Carmen y los chicos se mudaron a Connecticut, a la casa de los padres de ésta. Allí, con un bajo nivel de estudios y nula experiencia laboral, Carmen se enfrentó a la dura tarea de encontrar trabajo y proporcionar a sus hijos una vida lo más estable posible.

Al, por su parte, había vivido toda su infancia y juventud con sus dos hermanos y sus tres hermanas en la misma casa de madera situada entre las poblaciones de Plainville y New Britain, ambas en Connecticut. Sin otros niños cerca aparte de su hermano y sus hermanas, Al se pasaba el día jugando con ellos en el bosque que rodeaba la casa, lo que hizo que se convirtiera en un amante de la naturaleza.

Al se casó en 1975, pero el matrimonio duró tan sólo diecinueve meses. Tras haber llevado una vida relativamente apacible, exceptuando, naturalmente, los habituales altibajos, reveses y decepciones a los que todos debemos enfrentarnos mientras crecemos, el amargo divorcio significó para él una terrible sacudida y pasó bastante tiempo antes de que decidiera volver a intentarlo con otra persona.

Entonces conoció a Carmen en la bolera donde ella trabajaba sirviendo cócteles y todo cambió. Se casaron en 1979 y se embarcaron juntos en una nueva vida llenos de esperanza.

En 1986 vivían en Hurleyville, Nueva York, en las montañas Catskill. En los meses de verano, los neoyorquinos llegaban a las Catskill para pasar las vacaciones. Los Snedeker nunca estuvieron muy seguros de por qué lo hacían, ya que los turistas de la gran manzana no parecían sentir demasiado interés por los hermosos y verdes paisajes ni por la vida silvestre típica de la zona.

Durante los meses estivales, en cualquier tienda o centro comercial, uno podía oír cómo se quejaban de los animales salvajes que merodeaban por la zona y de su tendencia a quedarse *impertérritos* en mitad de la carretera, lo que les impedía circular con normalidad con sus vehículos. El número de animales muertos en la carretera también aumentaba durante el verano.

En aquellos años, Al Snedeker trabajaba en una cantera de piedra y Carmen hacía de canguro de cuatro niños durante todo el día, lo que le permitía quedarse en casa y cuidar también a los suyos. Eran católicos devotos e iban a la iglesia todos los domingos. Carmen participaba en diversas actividades de la iglesia, a las que dedicaba una buena parte de su tiempo libre.

En abril de ese mismo año, Stephen empezó a verse afectado por una tos seca y persistente. Al fue el primero en darse cuenta y se preocupó. Pero Carmen, al estar todo el día con los niños, había sido testigo de todo tipo de combinaciones, desde tos, a dolor de garganta, erupciones cutáneas, secreción nasal y congestiones, por lo que estaba segura de que no tardaría en desaparecer.

Sin embargo, la tos persistía.

—Mamá, ¿qué tengo aquí? –le preguntó un día Stephen con el ceño fruncido mientras se presionaba la parte izquierda del cuello con la punta de los dedos.

Carmen le apartó los dedos con cuidado y le palpó la zona con los suyos. Justo debajo de la mandíbula encontró un bulto del tamaño de un guijarro.

«Hormonas –pensó al tiempo que una ligera preocupación se instalaba en su pecho–. Eso es todo, sólo es el despertar hormonal».

Stephen se apartó de ella al sufrir otro de sus ataques de tos ronca y seca. ¿La tos sonaba peor… o era sólo su imaginación?

«Podrían ser sólo las hormonas, pero…» pensó Carmen.

—Creo que pediré hora al doctor Elliott –dijo mientras apoyaba las manos en los hombros de su hijo y les daba un ligero apretón.

El doctor Bruce Elliott era cariñoso, agradable y siempre parecía estar de buen humor. Ningún niño de la familia Snedeker le tenía miedo. Confiaban en él, al igual que Al y Carmen. De modo que, cuando el doctor Elliott les dijo que le gustaría que Stephen pasara unos días en el hospital para hacerle varias pruebas, nadie encontró demasiadas razones para preocuparse.

Carmen llevó a Stephen al hospital a primera hora de la mañana del lunes siguiente. Le resultó un poco extraño tener que ingresarlo cuando el chico parecía estar perfectamente sano y alegre. Salvo por la tos. Y por el bulto.

Después del trámite del ingreso, Carmen pasó el resto de la mañana con él en el pabellón de pediatría, pero tuvo que volver a casa cuando sus hijos más pequeños salían de la escuela.

—Siento tener que irme, cielo –le dijo de pie junto a la cama.

Stephen se lo estaba pasando en grande con el control remoto de la cama, bajándola y subiéndola sin parar. Levantó la cabeza y la miró con una amplia sonrisa. Fue una sonrisa que sólo un *niño* puede esbozar, de esas que anuncian el deseo de nuevas experiencias, rebosante de un entusiasmo sincero.

—Tranquila, mamá –contestó–. Estaré bien.

Aquella misma noche, después de cenar, Al y Carmen fueron al hospital para visitar a Stephen. Camino de la habitación, vieron al doctor Elliott dirigiéndose hacia ellos por el pasillo. Le sonrieron, pero su reacción no fue precisamente entusiasta. Tenía los hombros un poco caídos y caminaba lentamente, con menos energía de la habitual. Les saludó con un simple movimiento de la cabeza.

—¿Cómo está Stephen? –preguntó Al con una sonrisa que amenazaba con desvanecerse en cualquier momento.

—Stephen está bien –repuso el doctor Elliott con un hilo de voz–. De lo que no estoy tan seguro es de los resultados de las pruebas.

Carmen respiró hondo y soltó el aire lentamente. A continuación, dijo:

—¿Qué quieres decir?

—Bueno, por desgracia, no nos permiten sacar ninguna conclusión acerca del estado de Stephen. Por eso creo que vamos a tener que ir un paso más allá. Ya he hablado con el doctor Scordato. Es cirujano, uno muy bueno.

Al buscó la mano de Carmen y le dio un apretón.

—Está de acuerdo conmigo en que tenemos que hacer una biopsia. Si os parece bien, nos gustaría hacerla mañana mismo.

Al y Carmen cruzaron una mirada sombría y preocupada.

—Entonces –dijo Al con voz ronca–, eso significa…, hmmm…, que tanto tú como el cirujano queréis descubrir qué le ocurre realmente a Stephen, ¿verdad?

El doctor Elliott asintió y dijo en tono alentador:

—Exacto, eso es *exactamente* lo que queremos hacer.

Al y Carmen dieron su consentimiento a la biopsia, conversaron un poco más con el doctor Elliott en voz baja y con la boca seca y después fueron a la habitación de Stephen. No se dijeron ni media palabra; sólo se cogieron de la mano.

Stephen estaba sentado en la cama viendo la tele y masticando la punta de una pajita. Les sonrió cuando se acercaron a la cama. Aunque parecía un poco cansado, su aspecto parecía tan saludable como siempre.

«Entonces, ¿qué hace aquí?» se preguntó Carmen.

—¿Cómo has pasado el día en el hospital, chaval? –le preguntó Al mientras le daba una palmadita en la rodilla cubierta por la sábana.

Stephen se encogió de hombros.

—Supongo que bien. Salvo por los vampiros. –Stephen alargó el brazo para mostrarles la tirita que le habían puesto en la parte interior del codo después de extraerle sangre.

—Te traeremos un poco de ajo –dijo Carmen sonriendo–. Así podrás mantenerlos a raya.

—Todavía no sé qué me pasa –dijo Stephen frunciendo ligeramente el ceño–. Me encuentro bien. Lo único que me pone enfermo es tener que estar en la cama todo el día.

—El médico tampoco está seguro de lo que te pasa –Al le habló lentamente mientras acercaba una silla a la cama y se sentaba–. Por eso mañana quiere hacerte una biopsia.

Stephen abrió mucho los ojos.

—¿Una *biopsia*? ¿Van a abrirme de arriba abajo y sacarme las entrañas?

Al y Carmen se rieron.

—No, no –dijo Al–, eso es una *autopsia*, y sólo se la hacen a los cadáveres. No, simplemente te cortarán un trocito del bulto, para examinarlo.

El chico frunció el ceño.

—¿Me hará daño?

—No sentirás nada. Justo antes, vendrá una enfermera con un mazo enorme y te dará un golpe en la cabeza con él. Perderás el conocimiento al instante.

Stephen se rio y le arrojó la pajita a Al, el cual, al igual que Carmen, ocultó su preocupación detrás de una sonrisa.

El día siguiente, un martes, fue uno de los días más largos de su vida. Carmen y Al esperaron fuera del quirófano mientras oían cómo llamaban a los médicos por megafonía, los pasos de las enfermeras, amortiguados por la suela de goma de sus zapatos, recorriendo los pasillos arriba y abajo, y respirando el aire antiséptico y a medicamento del hospital mientras el tiempo avanzaba a la velocidad de la melaza deslizándose por una superficie plana, hasta que…

Las puertas dobles del quirófano se abrieron y el doctor Scordato, el cirujano de Stephen, salió apresuradamente. Miró hacia Al y Carmen, aunque éstos tuvieron la sensación de que en realidad no los veía, y siguió caminando con las manos en los bolsillos de su bata blanca.

Al y Carmen cruzaron una mirada de sorpresa, se levantaron al unísono y siguieron al médico apresuradamente. Al le llamó, pero no obtuvo respuesta. Carmen se adelantó a su marido, se acercó al cirujano y le agarró por el brazo. Sorprendido, el doctor Scordato se dio la vuelta.

—Nos gustaría saber cómo está nuestro hijo –le dijo Carmen.

El médico parpadeó varias veces y después dijo:

—Sí, claro… El doctor Elliott se pondrá en contacto con ustedes esta tarde. Creo que será mejor que hablen primero con él acerca de los resultados. Pueden ver a su hijo dentro de un par de horas, una vez que se haya recuperado –dicho esto, se dio la vuelta y se alejó por el pasillo, mezclándose con el resto de las batas, los uniformes y las paredes blancas.

Carmen y Al aún tendrían que esperar unas horas más, unas horas en las que los inquietos fantasmas de las preguntas sin respuesta los siguieron acechando. Durante el almuerzo, Carmen dijo en voz baja:

—No puede ser muy grave. Si lo fuera, nos habría dicho algo, ¿no crees?

—Sí –dijo Al–, seguro. –Entonces suspiró–. Eso espero.

Después del almuerzo, Carmen acompañó a Al a casa para que se quedara con sus otros hijos cuando éstos llegaran de la escuela y después fue a comprarle un regalo a Stephen. Cuando llegó al hospital, estaba profundamente dormido. Tenía el cuello vendado y un tubo delgado conectaba una botella de goteo situada sobre su cabeza con la parte interior de su codo. Carmen se sentó junto a la cama con la caja de Lego (un modelo avanzado, mucho más sofisticado y complejo que los modelos pensados para los niños) que le había comprado en su regazo y le observó dormir mientras rezaba en silencio. El rosario producía un suave sonido a medida que sus dedos se movían por sus cuentas.

Stephen sólo había estado en otra ocasión en el hospital: el día que vino al mundo. Hasta entonces lo peor que le había pasado era coger un resfriado o la gripe, nada más. Y ahora *esto*... fuera lo que fuese. Mientras rezaba, volvió a oír en su cabeza lo que no hacía mucho le había dicho a Al: *no puede ser muy grave... no puede ser muy grave... muy grave...*

En algún momento de la noche, Stephen abrió los ojos el tiempo suficiente para esbozar una sonrisa. Carmen se levantó inmediatamente, dejó la caja sobre la silla y le susurró:

—¿Cómo te encuentras, cielo? –Stephen parpadeó varias veces–. ¿Stephen? Mira lo que te he traído. –Se dio la vuelta, cogió la caja de Lego, pero, cuando volvió a girarse, Stephen había vuelto a dormirse.

Una voz oficial anunció que las horas de visita habían terminado. Se inclinó para besar a su hijo en la mejilla y después se marchó, vacía y fría por dentro a pesar de que la tarde era cálida.

Cuando llegó a casa, Carmen vio a Al a través del gran ventanal de la parte frontal de la casa. Estaba sentado en su sillón reclinable, viendo la tele. La familiaridad de constatar que estaba haciendo lo que solía hacer todas las tardes a aquella hora la ayudó a calmarse un poco, hizo que se sintiera un poco más normal y que le entraran ganas de adentrarse en la comodidad y seguridad de su familia. Entró en la casa, dejó el bolso y fue hasta donde Al estaba sentado viendo la tele; tenía los ojos rojos e hinchados, y las mejillas brillantes por culpa de las lágrimas. Él la miró con unos labios tan apretados que los tenía pálidos y apartó la mirada, cerró los ojos y continuó llorando.

Carmen se quedó tan impresionada que no pudo hacer otra cosa que mirarlo. De repente, su mente y su corazón se embarcaron en una carrera vertiginosa. Al era un hombre muy reservado y parco en palabras. Sólo hablaba cuando tenía algo importante que decir y, excepto cuando se enfadaba de verdad, se guardaba las emociones en el pecho, como un jugador de póker esconde sus cartas en la mano. Algo debía de ir *muy* mal para que estuviera llorando abiertamente. Pero ¿qué podía ser? No podía ser por Stephen. Al fin y al cabo, ella acababa de llegar del hospital y Stephen estaba bien, ¡muy bien!

—¿Qué pasa, Al? –le preguntó con voz seca y ronca.

Al abrió la boca para responder, pero sólo pudo sollozar mientras se inclinaba hacia adelante y apoyaba el rostro en las manos de su mujer.

Carmen, con el corazón latiéndole en los oídos, se arrodilló junto al sillón y le puso una mano en el brazo.

—Al, por favor, ¿puedes decirme qué te pasa?

El teléfono empezó a sonar con gran estruendo y, cuando Carmen levantó el auricular, se dio cuenta de que le sudaban las palmas de las manos.

—¿Diga?

—Ah, Carmen, me alegra que ya estés en casa. He llam… ado varias veces, pero no estabas–. La voz era masculina y adulta, pero era evidente que la persona estaba llorando, embargado por una gran emoción–. Soy el doctor Elliott –dijo.

¿El doctor Elliott? Pero si estaba llorando. ¿Cuál podía ser el motivo?

«Porque –pensó– ha sido nuestro médico desde hace mucho tiempo, es nuestro amigo, además de un buen hombre, y está llorando porque algo va mal, terriblemente mal…».

Carmen trató de hablar, pero antes tuvo que aclararse la garganta. Entonces le preguntó:

—¿Qué pasa?

—Lo siento mucho, Carmen –dijo el doctor Elliott después de respirar hondo–. El doctor Scordato me ha dicho que Stephen tiene cáncer por todo el cuello.

Aquella palabra fue como un taladro que se clavara en su estómago y le destrozara las entrañas. Era una palabra horrible, oscura y punzante, una palabra que tenía vida propia.

—Lo siento –dijo el doctor Elliott antes de aclararse la garganta–, pero…, bueno, vamos a hacer todo lo posible, de eso puedes estar segura. Aunque… no tiene buena pinta.

Carmen puso fin a la conversación abruptamente y, con la mano entumecida, dejó caer el auricular sobre el aparato. Cuando se dio la vuelta, Al seguía sentado en el sillón, mirándola con ojos llorosos.

Llamaron a las dos familias para darles la noticia y cada llamada fue peor que la anterior: voces que se rompían entre lágrimas y sollozos, apesadumbradas por la suerte del pobre Stephen, casi como si la llamada hubiera sido para anunciarles que estaba muerto.

Carmen dejó a su madre, Wanda Jean, para el final. Wanda Jean prácticamente había criado a Stephen y Michael mientras Carmen trabajaba, y Carmen sabía que su madre le proporcionaría el apoyo y la fuerza que necesitaba en aquellos momentos. Sin embargo, como le había ocurrido a todo el mundo antes, Wanda Jean se vino abajo.

Carmen se dio cuenta de que le temblaban las manos mientras oía llorar a su madre.

Unos minutos después, una vez que hubo colgado, se volvió hacia Al, quien durante la llamada había estado o bien sentado en el sillón o bien paseándose por el salón.

—¿Por qué todo el mundo reacciona igual? –dijo Carmen con voz ronca–. ¿Por qué todos actúan como si ya estuviera *muerto?*

—¿Qué quieres decir con eso de por qué todo el mundo reacciona igual? –repuso Al con un gruñido–. Tiene *cáncer,* Carmen. Todos estamos *cabreados,* ¡por eso reaccionamos así! Supongo que no todos podemos ser tan fuertes como tú. Supongo que no *todos* podemos ser como una de esas mujeres nobles y sufridas que siempre interpreta Meryl Streep. –Se sentó en el sillón.

—O sea, ¿me estás diciendo que voy a ser yo la única que tire del carro? Porque *alguien* tiene que hacerlo, de lo contrario, vamos a asustar a Stephen.

Al no respondió.

Carmen se sentó en silencio junto al teléfono mientras trataba de apartar el miedo de su mente. Los ojos le escocían de tanto llorar.

A la mañana siguiente, después de que los niños se marcharan a la escuela y de que Al llamara a su trabajo para avisar de que no iría, Carmen le dijo:

—Qué día más bonito para ir a pescar.

Al la miró sorprendido. Tenía ojeras, los ojos llorosos y el rostro demacrado.

—¿Lo dices en *serio?* –Al ver que ella no respondía, sacudió la cabeza lentamente–. No, tengo… que estar con Stephen.

Con la mayor delicadeza posible, Carmen posó una mano sobre la de él y le dijo:

—Entonces tendrás que recobrar la compostura. ¿Recuerdas lo que te dije anoche? Si te ve así, se asustará.

—Sí –asintió Al–, lo entiendo.

Más tarde, en el pasillo del hospital donde estaba la habitación de Stephen, Carmen vio cómo Al se armaba de valor. Se pasó una mano por la cara, como si quisiera deshacerse de la angustia evidente en su rostro. Entraron en la habitación sonriendo y se encontraron a Stephen hablando con el doctor Elliott.

—Llegáis justo a tiempo para acompañarle a la sala de rayos X –dijo el médico, y dos jóvenes enfermeras llegaron detrás de Al y Carmen con una silla de ruedas.

—Ha llegado la hora de quemar neumáticos –dijo una de ellas mientras Stephen bajaba de la cama y se subía a la silla.

—Estaremos aquí cuando vuelvas, ¿vale? –le aseguró Carmen.

—Chaval, con toda la atención que recibes aquí, no vas a querer volver a casa –dijo Al con una tímida sonrisa.

Mientras lo sacaban de la habitación, Stephen dijo:

—Y tanto que quiero volver.

En cuanto se quedaron solos, el doctor Elliott empezó a hablarles en voz baja del cáncer linfático y de los problemas que podían surgir. También les sugirió que no tardaran mucho en contárselo a Stephen. Mientras hablaba, el doctor Elliott no perdió de vista a Al, y se dio cuenta de cómo apretaba y aflojaba los puños, cómo le sudaba la frente, la inquietud y la forma en que giraba la cara cada vez que alguien lo miraba.

—No tienes buen aspecto, Al –le dijo el doctor Elliott.

Al se encogió de hombros y comenzó a pasearse por la habitación.

—Escucha, Al –le dijo el doctor–, ¿por qué no te sientas? Voy a pedirle a una enfermera que te tome la presión. –Una vez que Al se hubo sentado en una silla, el doctor Elliott se situó frente a él y le dijo en voz baja–: Vas a tener que calmarte, Al. Sé que la situación es difícil, pero si no te sobrepones, te pondrás enfermo y entonces no podrás ayudar a Stephen. ¿Lo entiendes?

Al asintió. Pero, a pesar de sus esfuerzos por relajarse, la ansiedad no le abandonó, susurrándole continuamente al oído todas las cosas horribles que podían suceder, cosas como la muerte, un funeral, una lápida…

El jueves, Stephen recibió el alta del hospital para poder pasar el fin de semana en casa. El lunes debía ingresar en el Hospital John Dempsey, en Connecticut, donde le iban a realizar todo tipo de pruebas durante tres semanas. Carmen logró convencer a Al para que se pasara la mayor parte del fin de semana pescando. El sábado, ella y Stephen acompañaron a Al hasta el lago y lo dejaron allí.

—¿Mamá? –le preguntó Stephen durante el viaje de vuelta–. ¿Qué me pasa? Es decir…, ¿qué me pasa exactamente? Porque nadie me dice nada.

«Por favor, Señor, ayúdame a escoger las palabras adecuadas», rezó Carmen en silencio. Tras pensárselo unos momentos, le dijo:

—Tienes… una cosa que se llama enfermedad de Hodgkin. Bueno, de hecho…, es un cáncer linfático. Eso es lo que es.

Stephen asintió muy lentamente y, después, casi en un susurro, dijo:

—Cáncer. Suponía que era algo malo. –Continuó asintiendo lentamente–. Pero no me voy a morir.

—Por supuesto que no, chaval –dijo Carmen esforzándose por mantener la voz firme–, porque vamos a rezar mucho y a enfrentarnos a ello. Aunque… sabes que no va a ser fácil, ¿verdad?

—No voy a morir –dijo Stephen, esta vez en un susurro.

El lunes por la mañana, Al acompañó en coche a Carmen y Stephen al hospital de Connecticut. Como tenía que regresar a Hurleyville para ocuparse de sus otros hijos, se marchó nada más llegar. Al era perfectamente consciente de que no sería capaz de contenerse si la despedida se alargaba demasiado.

La sala de pediatría del John Dempsey era como cualquier otra: las paredes estaban decoradas con alegres personajes de dibujos animados y los dibujos que hacían los niños, móviles de todo tipo colgaban de los altos techos y, en lugar del blanco habitual de otros hospitales, la sala de pediatría estaba pintada con colores suaves y relajantes.

Sin embargo, todo aquello no sirvió de mucho. La sala seguía estando llena de niños enfermos. Incluso de niños moribundos. Y ahora el hijo de Carmen estaba entre ellos. Algo que no podían cambiar ni todos los colores alegres del mundo.

Las pruebas empezaron poco después de que Stephen fuese admitido en el hospital y se prolongaron interminablemente. Le hicieron análisis de sangre, radiografías y escáneres, e incluso un día se pasó siete horas en el quirófano. Después de eso, le hicieron aún más pruebas. El viejo dicho de que a veces el remedio es peor que la enfermedad adquirió un significado muy real para Stephen y Carmen.

Médicos y enfermeras pululaban alrededor de la cama de Stephen como abejas en una colmena. No obstante, a medida que Stephen estaba cada vez más pálido y frágil, a veces a Carmen le costaba no imaginarlos como buitres sobrevolando a su presa en lugar de un enjambre de abejas.

Como la familia de Al vivía en Connecticut, Carmen no estuvo completamente sola. Pasaba la noche en un motel cercano y siempre llamaba a Al en cuanto llegaba. Desde la última vez que lo había visto, había empezado a tener intensos dolores en el pecho y, aunque Carmen pensaba que Stephen había agotado toda su capacidad para preocuparse, cada vez estaba más inquieta por el estado de salud de su marido. No obstante, después de realizarle varias pruebas en el hospital, los médicos determinaron que los dolores en el pecho no eran graves, sólo síntomas de una extrema ansiedad.

Carmen comprendió que debían de hacer algunos cambios en casa para reducir la carga de responsabilidades que tenía Al, de modo que llamó a su madre. Aunque en aquel momento Wanda Jean estaba en Italia, no dudó ni un instante en coger el primer avión para hacerse cargo de los niños durante una temporada.

Al cabo de tres semanas, Stephen recibió el alta del hospital y pudo volver a Hurleyville, a su casa.

Estaba mucho más delgado y pálido y se movía con lentitud, como si estuviera permanentemente agotado. Era como si durante tres semanas hubiese estado conectado a un sifón que le hubiera absorbido lentamente la juventud. Por si eso no fuera poco, debía volver a Connecticut todos los días para recibir un tratamiento de cobalto. Su ya de por sí debilitado estado de salud empeoró considerablemente debido a la tensión del agotador tratamiento y a los viajes de 170 kilómetros diarios. De hecho, esa tensión acabó afectando a toda la familia.

Al y Carmen decidieron buscar un apartamento que estuviera más cerca del hospital. Con cuatro hijos, sabían que no sería fácil encontrar uno lo suficientemente grande y que no fuera muy caro, pues los costes médicos seguían acumulándose, pero sería mucho más fácil que tener que recorrer tantos kilómetros todos los días y gastar tanto dinero en gasolina.

Aprovechando el poco tiempo libre del que disponía, Carmen se embarcó en la búsqueda. Sin embargo, las decepciones se sucedieron: todos los apartamentos que encontraba eran demasiado pequeños, demasiado caros o ambas cosas. Pese al agotamiento, Carmen perseveró, encontró un anuncio prometedor en la sección local del periódico y llamó para ir a ver un apartamento situado en Southington. Mientras se dirigía a la cita, pasó por delante de una hermosa casa de estilo colonial de tres plantas y vio un letrero en el patio delantero de la misma donde se anunciaba que estaba en alquiler.

El apartamento que había quedado en visitar era muy bonito, pero, como muchos otros, demasiado pequeño para sus necesidades. De regreso al motel, sin embargo, siguió el impulso de detenerse en la casa colonial con el letrero en el patio delantero.

Había operarios por todas partes, y el ruido de los martillos, taladros y sierras componían una desagradable cacofonía. Carmen se acercó a varios trabajadores para preguntarles con quién debía hablar para alquilar la casa hasta que, finalmente, uno de ellos le indicó que se dirigiera al otro extremo de la finca, donde encontró a un hombre de voz suave y agradable y con el brazo derecho, marchito e inútil, pegado al pecho.

—¿En qué puedo ayudarla? –le preguntó a voz en grito por culpa del ruido.

—Me gustaría ver la casa –dijo Carmen con una ligera mueca provocada por los martillazos.

—Ah, entiendo. –El hombre levantó su brazo bueno y se pasó la mano por el cabello rizado y canoso–. Ahora mismo el propietario no está aquí. –Se rio entre dientes y señaló la casa con un gesto de la cabeza–. Ya ve que estamos en plena reforma, así que no sé si éste será un buen momento, ya sabe a lo que me refiero, ¿no? –Sonrió, mostrando unos dientes torcidos, y las arrugas de su rostro se hicieron más profundas.

Carmen se dio cuenta de que estaba retorciéndose las manos y dejó de hacerlo; no quería que el hombre viera que estaba *desesperada*.

—Llevo días buscando por todas partes y no puedo encontrar un lugar para mi familia. Esta casa tiene muy buena pinta y necesitamos un lugar donde vivir porque mi hijo tiene que…

El hombre asintió y levantó una mano para detenerla.

—Verá. Esta casa tiene dos apartamentos, uno en el piso de arriba y otro en la primera planta. ¿Por qué no sube al primer piso y le echa una ojeada? Cuando termine, puedo darle el nombre y el número de teléfono del propietario. ¿Qué le parece?

Aliviada y emocionada, Carmen subió las escaleras esperanzada. Y esto fue lo que se encontró: el salón era amplio y, además, tenía muchas ventanas, lo que hacía que pareciera aún más grande. La cocina también era espaciosa y tenía una mesa de caballete y bancos. Había cuatro dormitorios grandes y dos más en el piso superior, uno de ellos con camas de matrimonio de pino macizo.

Era hermosa. Era perfecta. Y probablemente demasiado cara.

Bajó las escaleras apresuradamente, el operario le dio el número de teléfono del propietario y le llamó en cuanto llegó al motel.

Se llamaba Lawson y, al principio, se mostró reticente. Sin embargo, en cuanto le informó del precio mensual del alquiler, Carmen no se dejó amilanar; entraba dentro de su presupuesto.

Se lo contó todo: la enfermedad de Stephen, lo kilómetros que debían recorrer todos los días para que su hijo recibiera el tratamiento, las dificultades que había tenido para encontrar un apartamento para toda la familia.

Lawson le mostró educadamente todo su apoyo, le deseó lo mejor para su hijo y entonces se quedó en silencio. Carmen imaginó que estaba pensándoselo.

—Puedo alquilarles el apartamento del piso de abajo –dijo finalmente.

Carmen se sentó pesadamente en el borde de la cama y se cubrió los ojos con una mano. No había *visto* el departamento del primer piso. ¿Sería tan agradable como el del piso de arriba?

«¿A quién quieres engañar? –pensó–. Si es más pequeño, no lo será por mucho, y además… estamos desesperados». Carmen decidió que, si se parecía, aunque fuera sólo un poco, al apartamento del piso de arriba, estaría más que encantada.

—Eso suena muy bien –dijo–. Nos lo quedamos.

Después de colgar, Carmen se tendió sobre la cama y soltó un largo suspiro. Se había quitado un gran peso de encima.

Empezaron inmediatamente los preparativos de la mudanza. Al tendría que quedarse en Hurleyville otras seis semanas, más o menos, hasta recibir un traslado definitivo. Michael logró escapar del caos de la mudanza porque decidió irse a pasar el verano con Wanda Jean a su casa en Alabama.

Al, Carmen y los niños empaquetaron sus pertenencias con alegría y sin protestar, lo cual fue todo un logro teniendo en cuenta que, además de todo el trabajo y la organización, aún tenían que seguir llevando a Stephen a Connecticut todos los días para su tratamiento de cobalto.

Tenían muchas ganas de mudarse a su nuevo apartamento y recuperar parte de la estabilidad en sus vidas. Por supuesto, las cosas no volverían a estabilizarse del todo hasta que Stephen no se hubiera recuperado, pero tenían fe en que acabaría poniéndose bien.

Carmen se pasaba el día hablándoles del apartamento del piso de arriba, esperando que el suyo fuera tan agradable y perfecto como aquél. Pero también le daba muchas vueltas a cómo *sería* en realidad su nueva casa… y muchas veces se temía lo peor.

La noche antes de mudarse a Southington, Carmen no durmió bien. A pesar de las preocupaciones derivadas del estado de salud de Stephen, hasta el momento no había tenido problemas para dormir, exhausta por culpa de toda la actividad diaria. Sin embargo, aquella noche le costó pegar el ojo y, cuando finalmente lo consiguió, tuvo un sueño muy desagradable.

Ataúdes… alineados cuidadosamente… cuerpos desnudos con la piel fría y pálida… instrumental… herramientas de aspecto viejo y siniestro… ganchos… cadenas… un hombre sin rostro con una bata blanca llena de manchas de color marrón oscuro… caminando frente a una hilera de ataúdes… zigzagueando entre ellos… acercándose a uno de los cuerpos… uno de los cadáveres… con una de las herramientas en la mano… una de esas viejas y siniestras herramientas…

Carmen se incorporó de golpe sobre la cama. Durante un momento fue incapaz de respirar, y entonces tomó una profunda bocanada de aire. Ya era de día. La brillante y reconfortante luz del sol entraba por las ventanas. El corazón le martilleaba con fuerza dentro del pecho, pero no podía recordar el motivo. Una pesadilla, sí, pero eso no era todo…, no exactamente. Había algo más, algo que supo de repente, aunque sólo de un modo instintivo.

—He alquilado una funeraria –dijo con la voz pastosa por culpa de las horas de sueño.

Al levantó la cabeza de la almohada.

—¿Qué?

—El apartamento…, esa casa…, es una funeraria. O quizá…, bueno, quizá lo fue en el pasado.

—¿Has tenido una pesadilla?

—No, no. Bueno, sí, es posible que sí, pero eso no es lo importante. –Se volvió hacia él–. Esa casa es una funeraria, Al.

Al se incorporó y apoyó los codos en la cama.

—¿De qué estás hablando? –Entonces se sentó a su lado con el ceño fruncido y añadió–: Lo dices en serio, ¿verdad?

—Sí, lo digo en serio.

Carmen se inclinó hacia delante, se rodeó el cuerpo con los brazos y cerró los ojos.

Al la envolvió con un brazo. Aunque no entendía muy bien qué pasaba, la expresión de su mujer no era el resultado de un simple sueño ni de una pesadilla; allí estaba pasando algo mucho más real.

—Aún podemos echarnos atrás, lo sabes, ¿verdad? –dijo–. Si quieres, dejamos estar lo de la mudanza.

Carmen meneó la cabeza lentamente. ¿Cómo iban a echarse atrás ahora?

—No podemos seguir haciendo ese viaje todos los días –dijo en un susurro–. Es demasiado pesado para todos, especialmente para Stephen. Y tampoco quiero seguir buscando otro apartamento.

Estuvieron un rato en silencio, abrazándose, y entonces Al dijo:

—Escucha, incluso si ese… sueño o presentimiento o lo que sea… es cierto, y la casa realmente es o fue una funeraria… ¿qué más da? La gente murió en otro lugar, ¿no? No murieron allí, en la casa. Y, además

—añadió besándole en la parte superior de la cabeza—, no *sabes* si es verdad. Seguro que no lo es, que es sólo un sueño. Llegaremos, todo será genial, colocaremos nuestras cosas y descubriremos que simplemente es una vieja casa que ahora tiene dos apartamentos.

Se marcharon definitivamente de Hurleyville el 30 de junio, un caluroso día de verano, especialmente en la carretera. Al y Stephanie viajaron en la furgoneta que habían alquilado para la mudanza —Stephanie llevaba la jaula de Willy en su regazo— y los dos chicos fueron con Carmen en el coche. Cada pocos kilómetros, Peter, quien por entonces tenía tres años, preguntaba con un entusiasmo inagotable:

—¿Ya hemos llegamos? ¿Ya hemos llegamos?

Cuando llegaron a la casa de Southington, casi toda la familia de Al ya estaba allí, dispuesta a ayudarlos con la mudanza. Cuando Carmen y Al bajaron de los respectivos vehículos, se miraron el uno al otro durante unos segundos. El rostro de Carmen transmitía aprensión y nerviosismo; Al sonrió para tranquilizarla. Cuando se acercó a ella, Carmen le susurró:

—Antes de empezar, ¿podemos… entrar para echar un vistazo?

—Por supuesto. —Al la cogió de la mano y, después de saludar a todo el mundo, entraron en la casa.

La planta baja aún no estaba terminada y los carpinteros estaban haciendo mucho ruido. Dentro de la casa encontraron un montón de aserrín, trozos de madera y hombres con martillos y sierras. Sin embargo, en el sótano no había nadie.

Cuando Al y Carmen empezaron a bajar las escaleras, el ruido se amortiguó ligeramente por detrás y por encima de ellos. El sótano estaba mohoso y el aire cargado con el olor espeso de los años. Al pie de las escaleras había una espaciosa habitación que continuaba hacia la izquierda y, a la derecha, vieron un par de puertas francesas que se abrían a una habitación aún mayor.

Había cinco habitaciones en total, todas mohosas. Recorrieron el sótano con cautela durante unos minutos, no muy seguros de lo que estaban buscando. Si es que estaban buscando algo.

Al final de un pasillo, encontraron una habitación con varias estanterías llenas de herramientas. Herramientas extrañas, siniestras. Herramientas aterradoras, indescriptibles. Aparatos de acero ennegrecidos por los años. Tubos, mangueras y cuchillos. Frente a los estantes vieron algo que se parecía bastante a un depósito de combustible, viejo y sucio, y una pequeña mesa debajo de la cual había varias cajas de aspecto robusto. Al y Carmen se agacharon para comprobar qué había en el interior de las cajas y descubrieron que estaban llenas de placas metálicas rectangulares. Aunque las placas estaban en blanco, Al y Carmen cruzaron una mirada silenciosa; ambos sabían perfectamente para qué servían. Las placas llevaban esperando en aquellas cajas desde quién sabía cuánto tiempo…, esperando a alguien las usara…, esperando a que alguien grabara en ellas un nombre y las colocara sobre una tumba.

Salieron de la habitación y entraron en un pasillo al final del cual, tras una puerta en un lateral de la casa, había una rampa que descendía desde el sótano. Parecía una entrada para discapacitados o una especie de rampa para carga y descarga.

Carmen le cogió la mano a Al, no tanto para mantener el equilibrio sino más bien para calmar sus emociones. Las cosas que habían visto hasta el momento eran suficientes que convencerla de que había tenido razón… pero aún había más.

Sobre el umbral de cada una de las puertas por las que pasaban había un crucifijo metálico de aspecto pesado. Aunque parecían ser de plata, estaban tan deslustrados por el paso del tiempo que era difícil estar seguro. Observaron unos instantes una de las cruces y después se miraron el uno al otro, pero el silencio era demasiado pesado para romperlo; ninguno de los dos dijo nada.

Giraron a la derecha y entraron en una habitación grande con otra estantería, más escaleras y…

—Oh, Dios mío –dijo Carmen en voz baja–, ¿qué es eso?

Señaló algo que parecía salido del plató de una vieja película en blanco y negro de Frankenstein. Una plataforma rectangular parecida a una cama estaba colgada por unas cadenas a un elevador de grandes dimensiones. Cuando Al y Carmen miraron hacia arriba, vieron una trampilla rectangular en el techo directamente sobre la plataforma.

Los zapatos de Al *chirriaron* en el suelo de cemento cuando éste cruzó la habitación hasta una placa de madera contrachapada de aproximadamente un metro cuadrado que había en el suelo justo al pie de la escalera. Se inclinó, la levantó unos centímetros, miró en su interior y, después, la levantó un poco más. Carmen, de pie a su lado, vio las paredes de un túnel y el fondo de una cisterna de cemento con un desagüe circular en el centro y un montón de astillas de madera a su alrededor.

Una tenue luz se filtraba a través de dos sucios ventanucos situados en la parte superior y a la izquierda. Al y Carmen observaron en silencio las brumosas sombras que estos proyectaban en el pozo.

—No tengo ni idea de qué es esto… –dijo Al.

—Creo que no quiero saberlo –susurró Carmen. Se dio la vuelta y se acercó a una puerta que daba a otra habitación más pequeña. Se detuvo en el umbral para mirar lo que había en su interior.

Justo delante de ella había una robusta mesa rectangular, el tipo de mueble que uno espera encontrar en un laboratorio, un hospital… o en una morgue. La pared de la izquierda tenía unas manchas de un tono marrón rojizo. A su derecha vio un fregadero grande y profundo con las mismas manchas de óxido.

Al oír un fuerte golpe detrás de ella, Carmen se sobresaltó y se dio la vuelta. Al se estaba frotando las manos mientras se acercaba a ella, alejándose de la cisterna. El ruido lo había producido la placa de madera al volver a encajar en su sitio.

—¿Qué hay aquí? –preguntó Al.

Carmen hizo ademán de hablar y decir algo sobre todos los *trastos* de los que tendrían que deshacerse, que *eso* era lo que había allí abajo, pero tenía la garganta demasiado seca y cuando se dio cuenta de que no iba a poder hablar, volvió a cerrar la boca y se quedó mirando las manchas. Al hizo lo mismo.

Aquella habitación tenía un olor distinto, más oscuro y empalagoso que el que impregnaba el resto del sótano. Era un olor espeso, casi grasiento, el tipo de olor que permanece en las fosas nasales durante mucho tiempo después de que la fuente de éste haya desaparecido.

Al se acercó a la pared, la presionó con la punta de los dedos con cuidado y después regresó al lado de Carmen. Tenía el ceño fruncido y el labio superior ligeramente torcido. Abrió la boca para decir algo, pero, como le ocurriera a Carmen un momento antes, volvió a cerrarla. No hacían falta palabras.

Los dos sabían de qué eran aquellas manchas.

—Pintaré la pared —dijo Al mientras subían las escaleras—. La pintaré ahora mismo.

—Y no se lo diremos a los niños —añadió Carmen.

—Por supuesto que no. Y podemos…, bueno, deshacernos de todas esas cosas. Sacarlas de la casa. Cuando hayamos terminado, será un gran sótano, ya verás.

Cuando llegaron al final de la escalera, Carmen se volvió hacia él y le dijo:

—No quiero ni imaginarme cómo sería tener que buscar otro apartamento. Necesitamos asentarnos en un lugar. *Necesitamos* asentarnos para que Stephen se ponga mejor.

—Y lo haremos. No te preocupes, cariño. —Le dio un beso rápido y sonrió. Luego le puso el brazo sobre los hombros y volvieron al primer piso.

Y descubrieron que, incluso arriba, había cruces sobre las puertas de todas las habitaciones que conducían al sótano.

Lawson llegó y lo recibieron frente a la casa. Era un hombre con una gran panza, enfundado en unos vaqueros desteñidos y una camisa a cuadros. Mientras Al hablaba con su familia, Carmen y Lawson se alejaron un poco de los demás.

—Me gustaría preguntarle algo —dijo con cautela—. Esta casa… en el pasado, ¿por casualidad… no fue… una funeraria? —A pesar de lo que habían visto en el sótano, su vaga sensación de inquietud seguía pareciéndole tan ridícula que hizo una mueca al pronunciar la palabra *funeraria*.

En la comisura de la boca de Lawson apareció la promesa de una sonrisa.

—¿Cómo lo han descubierto? —le preguntó.

Molesta por la sonrisa, la voz de Carmen sonó ligeramente enfadada.

—Bueno, creo que hay suficientes pruebas de ello en el sótano. ¿Ha estado allí abajo alguna vez?

Lawson cerró los ojos y asintió sin dejar de sonreír.

—Sí, he visto lo que hay ahí abajo. Si no le importa, me gustaría que no tocaran nada. No quiero que se destruya ni se tire nada. Todas esas piezas dan mucho de qué hablar, ¿no le parece?

Carmen parpadeó varias veces. Aquello era ridículo, pero no estaba en condiciones de discutir.

—Sí –continuó Lawson–, el anterior dueño de la casa tiene noventa años. Se fue a vivir con su hijo. Cuando se la compré, quería convertirla en un edificio de oficinas, pero –dijo encogiéndose de hombros– surgieron algunos problemas con el ayuntamiento y no pude hacerlo. Entonces pensé que podría ser una propiedad inmobiliaria con mucho valor, teniendo en cuenta que el hospital está en expansión. Mucha gente necesita un lugar cerca de él.

Gente como usted. –Sonrió abiertamente sin abrir la boca y se llevó las manos a la espalda. Cuando vio que Carmen no le devolvía la sonrisa, dijo–: Oh, no se preocupe, señora Snedeker. La casa no ha estado habitada todo el año desde hace… eh, dos años, más o menos. Desde entonces, sólo se ha usado un par de veces, para ocasiones especiales.

Carmen frunció el ceño.

—¿Qué tipo de ocasiones especiales?

—No sé, para algunos miembros de la familia del dueño anterior, ese tipo de cosas. –Se volvió hacia la casa y se llevó las manos a las caderas–. Sí, el negocio de la funeraria queda ya muy lejos. Probablemente se habrá dado cuenta ya que el apartamento del piso de abajo aún no está terminado. Si lo desea, puede dejar sus cosas en el garaje y quedarse en un motel, con amigos o algo así.

Carmen también estaba mirando la casa. Asintió y dijo:

—Sí, de acuerdo. –Su voz sonó plana e inexpresiva; no estaba segura de si estaba decepcionada por el hecho de no poder mudarse de inmediato… o aliviada.

Al tuvo que regresar a Hurleyville por su trabajo, de modo que Carmen y los niños se instalaron en una habitación de motel. Pero, como la mayoría de las habitaciones de motel, era demasiado pequeña, sobre todo con tres niños. Dos días después, Carmen decidió que era preferible incluso un apartamento sin terminar.

Regresaron a la casa de la calle Meridian y sacaron algunos colchones del garaje. Carmen y los chicos los empujaron hasta el comedor, donde decidieron que iban a dormir hasta que los operarios hubieran terminado. Sin embargo, poco después de acostarse, el inquietante silbido de la respiración de Peter empezó a resonar en las paredes desnudas. Un ataque de asma provocado, sin duda, por el serrín que flotaba por todas partes. Lo llevaron sin cita previa a una clínica local, donde lo trataron, y después regresaron a la habitación de motel. Al día siguiente, Peter se encontraba mucho mejor. Decidieron ir nuevamente a la casa, limpiar todo el aserrín e intentarlo de nuevo.

Para el fin de semana, la casa estaba en un estado habitable, de modo que empezaron la tediosa tarea de la mudanza. Al regresó el fin de semana y, con la ayuda de su hermano, trasladaron los muebles al apartamento mientras Carmen empezaba a desempacar todos los platos y a lavarlos. Stephen bajó al sótano para ver cómo era la primera habitación que iba a tener para él solo…

◆ ◆ ◆

Carmen dejó de lavar los platos y miró por la ventana que había sobre el fregadero mientras pensaba en lo que le había dicho su hijo.

Sí, la casa había sido una funeraria. Pero ¿era maligna? No creía que *algo* pudiera ser maligno. Era una casa antigua muy bonita y su apartamento era perfecto. Pero… ¿por qué había dicho Stephen algo así? ¿Cómo era posible que hubiera *pensado* algo así? Algo tenía que haberlo provocado.

Se enjuagó las manos, se las secó y detuvo a Al de camino al garaje. Le contó lo que le había dicho Stephen.

Al frunció el ceño.

—*Yo* no le he contado nada de la casa –dijo un poco a la defensiva–. ¿Y tú?

—Por supuesto que no. Estuvimos de acuerdo en no hacerlo.

—Entonces… ¿qué opinas?

—Bueno. –Carmen abrió mucho los brazos–. No creo que la casa sea *maligna,* si te refieres a eso. ¿Cómo puede ser maligno un edificio? Puede ser espeluznante, claro, eso lo puedo entender, pero tampoco creo que lo sea. Al menos, no *demasiado*. Nada que no pueda arreglar una mano de pintura.

Al se metió las manos en los bolsillos traseros del pantalón y echó un vistazo a su alrededor. Stephen no estaba cerca.

—Debes entender que Stephen ha estado bajo mucha presión con el tratamiento y todo lo demás. No creo que debamos preocuparnos en exceso. Probablemente pronto lo olvidará todo. Yo no me preocuparía. –Luego fue al garaje para traer otro mueble.

Carmen se quedó en la sala de estar aún sin terminar y miró a su alrededor. El apartamento tenía muchas ventanas, lo cual era un prerrequisito para ella. Sin embargo, aún no habían colgado las cortinas. Aun así, no parecía entrar demasiada luz pese al día tan soleado que hacía fuera, ni los rayos del sol formaban charcos relucientes en el suelo. Se acercó a uno de los cristales y pasó dos dedos por su superficie.

—Tengo que limpiar esto –murmuró–. Es lo primero que tengo que hacer.

Sin embargo, cuando frotó el pulgar en pequeños círculos sobre las yemas de los otros dedos, estos no se ensuciaron.

Dos

Lo que oyó Stephen

El lunes por la mañana, Carmen se levantó más pronto de lo habitual para prepararle el desayuno a Al y despedirse de él, pues no se verían más en toda la semana. Al comió rápido y, cuando estaba terminando, Carmen se unió a él.

—¿Ya has terminado? –le preguntó ella.

—Tengo que irme. Quiero asegurarme de no llegar tarde. Ya sabes, por si pasa algo. No estoy acostumbrado a conducir tantos kilómetros para ir trabajar a primera hora. Voy a lavarme los dientes. –Se fue como una exhalación. La puerta del baño se abrió y se cerró, el sonido del grifo y de los característicos sonidos del cepillado amortiguados tras ésta.

Estaba ansioso, a Carmen no le cabía ninguna duda. Sabía que estaba preocupado por tener que dejarlos allí durante la semana y sólo poder volver a casa los fines de semana hasta que le confirmaran el traslado. Sin embargo, Al nunca iba a reconocer abiertamente que algo le preocupaba; se lo guardaría dentro, lo *contendría* haciendo cosas como engullir el desayuno o irse lo más pronto posible para poder sumergirse en su trabajo y tratar de no preocuparse por Stephen.

Carmen no tocó el desayuno durante un rato; esperó hasta oír que se abría la puerta del baño. Entonces se levantó y fue al encuentro de

49

Al en el recibidor. Al la abrazó y apoyó suavemente la barbilla en la parte superior de su cabeza.

—¿Estaréis bien? –le preguntó.

—Claro que sí.

—¿Seguro que la casa te parece bien? –le dijo en un susurro, porque Stephen, quien seguía negándose a dormir solo en el sótano, estaba acostado en el sofá del salón y Al no quería que los oyera hablar de la casa. El chico ya tenía suficientes cosas en las que pensar.

—Por supuesto que me parece bien, es una casa preciosa –empezó a decir Carmen, pero entonces comprendió qué había querido decir Al en realidad y decidió que la respuesta resultaba poco convincente–. Bueno –continuó susurrando–, preferiría que *no* fuera una antigua funeraria, pero… no pasará nada, lo sabes tan bien como yo.

—Claro que lo sé –dijo con una risita susurrante–. No me preocupan los fantasmas ni nada de eso. Pero ¿qué pasa con Stephen? No puede dormir en el sofá eternamente.

—No te preocupes por él. Como dijiste, últimamente ha estado bajo mucho estrés. En cuanto pase aquí algún tiempo, se acostumbrará. Y cuando vuelva Michael, se olvidará de todo. Creo que le echa mucho de menos. Debe de ser difícil ver cómo tu hermano se va a casa de la abuela a pasar las vacaciones de verano mientras tú tienes que quedarte en casa porque estás enfermo.

Al oír un pequeño ruido, Carmen se apartó de Al y se dio la vuelta. Stephen estaba de pie frente a la puerta del salón, frotándose sus ojos somnolientos. Llevaba puesta una camiseta sin mangas y unos calzoncillos largos que parecían demasiado grandes para su esquelético cuerpo y el cabello rubio oscuro señalaba en todas direcciones.

—¿Me habéis llamado? –preguntó con voz ronca y somnolienta.

Carmen se acercó a él sonriendo.

—No. Sólo me estaba despidiendo de tu padre. Se marcha a Nueva York.

—¿Cuándo volverás? –le preguntó Stephen con un bostezo.

—A finales de semana. –Se puso a su lado y le dio un apretón en su frágil hombro–. Cuida de tu madre mientras yo no estoy. Y haz caso a los médicos, ¿de acuerdo?

Stephen asintió.

—Conduce con cuidado.

—Siempre lo hago, chaval.

Al y Carmen se despidieron y Al se marchó.

Stephen fue a la cocina y Carmen le siguió con la esperanza de no oír el motor del vehículo cuando Al se alejara de su lado. Stephen llenó un vaso de agua y Carmen volvió a sentarse para terminar de desayunar. Entonces se dio cuenta de que ya no tenía hambre; de hecho, ni siquiera estaba segura de haber tenido hambre mientras lo preparaba.

—¿Quieres desayunar, Stephen? –le preguntó Carmen–. Acabo de prepararme esto, pero no lo quiero. Carmen se levantó y Stephen se sentó en su silla; aún parecía estar medio dormido–. ¿Estás despierto para comer?

Él se encogió de hombros.

De pie detrás de él, Carmen apoyó ambas manos sobre sus hombros y le dijo:

—Voy a ducharme, ¿vale?

Stephen volvió a asentir sin levantar los ojos de la comida.

Cuando estaba a punto de salir de la cocina, Stephen dijo:

—¿Estabais hablando de mí?

Carmen se dio la vuelta.

—Tal vez. ¿Por qué?

—Me ha parecido que…, no sé, como si alguien me llamara por mi nombre. Me ha despertado.

—Probablemente he sido yo. –Y entonces se preguntó: «¿Qué más ha oído?». Esperaba que no les hubiera oído hablar sobre la casa–. Bueno, me voy a la ducha. Si quieres, puedes ver la tele. Pero no despiertes a Peter y Stephanie. Aún es muy temprano.

Carmen entró en el baño y cerró la puerta, pero no abrió el grifo inmediatamente. Se sentó en el borde de la bañera con el ceño fruncido. Esperaba que Stephen no les hubiera oído hablar sobre los antecedentes de la casa. Lo último que necesitaba era más *información* que alimentara su imaginación.

«Habría dicho algo –se dijo a sí misma para tranquilizarse–. Si hubiera oído algo, lo habría dicho».

Se levantó, abrió el grifo de la ducha y empezó a desnudarse.

Stephen contempló el desayuno con ojos cansados. Las salchichas parecían dedos hinchados y magullados y el aspecto de los huevos fritos, aunque normalmente le encantaba desayunar huevos, le hizo arrugar la nariz ligeramente. Se levantó de la mesa y se quedó de pie con el vaso de agua en la mano. Dejó el vaso en la encimera y miró por la ventana. Al otro lado de la calle había otra casa blanca de estilo colonial, como su casa y como la casa de al lado. Su nueva casa… con nuevos vecinos… en una nueva ciudad… en un nuevo estado…, todo por su culpa.

Stephen supuso que estar cerca del hospital era mejor para todos, de ese modo se ahorraban tener que hacer un viaje tan largo todos los días, pero, aun así…, tenía la sensación de haber obligado a toda la familia a marcharse de Nueva York e instalarse en Connecticut. Todo por su culpa.

Por si eso no fuera poco, odiaba la casa en la que habían terminado instalándose por culpa de su enfermedad. Era una casa bonita, sí, con un montón de espacio y una habitación propia, pero era una habitación que no quería.

Sabía que sus padres no le creían cuando decía que la casa era maligna. También sabía que, cuando decía que no quería dormir en la habitación del sótano, o al menos no quería hacerlo solo, le seguían la corriente porque estaba enfermo. Evidentemente, no se lo *decían,* pero Stephen sabía lo que pensaban; lo sabía por la forma en la que le habían hablado y mirado cuando se lo dijo.

Pero eso no cambiaba nada. Seguía sintiendo, sabiendo, que había algo que no terminaba de estar bien en la casa, que había algo maligno. Aunque aún no estaba seguro de qué era exactamente, lo descubriría.

Lo había sabido la primera vez que había bajado las escaleras para ir a ver su habitación. No había visto nada, ni tampoco había olido nada especial más allá de la típica humedad de todos los viejos sótanos. Sin embargo, había percibido que allí abajo había algo raro cuando notó que se le erizaba el vello de todo el cuerpo sin motivo aparente. La atmósfera de su nueva habitación había hecho que sintiera un escalofrío en la nuca y unas extrañas náuseas, como si estuviera a punto de vomitar. La habitación transmitía una sensación oscura y maligna… como si guardara un *secreto.*

Y había tenido la inconfundible sensación de que no estar solo, de que alguien le estaba observando, de que, si se daba la vuelta, descubriría que había alguien o algo en la habitación con él, avanzando hacia él en silencio, con sigilo…, rápidamente. Se *había* dado la vuelta…, pero no vio nada. Sin embargo, el hecho de no ver nada no le sirvió de consuelo.

Se le aceleró el corazón y la respiración y empezaron a sudarle las manos. Conteniendo el impulso de salir corriendo, había vuelto al piso de arriba para contárselo a su madre, o al menos lo había intentado.

Aunque, evidentemente, ella no le había creído. Pero eso no significaba que no tuviera razón.

Había algo maligno en la casa, *algo* malo había pasado allí.

Y su familia se había mudado allí por culpa suya.

Miró por la ventana y se preguntó qué tipo de personas serían sus vecinos, si tenían hijos de su edad… y si sabían que había algo maligno en aquella casa.

La luz de primera hora de la mañana brillaba a través de las copas de los árboles, llenando de motas el suelo de la calle con su tímido resplandor, como si aún fuera demasiado temprano para encender todas las luces allí arriba.

Stephen se apartó de la ventana y salió de la cocina mientras daba un largo bostezo y se preguntaba si a aquella hora de la mañana pondrían algo interesante en la tele. Desde el pasillo oyó el sonido de la ducha y la voz intermitente de su madre, hablando sola como era habitual en ella cuando se le caía la botella de jabón o cogía el champú equivocado. Subió la escalera y, en cuanto entró en el salón, oyó una potente voz masculina:

—¿Stephen?

Se detuvo bruscamente y se quedó petrificado. La voz no provenía del baño ni, evidentemente, tampoco de la ducha. Su madre no tenía una voz tan grave.

Era la voz de un hombre.

—¿Stephen?

Se dio la vuelta lentamente y esperó.

—¿Stephen?

La voz sonaba impaciente.

Pese a no ser demasiado estridente, Stephen podía oírla perfectamente.

—¡Ven *aquí,* Stephen!

Stephen volvió a bajar la escalera lenta y cautelosamente en dirección al baño, apoyándose en la barandilla con una mano temblorosa.

—¿Stephen?

Se detuvo y miró por encima de la barandilla hacia las escaleras que conducían al sótano…, a su habitación.

La voz provenía de allí abajo.

Insistente. Cada vez más impaciente con Stephen.

El agua seguía corriendo en la ducha.

—Stephen, baja aquí.

Con la boca abierta, los nudillos blancos de agarrar con tanta fuerza la barandilla y los ojos como platos, Stephen se asomó un poco más. La boca se le quedó seca casi al instante.

—¿Stephen? –Ahora la voz se reía. Era una risa grave y conspiratoria, de las que ocultan algún secreto–. Baja ahora mismo, Stephen. Tienes que ver esto.

Stephen miró hacia el cuarto de baño. Aún se oía la ducha.

—Ven aquí, Stephen. Quiero enseñarte una cosa.

Peter y Stephanie dormían profundamente en sus habitaciones. De todos modos, ninguno de los dos podía hablar así.

No había nadie en el piso de abajo. O al menos no debería haber nadie. Intentó seguir avanzando para llegar a la parte superior de las escaleras, desde donde podría echar un vistazo al rellano del primer piso, pero entonces notó cómo se le erizaba el vello de todo el cuerpo y se le revolvía el estómago, tal y como le había pasado la primera vez que había bajado las escaleras y…

—¿Stephen?

Pensó en cómo se había sentido allí abajo, la sensación de ser observado, de no estar solo y, preguntándose si tenía razón, si la presencia que había percibido allá abajo hacía sólo un par de días se había negado a hablar, empezó a caminar hacia atrás, se tropezó al darse la vuelta, entró en el salón y se sentó en el sofá.

—Stephen, ven aquí abajo. –Aunque más débil debido a la distancia, la voz seguía oyéndose perfectamente.

Pese a inclinarse hacia adelante y taparse los oídos con las manos, seguía oyendo la voz, aunque algo más amortiguada. Se levantó, encendió el televisor, puso el volumen más alto de lo normal y volvió al sofá, donde se acurrucó bajo la manta, cubriéndose incluso las orejas.

En la tele, Bugs Bunny estaba discutiendo con el Pato Lucas sobre si estaban en temporada de conejos o de patos…, mientras tanto, la voz seguía llamándolo desde el piso inferior.

—¡Temporada de *connnejos!*

—¿Stephen?

—Temporada de patos.

—Stephen, ven aquí.

—¡Temporada de *connnejos!*

—He dicho que vengas *aquí,* Stephen.

—Temporada…

—¿Qué estás *haciendo?* –La voz estaba ahora muy cerca, en la misma habitación. Stephen se quedó sin aliento, se cubrió la cabeza con la manta y cerró los ojos con fuerza. De repente dejó de oírse la tele y la voz dijo–: Te he dicho que no despertaras a los niños. –Silencio–. ¿Stephen? ¿Qué pasa?

Pese a que los latidos de su corazón le martilleaban constantemente en los oídos, Stephen se dio cuenta de que no era la misma voz. Había algo distinto en ella. Apartó lentamente la manta y abrió los ojos. Su madre estaba de pie delante de él envuelta en su albornoz de felpa azul y el pelo cubierto con una toalla.

Aunque tenía el ceño fruncido, cuando volvió a hablar, el enfado había desaparecido de su voz:

—¿Estás bien?

Stephen asintió.

—¿Por qué está el sonido de la tele tan fuerte?

—No los he despertado.

—Lo sé, pero ¿por qué?

Stephen se pasó la lengua por los labios e hizo todo lo posible por ocultar el temblor de las manos mientras pensaba en algo que decir. Finalmente, se decidió por la verdad.

—He oído…, hmmm…, una voz.

—¿Una voz? ¿Te refieres a uno de los niños?

Stephen sacudió la cabeza.

—La de un… hombre.

—Ah, seguro que he sido yo, cielo. Estaba hablando sola en…

Stephen meneó la cabeza con insistencia y dijo:

—No, venía de abajo. Y me ha dicho que bajara. Me ha llamado por mi nombre.

Carmen se lo quedó mirando unos instantes con las manos en las caderas y luego se sentó en el canto del sofá.

—Bueno, eso es una tontería, ¿no crees?

Stephen no respondió.

—No sé, piénsalo bien, Stephen. No hay nadie en el sótano.

De nuevo, el chico permaneció en silencio.

—¿No? O sea, yo estaba en la ducha y los niños están durmiendo…, creo. Da igual, sabemos que no hay nadie abajo, ¿verdad?

—No… no era una persona. Y estaba tra… tando de convencerme –le tembló ligeramente la voz y notó un frío extraño en los hombros–… para que bajara.

—¿Quién?

—Lo que sea que haya ahí abajo.

—No hay nadie ahí abajo, Stephen.

—Ya te he *dicho*… que *no* es… una *persona*.

Su madre frunció aún más el ceño y cerró los ojos un momento; no sabía qué pensar. Entonces dijo:

—Pensaba que habías dicho que habías oído una voz.

—Sí, pero… sé que no hay nadie abajo. Pero también sé que en esta casa hay algo maligno…, algo *malvado*. Creo que hubo un…

—¡Venga, déjalo ya, Stephen! Ya hemos hablado de eso. Las casas no son malignas. Los fantasmas no existen y las voces no salen de la nada.

Stephen apartó la mirada. Se sentía frustrado y aún un poco asustado porque… ¿y si nadie creía *nunca* lo que él sabía que era verdad?

—*Esta* casa está maldita –susurró mientras miraba hacia la parte posterior del sofá–. No sé por qué, pero lo *está*.

Su madre dejó escapar un largo y silencioso suspiro y después dijo:

—¿Sabes lo que creo que ocurre aquí? Creo que hace un rato estabas aquí estirado, quizá medio dormido, y nos has oído hablar a papá y a mí en el salón. Hablando de la casa.

Stephen volvió a mirar a su madre con expresión de curiosidad.

—¿Qué pasa con la casa?

—Bueno…, si te lo cuento, tienes que prometerme que no se lo dirás a nadie. No quiero que Peter y Stephanie lo descubran. Tú eres mayor, creo que puedes asumirlo. De hecho, probablemente será mejor si no se lo cuentas tampoco a Michael. Tu padre y yo queríamos mantenerlo en secreto, pero creo que así entenderás tu…

—¿Qué pasa? –preguntó Stephen con impaciencia mientras se incorporaba en el sofá.

—Bueno, esta casa… antes de mudarnos… era una funeraria.

Stephen abrió mucho los ojos.

Una funeraria…

De algún modo, aquello tenía sentido. Como si…, bueno, era imposible, por supuesto, pero era casi como si Stephen lo hubiera sabido desde el principio; lo había sabido sin *saberlo* realmente. Tenía tanto sentido que empezó a asentir levemente.

—Pero ya no lo es –continuó su madre–. Y, además, nadie murió aquí; sólo traían los cuerpos para que los prepararan para el entierro. Aquí no ocurrió nada malo. Las cosas malas, es decir, las muertes ocurrieron en otros lugares. Por tanto, no hay nada que…

—¿Qué había en el sótano?

Carmen parpadeó y le miró fijamente.

—¿Cómo?

—O sea, ¿lo hacían abajo? ¿Todas esas cosas con los cuerpos?

—Bueno, aún no estoy segura, pero creo que… –Su voz se suavizó–. Sí. Creo que lo hacían abajo.

Stephen volvió a asentir.

—Lo que quiero decir es que no hay nada *maligno* en la casa. ¿De acuerdo? ¿Me crees? –insistió Carmen.

Stephen volvió a mirarla, pero no dijo nada ni hizo nada. Él sabía… sabía que tenía razón. Lo que le había contado su madre no lo tranquilizaba en absoluto. Apenas lo había convencido.

TRES

ADAPTÁNDOSE

Después de la primera semana, la casa empezó a tener un aspecto más ordenado y habitable. Carmen dedicó la mayor parte del tiempo a asegurarse de que los muebles estaban dispuestos como quería. Se esmeró en la tarea de colgar cuadros y fotos y desempacar los adornos más delicados, algunos mucho más viejos que ella, y colocarlos en las habitaciones y los estantes adecuados.

La casa cada vez parecía más un hogar, *su* hogar. Las únicas cosas que faltaban eran Al... y la salud de Stephen.

Aunque hablaba con Al todas las noches, no era lo mismo. Lo quería en casa, con ella, donde su mera presencia le habría ayudado a quitarse parte del peso que debía cargar sobre sus hombros.

Stephen seguía con su tratamiento de cobalto. Carmen lo llevaba todos los días al hospital en coche y lo esperaba sentada en uno de los sofás antisépticos de vinilo. Después de la radiación, Stephen siempre estaba agotado, y se quejaba de que no podía deshacerse en todo el día de su olor y sabor: áspero, metálico y seco.

Una tarde, Carmen decidió que no le gustaban las viejas persianas venecianas de las ventanas porque impedían que entrara la luz del sol. O al menos, Carmen lo achacaba a las persianas.

Aunque en el exterior hiciera un día radiante, la habitación seguía estando muy tenebrosa. Y cuando levantaba las persianas del todo, no había ninguna diferencia. De modo que pensó que sería una buena idea deshacerse de ellas. Aunque antes tendría que hablar con Lawson. Entonces recordó lo que se había prometido a sí misma el primer día que pasó en la casa: limpiar los cristales de las ventanas. Se puso ropa vieja y se puso a la tarea.

Mientras limpiaba los cristales, Stephen llegó con su amigo Jason. Se alegró al ver que Stephen estaba haciendo amigos tan rápido. Había estado preocupada por que la mudanza exacerbara aún más que el cáncer su carácter introvertido, y pensó que un nuevo amigo podía ayudarle a recuperar el ánimo y, por qué no, quizá también la salud. Las únicas veces que Stephen había salido de casa los últimos días había sido cuando Carmen lo acompañaba por la mañana al hospital para recibir el tratamiento. Ahora que parecía tener un amigo, esperaba que saliera más, que fuera un poco más activo y que tomara un poco más de aire fresco.

Jason vivía al final de la calle y los dos tenían la misma edad. Jason era un niño pelirrojo, bajito y fornido, lleno de una energía contagiosa, aunque rara vez sonreía y sus ojos no paraban quietos, como sus manos y sus pies.

—¿Qué planes tenéis? –preguntó Carmen afablemente. Estaba arrodillaba delante de la ventana, pasando el paño frenéticamente arriba y abajo.

—Vamos al sótano –respondió Stephen desde el recibidor.

Carmen dejó de limpiar y se puso de pie.

—Eh, Stephen… ¿Puedes venir un segundo?

Los pasos de los dos niños se detuvieron en el suelo de madera de roble y se susurraron algo el uno al otro. A continuación, Stephen siguió avanzando y entró en el salón.

—¿Sí? –dijo enarcando las cejas por encima de sus ojos hundidos y ojerosos.

—Creía que no querías bajar ahí –le dijo Carmen en voz baja.

—Y no quiero. Pero sólo cuando estoy solo.

—¿Y vas a bajar con Jason?

Stephen asintió.

—Le he contado lo que era antes la casa y… –Stephen sonrió–… cree que es genial. Así que vamos a echar un vistazo.

—Preferiría que no fueras contándole a la gente lo que te dije, Stephen. Aunque no creo que haya nada maligno, eso tampoco significa que sea *genial.*

—No te preocupes, mamá. No se lo diré a nadie más.

Stephen se dio la vuelta y salió de la habitación. Carmen oyó perderse escaleras abajo las voces ansiosas y los ruidosos pasos de los dos chicos.

«Primero es maligna y tenemos que marcharnos –pensó–. Y ahora es genial y se dedica a fanfarronear».

Carmen sonrió aliviada mientras volvía al trabajo. Stephen estaba empezando a superar el miedo que le producía la casa.

$$\blacklozenge \ \blacklozenge \ \blacklozenge$$

El viernes, las horas pasaron a un ritmo tan lento que Carmen pensó que la noche, cuando Al volvía a casa para pasar el fin de semana, no llegaría nunca. Acababa de preparar el almuerzo a los niños (bocadillos, patatas fritas, leche y fruta variada), cuando llegó Lawson.

—Me he dejado caer por aquí para ver cómo iba todo –dijo con una sonrisa después de que Carmen lo invitara a entrar. Desde el recibidor, Lawson echó una ojeada al salón y al comedor y asintió–. Todo tiene muy buen aspecto. Parece que ya os habéis adaptado a la nueva casa, ¿no?

—No del todo, pero casi –dijo Carmen. Parecía un poco distraída porque estaba pensando que aquel sería un buen momento para hacerle algunas preguntas más a Lawson.

—Bueno, ¿necesitáis algo? –preguntó éste–. ¿Algo que pueda hacer por vosotros?

—De hecho, hay algo. ¿Podría bajar conmigo al sótano?

Lawson asintió y la siguió por el pasillo. Bajaron las escaleras que conducían a la habitación que ocuparía Michael cuando regresara y a la de Stephen y, después, recorrieron el pasillo de cemento hasta la sala donde estaba el artefacto con las cadenas y la polea y el pozo con el desagüe.

—¿Sabe para qué sirve esto? –le preguntó Carmen señalando la polea con un gesto de la cabeza.

Lawson se cruzó de brazos.

—Sí, es un artefacto para levantar los cadáveres.

Carmen se encogió de miedo.

—Verás, los cuerpos se bajaban por esa rampa –dijo señalando el pasillo– y se preparaban en esa habitación. –Se dio la vuelta y señaló la habitación con las paredes y la pica manchadas de sangre–. Ésa era la morgue. Cuando los cuerpos estaban listos, se izaban por esa trampilla con estas cadenas.

—A nuestra habitación –murmuró Carmen. Antes de que Lawson pudiera responder a su comentario, Carmen se volvió hacia el pozo–. ¿Y esto?

—Bueno, según tengo entendido, esto era el depósito para la sangre. Los cuerpos eran drenados aquí, y después los restos pasaban a otro depósito, un tanque séptico, digamos. Necesitaban un depósito separado para la sangre porque…, bueno, de lo contrario hubiese sido antihigiénico.

Carmen respiró hondo y soltó el aire lentamente. Lawson hablaba con mucha normalidad de todo aquello. Supuso que ella debería tomárselo del mismo modo, porque, al fin y al cabo, de todo aquello hacía ya mucho tiempo. Pero, era incapaz.

—Bueno, sólo sentía curiosidad –dijo Carmen en voz baja mientras asentía. Entonces, se dio la vuelta y acompañó a Lawson hasta la salida.

—Ah, por cierto –dijo éste, señalando vagamente por encima de su cabeza–. ¿Ves las cruces encima de las puertas?

—Sí, reparé en ellas la primera vez que bajé.

—Te agradecería que no las quitaras. Aunque sólo sea para limpiarlas. Por favor, déjalas donde están.

Carmen le dirigió una mirada extraña.

—¿Alguna razón en particular?

Lawson se encogió de hombros.

—Son antiguas. Me gustaría dejarlas tal cual están.

—De acuerdo. No las tocaremos.

Cuando llegaron a la habitación de Stephen, Lawson se detuvo y le preguntó:

—¿Duerme alguien en estas habitaciones?

—Bueno…, esta habitación es para mi hijo Michael, pero está pasando una temporada con su abuela. Ésta es la habitación de Stephen, pero… no duerme aquí.

—¿Por qué?

—No le gusta.

Una sonrisa asomó a sus labios.

—¿Algún motivo en particular? Es decir, ¿ha pasado algo aquí abajo? ¿Algo…, hmmm…, extraño?

—¿Por qué?

Lawson volvió a encogerse de hombros, la leve sonrisa aún en la comisura de sus labios.

—Mera curiosidad.

—Bueno, me ha dicho que no le gusta, eso es todo. Y, además, asegura que ha oído voces aquí abajo.

Lawson asintió; fue, sin embargo, un asentimiento lento y reflexivo.

—Ya veo. –Y enarcando una ceja, añadió–: Niños. –Atravesó las puertas francesas y se detuvo en la que sería la habitación de Michael cuando éste regresara. Miró en derredor, sonrió y dijo–: Sabes qué, a esta habitación la llamaban la sala sur de los ataúdes. –Acto seguido, empezó a subir las escaleras de regreso al piso superior.

Carmen estaba sentada frente al escritorio en la galería interior que había junto a la sala de estar, leyendo el correo del día y preguntándose qué podía hacer para cenar, cuando oyó gritar a Stephanie. Dejó caer el correo, el cual quedó esparcido sobre el escritorio, y atravesó corriendo la sala de estar y el corto pasillo que conducía a la habitación de Stephanie, de la cual había salido el grito. Estuvo a punto de chocar con Stephanie, quien salía en aquel momento como una exhalación de la habitación. La niña se echó a los brazos de su madre.

—¿Qué pasa, cielo? –le preguntó mientras se arrodillaba delante de ella.

—¡Hay una mujer, mami! ¡Hay una mujer en mi habitación!

—*¿Cómo?*

La niña asintió enérgicamente.

—¡Una mujer, era una *mujer*, y estaba allí de pie con los brazos abiertos! –Stephanie tenía los ojos abiertos como platos. Sus pequeños dedos se clavaron en los antebrazos de Carmen mientras hablaba atropelladamente y sus palabras formaban un excitado revoltijo.

—Vale, vale, vale, Stephy, venga, cálmate un poco, ¿de acuerdo? –Cuando Stephanie se calló, Carmen la cogió de la mano, la llevó de vuelta al dormitorio y le dijo–: Vale, vamos a entrar en tu habitación para que puedas enseñarme que has visto, ¿de acuerdo?

Stephanie se resistió, diciendo:

—¡Había una *mujer*!

—Vale, pues entremos para verla. Seguramente sigue aún ahí, ¿verdad?

Tímidamente, Stephanie entró en la habitación con Carmen.

—Vale, ¿dónde estaba? –le preguntó Carmen.

Stephanie señaló el tocador, el cual estaba pegado a la pared y tenía un gran espejo encima.

—Ahí. Estaba de pie ahí mismo, así. –Stephanie extendió los brazos como si quisiera abrazar a su madre y esbozó una sonrisa extraña y distraída.

—¿Adónde crees que ha ido, Steph?

Stephanie miró a su alrededor frenéticamente, rígida por la tensión, y después se encogió de hombros y murmuró a regañadientes:

—No lo sé.

Carmen se acercó a la cama de Stephanie y se sentó en el borde. Sintió cómo la ira se le acumulaba en el pecho. Stephen le había prometido que no les contaría nada a los niños sobre la casa, pero era evidente que no había mantenido su promesa. Sí, estaba enfermo, y no, no podía esperar que se comportara como antes, pero *aquello* no tenía excusa.

—¿Te ha contado algo Stephen últimamente, Steph? ¿Algo que quizá pueda haberte… asustado?

Stephanie negó con la cabeza.

—¿Estás segura de que no te ha estado contando historias de miedo?

—No.

—¿Dónde está Stephen ahora?

—Afuera, con Jason.

Carmen se giró para observar la ventana que estaba directamente frente al espejo de la cómoda.

—¿Crees que Stephen ha podido gastarte una broma, cielo?

Stephanie abrió mucho los ojos y meneó la cabeza con insistencia.

—¡No! ¿Cómo iba a *hacerlo?* ¡La mujer estaba ahí mismo!

—¿Sabes lo que creo que ha pasado, cariño? –Carmen le hizo un gesto a la niña para que se acercara, la rodeó con un brazo y señaló la ventana–. Si alguien estaba de pie al otro lado de la ventana, su reflejo se vería en el espejo. Y si alguien, como Stephen, por ejemplo, quería asustarte haciendo algo aterrador frente al espejo, podrías llegar a pensar que había otra persona aquí contigo.

Stephanie cerró los ojos, apretó los labios con fuerza y volvió a menear la cabeza, esta vez con fuerza.

—No. La he *visto*. La mujer estaba *ahí*.

—Pero, cielo, sabes que eso es imposible. ¿Cómo ha entrado? ¿Y cómo ha salido?

La niña inclinó la cabeza lentamente y no respondió.

—¿Qué ocurre?

—No me crees.

—Todo lo contrario, creo que has visto *algo*. Lo único que digo es que no es posible que hubiera una mujer en la habitación, eso es todo. Has visto algo en el espejo que probablemente *parecía* una mujer. Pero sí creo que has visto algo. ¿De acuerdo?

Con la cabeza aún gacha, Stephanie se encogió ligeramente de hombros y murmuró:

—Supongo que sí.

Carmen se levantó y le dio un beso en la cabeza.

—¿Quieres un zumo?

La niña negó con la cabeza.

—¿Quieres salir a jugar?

Otra negación.

—Vale…, está bien. –Un abrazo, otro beso y después Carmen fue en busca de Stephen.

◆ ◆ ◆

65

—Me prometiste que no les dirías a tus hermanos ni a tu hermana lo que pensabas de la casa –le dijo. Estaban sentados en el escalón superior del porche, mientras Jason esperaba a unos cuantos metros de ellos.

—Sí, lo sé –dijo Stephen.

—Entonces, ¿por qué se lo contaste a Stephanie?

—Yo no le he contado *nada*.

—¿Las has asustado desde la ventana de su habitación hace un rato?

—Estaba…, claro que no…, estaba con Jason y estábamos…

—Stephanie me ha dicho que ha visto a una mujer delante de la cómoda de su habitación, con los brazos extendidos y una mirada extraña en el rostro. El espejo de la cómoda está justo delante de la ventana, así que no sería muy difícil gastarle una pequeña broma.

Stephen abrió mucho los ojos y se irguió visiblemente. Al principio, Carmen creyó que el gesto estaba provocado por la culpabilidad. Pero entonces se dio cuenta de que se parecía mucho más al miedo.

—¿En serio? –dijo en voz baja–. Es decir, si realmente… *ha visto* a alguien en la habitación.

Carmen asintió.

—No quiero seguir así, Stephen. ¿Lo entiendes? Quiero que se acabe ahora mismo.

—Pero si yo no le he dicho nada a…

—Entonces, ¿por qué me ha dicho que ha visto…?

—¡Quizá porque la ha *visto*!

Carmen parpadeó rápidamente y después suspiró.

—Vale, escucha, Stephen. Tal vez haya oído cómo hablabas de ello o algo así, no lo sé. Pero lo que sí sé es que estaba muy asustada. No quiero que vuelva a suceder más, ¿me oyes? No se lo cuentes a nadie más, ¿de acuerdo? Si quieres, puedes hablar de ello conmigo, en privado, pero… delante de tus hermanos mantén la boca cerrada. ¿Queda claro?

—Pero si no he dicho nada.

—Por favor, ¿lo harás por mí? –Con el ceño fruncido de aquel modo y el rostro tan pálido y tenso, Stephen parecía muy molesto por sus acusaciones, por lo que Carmen no pudo seguir discutiendo con él.

Stephen asintió y Carmen le dio un rápido beso antes de volver a entrar en casa.

Confiaba en que fuera la última vez que tenían aquella conversación.

◆ ◆ ◆

—Creo que voy a entrar en casa un rato –dijo Stephen.

—¿Algún problema? –le preguntó Jason.

—No. ¿Por qué?

—Porque tu madre quería hablar contigo en privado hace un momento y parecía muy enfadada y…, bueno, pareces…, no sé, preocupado. Como si estuvieras molesto por algo.

Stephen meneó la cabeza distraídamente y dijo:

—Te veo luego –y se dirigió lentamente al interior de la casa.

De modo que Stephanie había visto a alguien en su habitación. ¿Sería la misma persona a quien él había oído? Su madre le había dicho que era una mujer, pero aun así…, si podía entrar y salir como aparentemente había hecho esa mujer, entonces era probable que pudiera producir todo tipo de voces. Así que no estaba loco, no estaba imaginándose cosas. Aunque tampoco estaba en una mejor posición que antes. En ese momento su madre no sólo no le creía a él, sino que tampoco creía a Stephanie.

En cualquier parte de la casa donde estuviera, Stephen no podía sacudirse de encima la tenue sensación de que había algo allí, una presencia distinta a la de su familia, algo que se dedicaba a observarlos… y que tal vez estaba esperando algo. Sin embargo, no se lo contó a nadie, sobre todo porque era más que obvio que nadie iba a creerle de todos modos. Se sentía mejor entonces que sabía que no era el único.

Aunque sólo se sentía un *poco* mejor.

Subió los escalones de la entrada cansinamente y entró en casa. Se preguntó si alguien más de su familia tendría un encuentro con la presencia… y, en caso de ser así, ¿quién sería el próximo?

◆ ◆ ◆

Cuando Al llegó aquella noche, Stephen, Stephanie y Peter estaban en la sala de estar viendo la tele y Carmen en la cocina, desde donde se dedicaba a perfumar el apartamento con el cálido aroma de pollo al horno. En cuanto oyó el ruido del motor, Carmen dejó lo que estaba haciendo y se apresuró a reunirse con él en el caminito de entrada.

—Oh, estoy *tan* contenta de que estés en casa –le susurró muy cerca del cuello mientras le envolvía con los brazos. Al llevaba una bolsa de papel marrón debajo del brazo izquierdo y Carmen la aplastó.

—¿Todo bien?

—Sí, claro. Te echaba de menos, eso es todo. *Todos* te echábamos de menos.

Los niños lo recibieron frente la puerta, riendo, sonriendo y dándole abrazos…, todos salvo Stephen, quien permanecía a unos pasos de distancia, pensativo y serio, con los delgados brazos cruzados delante del pecho.

En la sala de estar, Al anunció que había traído regalos para todo el mundo y metió una mano en la bolsa. Sacó a Opus el pingüino, un mullido de peluche para Peter; tres libros para colorear y una caja de pinturas para Stephanie, y un nuevo carrete de pescar para Stephen, quien apenas reaccionó ante el regalo. Además del carrete, también había varios anzuelos y plomadas nuevos e hilo de pescar. Sonrió distraídamente mientras inspeccionaba el carrete y le daba las gracias a Al en voz baja.

Aunque la pesca era una pasión que Stephen compartía con Al, últimamente no habían podido ir mucho porque el carrete de Stephen estaba roto. Entonces lo único que necesitaba era la licencia de pesca del estado de Connecticut, un lago o un río con unos cuantos peces… y tal vez algo de entusiasmo.

—¿Y *mi* sorpresa? –preguntó Carmen.

Al deslizó un brazo alrededor de su cintura, la apretó contra él y le susurró al oído mientras sonreía:

—Para la tuya tendrás que esperar un poco.

La cena fue animada, con mucho ruido de platos y cubiertos y todo el mundo hablando a la vez. Después de cenar, fueron todos juntos al salón (Al con una cerveza en la mano; había llenado la nevera la última vez que habían ido al supermercado) para ver algo divertido en la tele mientras Carmen recogía la mesa. Sin que nadie se lo pidiera y sin decir una palabra, Stephen volvió al comedor y empezó a ayudar a su madre.

—Vaya –dijo bastante sorprendida–, ¿a qué debo *este* honor?

Stephen sonrió, pero no dijo nada durante un rato. Una vez que terminaron de recoger la mesa y de llevar los platos al fregadero, dijo tímidamente:

—¡Te ayudaré a lavarlos si me haces un favor!

—¿Eh? ¿Qué quieres?

Stephen bajó la cabeza y se lo pensó un instante. Entonces dijo:

—¿Podrías… bajar al sótano y coger la caja de aparejos de mi habitación?

Carmen sonrió, pero contuvo la pequeña risa que amenazaba con escapársele.

—Claro, cielo –le dijo–. Y no hace falta que me ayudes con los platos si no quieres.

En cuanto tuvo su caja de aparejos, Stephen la puso sobre la mesa del comedor junto al carrete nuevo, los anzuelos, las plomadas y el hilo de pescar, se sentó y abrió la caja lentamente, casi con reverencia. Mientras guardaba en la caja el nuevo material, Al deslizó una silla y se sentó a su lado después de ir a buscar otra cerveza a la nevera.

—La tienes muy ordenada, ¿eh?

—Sí –dijo Stephen con un leve asentimiento.

Al dejó algo sobre la mesa, una pequeña tarjeta rectangular.

—¿Qué te parece si la estrenamos mañana?

Al ver la licencia, el rostro de Stephen se iluminó con una sonrisa. Miró a su padre.

—¿En serio? Sería genial –dijo sin demasiada emoción.

Hablaron de pesca durante un rato, comentando los lugares a donde podían ir, aunque fue Al el que llevó el peso de la conversación. Entonces se quedaron en silencio. La atmósfera que los rodeaba cambió, se volvió un poco más tensa, hasta que Stephen le preguntó a su padre con voz ronca:

—Papá, ¿crees que si una persona oye… voces, está loco?

Al dio un sorbo a su cerveza antes de responder.

—No. Hay mucha gente que oye voces. Y otras ven cosas. A veces, si una persona está bajo un estrés excesivo, pueden sucederle *todo* tipo de cosas extrañas. Especialmente si esa persona ha estado enferma. Me entiendes, ¿verdad?

Stephen le dirigió una mirada cargada a partes iguales de sospecha y curiosidad.

—Tu madre me lo contó por teléfono –dijo Al asintiendo–. Y no, no creo que estés loco. Pero te diré algo, Stephen. Vas a tener que mantenerlo en secreto, ¿vale? No puedes ir contándoselo a tus hermanos. Ya has asustado mucho a Stephanie.

Stephen cerró los ojos, suspiró levemente y pensó: «Maldita sea, yo no se lo he contado a nadie».

—Debes relajarte, eso es todo –continuó Al–. Y eso es lo que vamos a hacer mañana, tú y yo solos. Vamos a relajarnos y a poner nerviosos a unos cuantos peces, ¿de acuerdo?

Stephen asintió.

—De acuerdo.

—Ven a la sala de estar. Están dando una vieja peli de Abbott y Costello.

—Dame un segundo.

Al volvió a la sala de estar y Stephen guardó todo el material en la caja de aparejos, la cerró y la aseguró con el candado. La dejó sobre la mesa, se levantó y recorrió el pasillo para ir al baño. Pero, entonces, detuvo la mano a unos centímetros del pomo de la puerta al oír una voz que le decía:

—Stephen, ¿qué estás haciendo? –La voz sonaba distante pero perfectamente clara.

Se quedó sin aliento. Se dio la vuelta haciendo un gran esfuerzo, lenta, rígidamente. Miró por encima de la escalera hacia la oscuridad del piso inferior.

—¿Stephen? Creo que deberías venir aquí abajo. –La voz era lo suficientemente baja para que los demás no pudieran oírla por encima del sonido de la televisión.

Stephen retrocedió un par de pasos hasta que su espalda chocó con la puerta del baño.

—¿Stephen?

Se produjo un movimiento en la oscuridad del piso inferior, una sutil variación de gris en la oscuridad circundante.

Stephen notó cómo se le hinchaba la garganta. Los fuertes latidos de su corazón le martilleaban en el pecho.

—Ven aquí, Stephen.

El seco roce de unos pasos en el suelo de cemento.

—¿Stephen?

Se apartó de la puerta del baño, echó a correr por el pasillo en dirección a la sala de estar y se detuvo en el vestíbulo para recuperar el aliento. Se quedó inmóvil unos segundos, con los ojos cerrados, los brazos cruzados sobre el pecho y los labios muy apretados.

A continuación, entró en la sala de estar, se sentó en el sofá y miró sin ver las imágenes en blanco y negro de la televisión. Permaneció en silencio mientras los demás reían, intentando no pensar en lo que acababa de oír ni en el dolor que le producía la vejiga llena.

CUATRO

MÁS VOCES

Durante el mes siguiente, Carmen se hizo amiga de Tanya, una vecina de la misma calle. Tanya era una mujer morena y fuerte que estaba en las últimas semanas de embarazo. Ella y su marido, Benjamin, se habían mudado unos meses antes, con la esperanza de estar totalmente instalados antes de que el bebé decidiera hacer su aparición, que podía ser en cualquier momento.

—Mira, yo que tú, no me preocuparía demasiado –le dijo Tanya una tarde mientras se tomaban un té helado en la galería interior de Carmen–. La enfermedad de Stephen ha revolucionado la vida de todos y ahora estáis en una casa nueva, en una nueva ciudad…, es normal que los niños se comporten de forma extraña. Puedo entender que Stephen oiga cosas o que Stephanie vea cosas. –Dio un sorbo a su té–. No le des demasiadas vueltas, pasará antes de que te des cuenta.

—Bueno, no lo sé. Puedo llegar a entender que Stephen crea haber oído cosas…, ya sabes, voces o lo que sea. Pero cuando Stephanie me dijo…

—Pero tú misma dijiste que era probable que Stephen le hablara a Stephanie de las voces que había oído, quizá incluso sobre el desagradable pasado de la casa. Además, echan de menos a su padre. Ya sabes lo que se siente, porque *tú* también le echas de menos. ¿No te sientes un poco descentrada por culpa de eso?

—Sí, tienes razón –reconoció Carmen con una sonrisa–. Pero me están volviendo loca.

—Preocúpate *sólo* cuando dejen de hacer cosas que te vuelven loca.

Carmen se echó a reír.

—Hablas como si hubieras sido madre tanto tiempo como yo y ni siquiera has parido aún.

Tanya se encogió de hombros y sonrió.

—Digamos que estoy practicando.

Aquella tarde, mientras en el exterior la luz del sol empezaba a desvanecerse lentamente, Stephanie estaba vigilando a Peter y Carmen estaba sentada en el sofá hablando por teléfono con su madre. La televisión estaba encendida, con el volumen bajo, y Stephen estaba en algún lugar de la casa. Carmen le estaba contando a su madre cómo se encontraba Stephen y hablándole de Stephanie y Peter, cuando Stephen entró apresuradamente en la habitación mientras se abrochaba el cinturón. Tenía los ojos muy abiertos.

—¿Está… está papá en casa? –preguntó mirando a su alrededor.

—No, claro que no, ya lo sabes. Estará en Nueva York hasta el fin de semana.

—Le he oído. Me estaba llamando.

—¿Cómo?

—Le acabo de oír; me estaba llamando. Parecía como si estuviera en el pasillo, como si acabara de llegar –dijo mientras miraba por encima del hombro hacia la puerta principal.

—Mamá, ¿puedo llamarte dentro de un rato? –dijo Carmen. Después de despedirse y colgar, le preguntó a Stephen–: Vale, ¿qué decías?

—Pensaba… que tal vez papá había llegado antes o algo así. Acabo de oírle, llamándome.

—Pues es imposible que le hayas oído, cielo. No está aquí. ¿Sabes qué? A veces le echo tanto de menos que no me sorprendería oírlo también de vez en cuando. Pero dentro de poco estará aquí con nosotros todo el tiempo y volverá a casa todas las tardes y cuando creamos que le hemos oído será porque *realmente* lo hemos hecho.

Stephen la miró como si acabara de decirle que la leche no era blanca.

—He oído a papá –dijo, con calma, categóricamente. Luego dio media vuelta y se dirigió hacia la puerta de la calle.

Carmen notó cómo la frustración y la ira le quemaban la garganta como la bilis. Si Stephen iba a seguir insistiendo en que oía voces, era obvio que ella no podría hacer nada por evitarlo.

—Vale –le espetó levantándose del sofá y siguiéndole con la mandíbula tensa–. De acuerdo, si quieres creer eso, adelante. O sea, parece bastante claro que tu padre no está en casa, ¿no? Ah, pero no dejes que eso te detenga. Lo único que te pido, por el amor de Dios, es que no se lo cuentes a tu hermana.

Stephen se giró y, con ojos cansados, le dijo en voz baja:

—Estaré fuera un rato.

Después de salir y cerrar la puerta principal, Carmen se quedó de pie frente a la puerta de la sala de estar durante unos momentos con la vista perdida.

Aquello debía terminar. No podía permitir que Stephen siguiera asegurando que oía voces, voces que no existían. Ya había conseguido asustar a Stephanie, ¿qué sería lo siguiente? Iba a tener que hablar con Al. Debían hacer algo al respecto. Quizá deberían hablar con el médico de Stephen, pedirle consejo. Tal vez era *algo* preocupante.

Carmen estaba empezando a exasperarse. No sabía qué le ponía más nerviosa, si la insistencia de Stephen en que oía voces que nadie más oía, la insistencia de Stephanie en que había visto a una mujer en su habitación cuando en realidad no había nadie o la imprecisa pero insistente curiosidad que la llevaba a preguntarse si tal vez… sólo *tal vez*…

«No –se dijo, volviendo a la sala de estar–. De ningún modo. Es ridículo».

◆ ◆ ◆

El sábado por la noche, después de que Peter y Stephanie se hubieran ido a la cama y mientras Stephen dormía en el sofá, Al y Carmen hablaron en susurros sentados a la mesa del comedor.

—Entonces, ¿qué crees que deberíamos hacer? –le preguntó Al– ¿Crees que necesitan hacer algún tipo de terapia?

—Por Dios, espero que no sea necesario algo tan drástico. Aunque me preocupa que…, bueno, que pueda derivar en algo más serio si no tomamos medidas ahora. ¿Tú qué piensas?

—No lo sé. Tú estás con ellos toda la semana y a ti te cuentan todas esas cosas sobre las… voces o lo que sea. Creo que últimamente sus vidas han cambiado mucho y están reclamando un poco de atención, quieren volver a sentirse normales. Y Stephen…, bueno, el tratamiento de cobalto no es precisamente un paseo por el parque. Al menos, eso es lo que creo. ¿Piensas que necesitan terapia? Demonios, ¿crees que podemos *permitírnosla*?

Carmen se quedó un momento pensativa.

—No. No, tienes razón. Es sólo que…, bueno, tengo los nervios a flor de piel.

—Cuéntaselo. Si están buscando más atención, dásela, pero déjales muy claro que estás harta de las historias de fantasmas. Creo que dejarán de hacerlo.

—Sí –dijo Carmen, asintiendo, la mirada fija en su té–, eso debería funcionar. Sí. –Siguió asintiendo lentamente. No obstante, la sensación de incertidumbre persistente, de ligera confusión, lo que fuera que últimamente le hubiera estado afectando los nervios, se acrecentó en su interior, negándose a abandonarla.

◆ ◆ ◆

Stephen esperó hasta que el silencio le dijo que era seguro levantarse. No había tenido la intención de escuchar la conversación, pero al no poder dormir (de hecho, últimamente no había dormido mucho), además de que sus voces habían sido claramente audibles en el silencio de la noche, había escuchado todo lo que sus padres habían dicho en el comedor. Mientras los escuchaba, su corazón se había ido hundiendo cada vez más en su estómago, y no había evitado pensar durante todo el rato: «No van a creerme nunca. Nunca. Es imposible que alguna vez me crean».

Apartó la manta, se levantó del sofá y encendió la lámpara que había junto al sofá antes de ir a la cocina a por un vaso de agua. La radiación le había resecado mucho los conductos de la saliva, por lo que siempre tenía la boca seca y tenía que beber constantemente. Cuando terminó, recorrió en silencio el pasillo hasta la habitación de Stephanie y llamó a la puerta con un dedo antes de abrirla y entrar con cautela.

—¿Stephanie? ¿Estás despierta? –Cerró la puerta sin hacer ruido y se quedó mirando la oscuridad–. ¿Steph? Soy yo. –Con los ojos entrecerrados, alargó la mano y encendió la luz del techo.

Stephanie estaba tendida en la cama boca arriba, tensa y temblorosa, tapada hasta los ojos; los tenía muy abiertos y con expresión aterrorizada. Cuando le vio, su cuerpo se relajó y cerró los ojos; dejó escapar un suspiro y apoyó la cabeza en la almohada.

—¿Qué pasa? –susurró Stephen.

—Pensaba que eras un fantasma.

Stephen la miró pensativamente unos instantes.

—¿Es eso lo que crees que son? –le preguntó mientras se sentaba al borde de la cama–. ¿Fantasmas?

—No lo sé. –Stephanie se encogió de hombros–. ¿Qué más puede ser?

—¿Sientes… su presencia?

Stephanie entrecerró los ojos, ladeó la cabeza y se quedó unos segundos pensativa.

—Hmmm… a veces. Eso creo.

—Yo también –susurró él–. A veces tengo la sensación de que…, no sé, como si hubiera *algo* en la casa. Aunque no pueda verlo.

—Ojalá Michael estuviera aquí –dijo Stephanie.

Aunque Stephen pensaba lo mismo, le preguntó:

—¿Por qué lo dices?

—Bueno…, creo que él nos creería. ¿Tú no?

Stephen la observó durante un buen rato. La mayor parte del tiempo su hermana pequeña era una molestia, un grano en el culo. Desde que se puso enfermo, sin embargo, había empezado a ver las cosas de otro modo; como lo que estaba viendo en su hermanita en aquel momento. Se había convertido en una aliada, en una amiga. Le cogió su pequeña mano y le susurró:

—Escucha, Steph. Si pasa algo más, puedes contármelo a mí. Ve a buscarme inmediatamente y dímelo, ¿vale? *Yo* te creeré.

—¿Y tú me lo contarás si te pasa a ti?

Stephen asintió y le apretó la mano.

◆ ◆ ◆

Carmen empezó a pasar más tiempo con los niños. Con Peter era fácil porque nunca estaba muy lejos. Sin embargo, Stephanie era muy activa; siempre estaba jugando con otras niñas en la calle. Y Stephen estaba casi todo el día con Jason. Aunque no parecían necesitar más atención de la que recibían, Carmen decidió que lo seguiría intentando.

Como siempre, echaba de menos a Al; ocuparse ella sola de la casa y de los niños todo el día hacía que sintiera que tenía más responsabilidades de las que era capaz de asumir. Tanto el hecho de tener numerosas tareas domésticas como las visitas de Tanya eran de gran ayuda. Acompañaba a Stephen al hospital para su tratamiento y veía cómo cada día estaba más pálido y débil. A veces sentía el impulso de cogerlo en brazos y abrazarle, llevarlo lejos del hospital, pues tenía miedo de que el tratamiento sólo estuviera empeorando las cosas. Pero los médicos le aseguraron que el tratamiento era la mejor oportunidad para Stephen.

Los niños siguieron contándole historias, sobre todo Stephen, quien continuaba asegurando que oía voces en la casa.

Una mañana, después de levantarse, Carmen se encontró la sala de estar con todas las luces encendidas y a Stephen, tumbado en el sofá, con aspecto de haber pasado una noche especialmente inquieta. Recorrió la sala apagando todas las luces y después despertó a Stephen. Éste le contó que había oído una voz en la oscuridad y que por eso había encendido la lámpara que había junto al sofá. Pero continuó oyendo la voz, una voz masculina, procedente del rincón más oscuro de la habitación. De modo que se había levantado para encender otra luz y después otra más, hasta que todas estuvieron encendidas y por fin pudo conciliar el sueño. Se lo contó siendo consciente de que su madre no le creería, aunque eso no parecía importarle. No obstante, el hecho de que no le importara si le creía o no molestó *enormemente* a Carmen. La actitud de Stephen abría una grieta en la teoría de la necesidad de más atención.

Sucedió muchas otras veces: Stephanie oía una voz en el baño o Stephen oía otra en el recibidor y, por mucho que Carmen hablara con ellos, los chicos asentían y se disculpaban por haberla molestado. Sin embargo, ella siempre tenía la impresión de que sabían algo que ella no sabía…

Los incidentes preocuparon a Carmen lo suficiente como para dejar constancia de ellos varias veces en su diario. Había cogido el hábito de poner por escrito sus pensamientos y experiencias, si no todos los días, al menos sí varias veces por semana, incluso cuando no sucedía nada especialmente reseñable. Era reconfortante escribir acerca de sus sentimientos sabiendo que nadie leería lo que había escrito, que nadie la criticaría ni le pondría nota.

Un viernes por la tarde, se sentó a escribir en su diario en el escritorio de la galería interior con la música de fondo que salía del estéreo de la sala de estar. Stephanie y Stephen no estaban en casa y Peter se estaba echando una siesta. Más que nada, Carmen intentaba mantenerse ocupada mientras esperaba que Al llegara por la noche.

Estaba escribiendo sobre la última voz, la voz de un hombre que había llamado a Stephen desde el piso inferior, cuando ella misma oyó la voz de un hombre:

—¿Carm? ¿Estás aquí?

Dejó caer el bolígrafo y se levantó, pensando, «Al ha llegado antes». Se dio la vuelta, sonrió y dijo:

—¿Al? Estoy aquí.

Silencio.

—¿Al? –Fue a la sala de estar y se detuvo, mirando fijamente la puerta vacía que daba al pasillo y a la puerta de la calle.

Su sonrisa flaqueó y después se desvaneció. Con el ceño fruncido, atravesó el umbral de la puerta.

—¿Al? –volvió a preguntar, en voz más baja y algo insegura.

Estaba sola.

Al no había entrado en casa.

Miró por la ventana y vio que ni siquiera había llegado todavía.

Carmen dejó escapar un prolongado suspiro, forzó una sonrisa y dijo en un murmullo:

—Bueno –y pensó: «Debo de echarle mucho de menos, eso es todo, es sólo que le echo de menos y estaba pensando en él y…, sí, eso es todo».

Se dio la vuelta y regresó a la galería interior para seguir escribiendo. Antes, sin embargo, se aseguró de subir el volumen de la música.

Cinco

Verano y otoño, primera parte

Fue un verano caluroso. Durante semanas, los días estuvieron marcados por un cielo azul radiante y las noches, por las relucientes estrellas. El aire estaba saturado con el aroma de la madreselva y, durante el día, en el barrio sólo se oían las risas de los niños.

Tanya tuvo una niña y le puso Kara. A veces, la brisa veraniega traía su llanto hasta la casa de Carmen. Cuando ocurría, a Carmen se le escapaba una sonrisa; de algún modo, hacía que el vecindario fuera más completo y cómodo.

«Entonces, ¿por qué tengo la sensación de que algo no va bien?», se preguntaba Carmen constantemente. La pregunta se la hacía una vocecita interior casi imperceptible, y Carmen hacía todo lo posible por silenciarla.

Cada día, Stephen odiaba más el tratamiento y se resistía más a él. Era grosero con los médicos y enfermeras del hospital y, a veces, incluso le gritaba a su madre. Ella trataba de tomárselo con filosofía y se decía que era algo normal teniendo en cuenta el estrés que debía soportar. Pero aquello no evitaba que siguiera preocupándose. Además de todo eso, Stephen había perdido aún más peso y parecía más frágil que nunca. A veces, cuando le daba un abrazo, tenía miedo de partirlo por la mitad.

Sin embargo, el doctor Simon le aseguró que era una buena señal.

—Si está irritable –le dijo éste–, significa que está luchando contra la enfermedad. Si se enfrenta a nosotros, significa que está enfrentándose al cáncer. Es alentador.

Así que, después de todo, las cosas no parecían ir tan mal. Según el doctor Simon, Stephen estaba mejorando y, probablemente, mejoraría aún más en el futuro.

Aquéllas eran buenas noticias. Entonces, ¿por qué no tenía buenas sensaciones?

Al aún trabajaba en Nueva York, pero volvía a casa todos los fines de semana, como un reloj. Las duras jornadas de trabajo y los largos trayectos en coche, por no mencionar la preocupación constante por Stephen, le estaban pasando factura; los fines de semana que pasaba en casa bebía más de lo normal y se enfadaba por cualquier cosa.

No obstante, a pesar de su mal humor, siempre se mostraba dispuesto a echar una mano en casa. Pintó las paredes manchadas del sótano.

Iban a la iglesia todos los domingos. Además, Carmen se involucró en varias actividades de la iglesia, como ya hiciera en Nueva York, e hizo muchas amigas allí, mujeres con las que solía quedar durante la semana. Además, veía mucho a Tanya y se ayudaban mutuamente cuidando de los niños para que las dos pudieran escaparse de casa unas horas de vez en cuando.

Entonces, ¿por qué se sentía de aquel modo?

Los otros niños, Stephanie y Peter, estaban bien. Michael aún estaba en Alabama, pero llamaba con frecuencia. Todo iba bien.

Excepto por… algo.

La primera vez que había sido consciente de aquella sensación fue el día que limpió a fondo el suelo de la cocina.

Aparentemente, en una casa llena de niños, las cocinas son la primera víctima, y el suelo de linóleo bermellón de la cocina de los Snedeker no tardó en perder su brillo original pese a que Carmen lo fregaba por encima todos los días. De modo que, hacía algunas semanas, Carmen había cogido la fregona y el cubo, se había quitado los zapatos y arremangado los pantalones hasta la mitad de las piernas y se había puesto a fregarlo a conciencia.

Aquella tarde, los niños estaban todos jugando en la calle y la casa estaba en silencio.

Carmen fregó el suelo de linóleo de una punta a la otra, eliminando con los empapados flecos de algodón que se retorcían como tentáculos las manchas de Pepsi y las marcas de agua. Carmen había fregado muchos suelos de cocina en su vida, de modo que llevaba a cabo la tarea con cierto desinterés. Por ese motivo no percibió el olor hasta haber escurrido la fregona unas cuantas veces.

Aunque no demasiado fuerte, era un olor empalagoso y metálico muy desagradable.

Entonces se fijó en el agua dentro del cubo.

Tenía un color rojo muy oscuro.

Los flecos de la fregona tenían un brillante color carmesí.

Y los descalzos pies de Carmen estaban manchados de rojo. De hecho, todo el suelo estaba manchado de rojo. Se miró los pies con una mueca de repugnancia. El olor flotaba en el aire como si fuera humo.

De repente, Carmen recordó lo que Stephen le había dicho el primer día que habían pasado en la casa –*Mamá, hemos de irnos de esta casa. Aquí hay algo maligno*–, y el corazón empezó a latirle aceleradamente mientras contemplaba fijamente el fluido rojo oscuro que se extendía a su alrededor y que desprendía un olor tenue pero repugnante.

—No puede ser –susurró–, no puede ser, es sólo… linóleo, eso es todo. Eso es *todo*.

Tras decidir que no podía permitir que los niños lo vieran, limpió el suelo rápidamente con trapos viejos; para los retoques finales utilizó casi medio rollo de papel de cocina. Por último, roció la habitación con una generosa dosis de ambientador.

—Le diré a Al que arranque este linóleo –murmuró–. No queda otra.

Sin embargo, el incidente la dejó muy inquieta, tanto aquel día como los siguientes.

No se lo había contado a Al. No sabía cómo hacerlo. ¿Y si se reía de ella? No le apetecía nada volver a fregar el suelo de la cocina.

El suelo de la cocina era uno de los motivos que explicaban aquella extraña sensación de inestabilidad. El otro era el hecho de que Stephen hubiera dejado de hablar sobre las voces que oía en la casa o la supuesta naturaleza maligna de ésta. En el lapso de pocas semanas dejó de hablar completamente de todo eso, como si el tema nunca hubiera existido.

Carmen trató de convencerse de que era algo positivo, una señal de que Stephen estaba mejorando. No obstante, cada vez que se decía eso, su voz interior le susurraba: *¿en serio?*

A veces, al entrar en una habitación, se encontraba a Stephen y Stephanie hablando en voz baja, como si estuvieran compartiendo un secreto. Cuando la veían, se callaban y se alejaban el uno del otro, como si acabara de sorprenderlos haciendo alguna maldad. Al principio, no le había dado demasiada importancia, pero cuando se repitió una media docena de veces o más, empezó a preguntarse si no estarían ocultándole algo.

—Chicos, ¿de qué estáis hablando? —les preguntó un día al pillarlos susurrándose cosas en el sofá de la sala de estar. Carmen se sentó en el sillón reclinable de Al y esperó su reacción.

Stephen se encogió de hombros y murmuró:

—De nada. —Y se puso a ver los dibujos animados en la tele.

—Nos preguntábamos cuándo volverá a casa papá para quedarse —dijo Stephanie.

—Dentro de poco —respondió Carmen—. Un mes, tal vez un poco menos. En cuanto tenga el traslado.

Stephanie asintió y después ella también se puso a ver la tele.

«Es sólo tu imaginación —se dijo Carmen—. No están ocultando ningún secreto, Stephen está mejorando y todo va bien».

Sin embargo, como le ocurría a menudo últimamente, la vocecita interior en lo más profundo de su mente le susurró: *Entonces, ¿por qué tengo la sensación de que algo no va bien?*

◆ ◆ ◆

Stephen había dejado de hablar con su madre sobre las voces que oía porque no servía de nada. No le creía. Tampoco hablaba de ello con Al; últimamente su padre estaba tan irritable que, si Stephen insinuaba algo sobre el tema de las voces incorpóreas, le gritaba bruscamente que lo dejara estar y que se comportara como un niño de su edad.

La única persona con la que podía hablar sobre el tema de las voces era Stephanie. Aunque seguía insistiendo que había visto a una mujer en su habitación, Stephanie no oía voces.

—Pero –le dijo un día mientras hablaban en susurros en el sofá de la sala de estar –a veces… a veces… –Pensativa, su rostro se había puesto tenso por la frustración de no encontrar las palabras adecuadas. Era demasiada tensión para una niña de seis años–. Siento que no estoy sola cuando, en realidad, sí lo estoy. No hay nadie en la habitación, no veo a nadie, pero… siento que hay *alguien* conmigo.

Sin embargo, ella no oía las voces frías, astutas que oía Stephen, las voces enojadas y burlonas.

Sólo las oía Stephen.

No obstante, Stephanie siempre estaba dispuesta a escucharle, y había prometido no decirle nada a su madre. Nunca se mostraba crítica ni incrédula con él y siempre reaccionaba con la preocupación típica de una niña de su edad. A Stephen, las conversaciones le resultaban muy reconfortantes; le hacían sentirse menos solo.

Aun así, la voz cada vez se volvía más insistente y severa. Parecía percibir su miedo y disfrutar con él.

—¿Stephen?

Stephen se quedó petrificado una noche en mitad del pasillo. Todo el mundo se había ido a la cama hacía varias horas, pero Stephen se había despertado con la vejiga llena. La voz le habló justo cuando salía del baño.

—Stephen, ven aquí –le susurró.

Stephen siguió avanzando por el pasillo, su cuerpo sobrecogido de miedo y sus piernas rígidas por la tensión. Se movía lentamente porque, a pesar del miedo, se sentía atraído por la voz, impelido a detenerse para escuchar lo que le decía.

—Tenemos que hablar de algunas cosas, Stephen –continuó la voz–. Hay cosas que hacer y no tenemos mucho tiempo, Stephen. Empecemos de una vez.

«¿Qué cosas? –pensó mientras aceleraba un poco el paso–. ¿Qué hay que empezar?».

—No podemos seguir posponiéndolo –dijo la voz, y se puso a reír. La risa le recordó al tintineo de los cubitos de hielo en una copa.

Stephen giró por el pasillo y se adentró en la lóbrega sala de estar.

—Tengo cosas que decirte, Stephen. Tenemos cosas que hacer. –Aunque la voz hablaba en susurros, Stephen la oía perfectamente.

Encendió la lámpara que había junto al sofá y, después, la del otro lado. Debajo de la almohada guardaba un *walkman* con radio AM/FM y un par de pequeños auriculares. Le había pedido a su madre que fuera a buscarlos a la habitación del piso inferior. Se metió los auriculares en los oídos, puso la radio y subió el volumen.

La música de una emisora de rock local le inundó la cabeza y sintió cómo su cuerpo empezaba a relajarse.

No obstante, por encima de la música, del ritmo palpitante y del estruendo de voces, a Stephen le pareció oír, durante un instante, la risa dura y fría de la voz…

Le sucedió varias veces y en distintas partes de la casa, pero nadie más oyó nada. Stephen se planteó la posibilidad de que la voz estuviera sólo en su cabeza. Porque, al fin y al cabo, nadie más oía las cosas que le pedía, las cosas que debía hacer. ¿Por qué era él el único que la oía?

También veía cosas…, aunque bastante imprecisas. A veces veía algo por el rabillo del ojo que se movía rápidamente a su derecha o a su izquierda, poco más que una mancha gris en su visión periférica. Pero cuando se daba la vuelta, no había nada. Las primeras veces sucedió tan rápido que Stephen pensó que se lo había imaginado o que, tal vez, Willy había cruzado corriendo la habitación con su habitual trote veloz y serpenteante. Entonces se dio cuenta de que, fuera lo que fuese, se movía desde un mueble a otro, como si pretendiera esconderse de él. Stephen no le contó a nadie lo que había visto, o lo que *creía* haber visto. Ni siquiera a Stephanie. Le parecía que era algo demasiado impreciso y, además, ya se sentía lo suficientemente ridículo con lo que había contado hasta el momento.

Pero también tenía miedo. Primero había sido la voz, la cual cada vez sonaba más amenazadora, y ahora los destellos de algo pequeño y gris moviéndose rápidamente a su alrededor y ocultándose de él burlonamente. ¿Qué sería lo próximo?

Eso era lo que más le asustaba. Aunque no sabía qué sería lo siguiente, de algún modo, en lo más profundo de sus entrañas, en sus huesos, sabía que habría algo más… y no estaba precisamente ansioso por descubrirlo.

♦ ♦ ♦

Con el verano tocando a su fin, había llegado el momento de que Michael volviera a casa y se prepara para el comienzo de un nuevo curso escolar. El sábado al mediodía, Al fue con los niños al aeropuerto para recoger a Michael mientras Carmen se quedaba en casa preparando una abundante comida.

Carmen había crecido en el seno de una familia que le gustaba celebrar todas las ocasiones, grandes o pequeñas, con una gran comida. Era el fin de semana del Día del Trabajo y quería empezarlo con buen pie, de modo que preparó un montón de pollo frito, mazorcas de maíz y panecillos calientes. También hizo una ensalada verde, una de patata, dos tipos de patatas fritas y una generosa cantidad de té helado. Cuando calculó que estarían a punto de llegar, dispuso toda la comida en la mesa del comedor como si se tratara de un bufet.

Fue a la cocina, sacó una pila de platos del armario y los colocó en un extremo de la mesa, junto a los cubiertos. Estaba a punto de ir a buscar las servilletas cuando sonó el teléfono. Carmen fue a la sala de estar para cogerlo.

Era Wanda Jean.

—¿Ya ha llegado mi chico? –preguntó.

—Aún no, mamá. Están al caer.

—¿Cómo está Stephen?

—Bueno, más o menos igual. El tratamiento termina la próxima semana, a menos que el doctor diga lo contrario.

—¿Y después?

—Después rezaremos mucho.

Carmen le explicó que estaba muy atareada preparándolo todo para la comida y le prometió que la llamaría más tarde. Colgó y se dirigió al comedor. Sin embargo, antes de llegar a éste, se quedó petrificada en mitad del pasillo. Con los pies clavados en el suelo de madera, se quedó mirando fijamente la mesa del comedor.

La pila de platos había desaparecido, y también los cubiertos.

Carmen cerró los ojos un instante y volvió a abrirlos con la esperanza de que éstos le hubieran jugado una mala pasada y de ver nuevamente los platos y cubiertos sobre la mesa.

Pero no estaban allí.

Cruzó el comedor con pasos lentos y cautelosos, entró en la cocina y abrió uno de los armarios.

Los platos estaban apilados en su lugar habitual.

Abrió la boca, frunció el ceño y emitió un ruidito, como si estuviera a punto de hablar, pero no dijo nada. En su lugar, volvió a cerrar el armario y abrió el cajón de los cubiertos.

Los cubiertos que había cogido hacía un momento, o que creía haber cogido, volvían a estar en su sitio.

Carmen cerró la boca, apretó los labios con fuerza y fue consciente de su propia y acelerada respiración a través de la nariz. Cerró el cajón de golpe, se dio la vuelta, se apoyó en la encimera y expresó a media voz parte de sus pensamientos.

—*No hay otra explicación, me ha…*

»… parecido que los sacaba, tiene que ser eso, he…

»… *pensado que lo hacía, pero no lo he hecho, eso es todo, porque…*

»… hoy hace mucho calor y con los fogones y…

»… *el estrés, últimamente ha habido mucho estrés en la casa y…*

»… sí, sí, debe de haber sido eso, sólo un pequeño… error.

De repente, se produjo un estallido de sonidos y movimientos en la casa y Carmen se asustó. Se llevó una mano al pecho y se le escapó un pequeño grito.

—¡Hola, mamá! –oyó la voz de Michael mientras corría por el pasillo y el comedor y entraba sonriente en la cocina.

Los demás llegaron detrás de él, hablando, riendo.

Carmen respiró hondo, sostuvo el pequeño crucifijo que llevaba alrededor del cuello entre el pulgar y el índice y rezó una oración silenciosa.

SEIS

DURMIENDO EN EL SÓTANO

A medida que Stephen bajaba las escaleras, el aire era cada vez más frío, lo que le resultó muy agradable. Carmen, Al y Michael llevaban abajo un buen rato y, mientras bajaba, Stephen oyó diversas exclamaciones de Michael del tipo «¡Genial!» o «¡Increíble!». Parecía evidente que a Michael le gustaba el sótano en general y su habitación en particular.

Un poco antes, mientras toda la familia comía, Stephen le había pedido a su madre sin que nadie les oyera que, por favor, no le dijera a Michael el motivo por el que no había querido dormir en el sótano.

—De acuerdo, pero ¿por qué? –le había preguntado ella–. Terminará descubriéndolo tarde o temprano.

—Sí, pero quiero contárselo yo. Seguramente esta misma noche. Porque creo que me gustaría empezar a dormir ahí abajo. Esta noche, quiero decir.

—¿En serio?

—Sí, ahora que Michael ya está en casa. Pero… solo no.

—¿Qué quieres decir con solo? Michael…

—Quiero decir que no en mi habitación.

—¿Quieres compartir la habitación? –Carmen frunció el ceño, pensativa–. Pero cada uno iba a tener su propia habitación.

—Lo sé, mamá, pero… por favor –le había susurrado Stephen–. Dormiré en el sótano, pero no si tengo que dormir solo en una habitación.

—¿Aún tienes miedo de bajar? –Carmen torció ligeramente la cabeza, como si le costara creerlo.

Stephen desvió la mirada y no respondió.

—Está bien –había dicho ella–. Le diré a papá que traslade la cama. Y supongo que debería preguntarle a Michael si no tiene *ningún* inconveniente.

—No lo tendrá –había contestado Stephen.

Y no se había equivocado. De hecho, a Michael le encantó la idea. Trasladaron la cama de Stephen a la habitación de Michael y, pese a que ninguna de las dos se había utilizado aún, Carmen cambió las sábanas.

A pesar de querer compartir la habitación con su hermano, Carmen y Al parecían complacidos de que Stephen finalmente hubiera decidido dormir en el sótano. De hecho, parecían tan complacidos y aliviados que Stephen se sintió un poco avergonzado.

—Bueno, ¿qué te parece? –le preguntó Al mientras Stephen bajaba por la escalera.

Stephen echó un vistazo general a la habitación: las camas, el armario, la estantería de madera que cubría tres de las paredes. La habitación parecía estar pensada desde un buen principio para que durmieran en ella dos niños.

Aunque, evidentemente, el problema era que Stephen sabía que no era así. Había sido construida con una finalidad muy distinta, y mucho más oscura.

—Me encanta –dijo con una sonrisa al entrar en la habitación.

—Tendréis que pelearos por las camas –dijo Carmen–. He pensado que lo mejor será que tú mismo decidas dónde quieres poner todas las cosas, así que tendrás que trasladarlas tú de la otra habitación.

—Gracias –dijo Stephen con un asentimiento dirigido a Al.

—No hay problema, chaval.

Carmen se encaminó hacia las escaleras.

—Bueno, os dejamos solos para que os instaléis.

Ella y Al estaban a mitad de camino de las escaleras cuando Carmen se volvió para preguntarles:

90

—¿Os van bien las sobras para la cena?

—Sí, mamá –respondió Stephen.

Cuando se hubieron marchado, la habitación se quedó en silencio y los dos chicos permanecieron unos momentos inmóviles.

—Dime, ¿por qué no has dormido aquí abajo hasta ahora? –le preguntó entonces Michael.

Stephen se pasó la lengua por los resecos labios, miró en dirección a las puertas francesas que conducían a su antigua habitación y dijo:

—Te lo cuento mientras trasladamos las cosas. Pero tienes que prometerme –agregó levantando el dedo índice– que quedará entre nosotros, ¿vale?

Michael se encogió de hombros.

—Sí, claro.

Por tanto, mientras iban a la habitación de al lado y empezaban a trasladar las cosas Stephen, éste se lo contó todo a su hermano: que había estado oyendo unas voces aterradoras desde que se habían mudado allí, que Stephanie aseguraba haber visto a una extraña mujer en su cuarto con los brazos extendidos, como si quisiera darle un abrazo y, dejando el detalle más sorprendente para el final, que la casa antes era una funeraria.

—¿En serio? –dijo Michael con una sonrisa–. ¡Mola!

—No sé qué tiene de bueno.

La sonrisa de Michael vaciló ligeramente.

—Bueno…, supongo que mola. ¿No crees?

—¿Crees que mola que trajeran gente muerta aquí? ¿O que los embalsamaran? En esta misma habitación, al parecer.

La sonrisa desapareció por completo del rostro de Michael y éste dejó en el suelo una caja con varios trastos para mirar a Stephen.

—No se me había ocurrido eso –dijo en voz baja–. ¿Piensas que ése es el motivo de las voces que has creído oír?

—No *creo* que las haya oído, Michael. Las he *oído*. Por Dios. –Dio media vuelta y fue en busca de otra caja, añadiendo en voz baja–: Stephanie dijo que nos creerías, pero supongo que se equivocaba.

—No, no. No quería decir eso –insistió Michael mientras se apresuraba a seguir a su hermano–. Te creo. Sólo me preguntaba si…, bueno, ya sabes, todo es un poco… *raro*, eso es todo. Lo entiendes, ¿verdad?

Llevaron las dos últimas cajas a la habitación y luego se sentaron en el suelo para revisar su contenido.

—¿Crees que la casa está embrujada? ¿Es eso lo que quieres decir? –preguntó Michael.

—Lo único que sé es que he estado oyendo una voz. Y normalmente viene de aquí, del sótano, y me pide que baje las escaleras.

—¿Cómo es la voz? ¿Qué dice?

—Siempre es la voz de un hombre. A veces se parece a la de papá, pero sólo cuando está trabajando en Nueva York. Por lo general, sólo me llama. –Stephen dejó de mirar la caja que tenía frente a él y echó una ojeada a la habitación. Miró a su alrededor lentamente, con el ceño cada vez más fruncido y una expresión oscura en su rostro. Cuando continuó hablando, el nerviosismo teñía su voz–: Insiste en que venga aquí abajo y…, no sé, dice que tengo que hacer algo y que debemos ponernos a la tarea, pero…, bueno, nunca dice qué tenemos que hacer exactamente.

Michael había dejado de sonreír; entonces ni siquiera parecía estar disfrutando de la conversación. Él también fruncía el ceño mientras escuchaba a Stephen.

—Tal vez…, no deberíamos vivir aquí –dijo Michael en voz baja después de un prolongado silencio.

—Mamá y papá no pueden permitirse el lujo de volver a mudarse. Después de todos los gastos médicos que tienen que pagar por mi culpa, probablemente apenas les llegue para mudarse a esta casa.

—¿Cómo va tu… hmmm…? ¿Cómo te encuentras, quiero decir? Antes no me has dicho nada.

Stephen se encogió de hombros.

—Supongo que más o menos igual. Y mamá me dijo hace mucho tiempo que tengo cáncer, así que puedes decir la palabra sin miedo.

Se produjo un largo silencio entre los dos, uno de aquellos silencios tan tensos en el que no se atrevían ni a mirarse a los ojos. Stephen llegó a preguntarse si había cometido un error al hablarle a su hermano de las voces, o si éste pensaba que estaba loco, que la enfermedad o el tratamiento estaban haciéndole mella.

—¿Qué podemos hacer, Stephen? –rompió finalmente el silencio Michael–. Con la casa, quiero decir. ¿Y las voces? ¿Y la mujer que vio Steph?

Michael intentó aparentar que simplemente sentía curiosidad, pero Stephen percibió un brillo de miedo en sus ojos.

—No lo sé –dijo Stephen como si nada; no quería asustar más a su hermano de lo que ya lo había hecho–. Esperar y ver qué pasa, supongo.

—Esperar. Sí. Vale, esperaremos –dijo Michael asintiendo lentamente y con una leve sonrisa como si hubieran estado hablando del tiempo que iba a hacer los próximos días y no sobre las extrañas voces que surgían de la oscuridad.

◆ ◆ ◆

A medida que oscurecía, Stephen estaba cada vez más y más ansioso. Se sentía inquieto, incapaz de concentrarse ni siquiera en los programas de televisión más tontos. Y no podía dejar de mirar el reloj.

¿Qué hora debía de ser?

¿Cuánto tiempo faltaba para que todo el mundo empezara a prepararse para ir a la cama?

Stephen decidió que no bajaría hasta que Michael estuviera listo para acostarse. Por muy estúpido que sonara, no quería bajar al sótano para dormir solo; todavía no. Quizá más adelante, cuando hubiera dormido allí abajo unas cuantas veces, podría irse solo a la cama, pero aún no.

Después de ver la tele un par de horas, durante las cuales le contó a todo el mundo lo que había hecho en casa de la abuela, Michael se levantó del suelo y anunció:

—Me voy a la cama. Estoy un poco cansado.

La mente de Stephen empezó a trabajar como una máquina: «¿Quedaría raro si bajaba con él? ¿Debía esperar un rato para bajar? Pero entonces es posible que ya esté dormido y estaré solo igualmente. Ni siquiera estoy cansado aún».

—Sí, yo también –dijo Stephen mientras se levantaba lentamente del sofá, como si estuviera cansado y con ganas de irse a la cama.

Después de desear las buenas noches a todo el mundo, Stephen siguió a Michael escaleras abajo.

—Aún no has dicho qué cama prefieres –dijo Stephen mientras bajaban.

—La que tú no quieras.

—Bueno, pues yo quiero la que *tú* no quieras. Es tu habitación, al fin y al cabo.

Michael se rio y dijo:

—Está bien, me quedo con la que está junto a la pared.

Al pie de las escaleras, Stephen alargó una mano para cerrar las puertas francesas sin prestar demasiada atención a lo que hacía. No lo hizo muy bien, sin embargo, pues las puertas quedaron abiertas unos cuantos centímetros. Decidió que la manía de cerrarlas del todo era una tontería y las dejó como estaban.

Stephen se desvistió de inmediato; tenía muchas ganas de volver a dormir en una cama después de tanto tiempo sin hacerlo. En cuanto se quedó en calzoncillos, apartó las sábanas, se sentó en el borde de la cama y entonces vio a Michael subiendo de nuevo las escaleras.

—¿Adónde vas? –le preguntó, haciendo un esfuerzo por ocultar el miedo que sentía.

—A cepillarme los dientes. Vuelvo enseguida.

Stephen clavó los dedos en el colchón hasta que los nudillos se le pusieron blancos mientras observaba cómo Michael subía por la escalera, desapareciendo paulatinamente de su campo visual: primero la cabeza y los hombros, después los brazos, el torso, las piernas, los pies…

Stephen estaba sólo.

◆ ◆ ◆

—¿Crees que estará bien? –preguntó Carmen. Estaba sentada en una esquina del sofá. Al estaba en el sillón reclinable, viendo la tele. No le respondió.

Peter estaba dormido en el suelo y Stephanie completamente absorta en el programa de televisión que también estaba viendo Al: una vieja película de Simbad el marino.

Carmen volvió a intentarlo.

—Al, ¿crees que Stephen estará mejor en la casa ahora?

Ninguna respuesta todavía; Al se limitó a dar unos tragos a su cerveza.

—¡Al!

Éste se giró de repente hacia ella, sobresaltado.

—¿Qué pasa? –dijo, primero en voz baja, y después espetó–: *¡¿Qué pasa?!*

—Llevo un rato intentando hablar contigo.

—Estoy viendo una peli, ¿vale? ¿Qué decías?

—Te he preguntado si crees que Stephen estará más cómodo en casa ahora que se ha mudado a la habitación de Michael.

Al se terminó la cerveza y luego dijo:

—Eso espero. Estaría bien dejar de oír todas esas tonterías sobre las voces.

—No ha vuelto a mencionarlas últimamente.

—No abiertamente, pero, no sé cómo, siempre se las apaña para hacer algún comentario al respecto, algo que sugiere que están sucediendo cosas extrañas en la casa. Bueno, ya va siendo hora de que se sienta cómodo en casa. –Bostezó y luego le mostró a Carmen la botella de cerveza vacía–. ¿Puedes traerme otra, cariño?

◆ ◆ ◆

Stephen se miró las manos, vio que aún estaba agarrando el borde del colchón y las relajó ligeramente. Le pareció una tontería seguir allí sentado esperando que volviera Michael. Sólo había ido a lavarse los dientes. ¿Cuánto tiempo podía tardar? No el suficiente para que pasara algo.

Además, las luces aún estaban encendidas. ¿Qué *podía* pasar? La única zona oscura estaba al otro lado de las puertas francesas, presionando los paneles de cristal cuadrangulares.

Abrió el cajón de la mesita de noche y sacó el *walkman*. Se tendió en la cama y se tapó con la sábana.

Después de ponerse los auriculares, se puso de lado, se apoyó en un codo y empezó a recorrer las emisoras de radio para comprobar qué música sonaba. Mientras observaba el dial de color rojo pasar de una emisora a otra, captó un movimiento por el rabillo del ojo, sólo el indicio de una sombra, pero aquello fue suficiente para hacerle levantar la cabeza y mirar hacia las puertas francesas, en la otra punta de la habitación.

El *walkman* se deslizó de su mano, rebotó en el borde de la cama y cayó al suelo, arrastrando con él los auriculares. El plástico del aparato se agrietó con el impacto.

Stephen se quedó petrificado. No *podía* moverse. Sólo podía seguir mirando las puertas francesas, y el rostro que le devolvía la mirada a través de la pequeña rendija entre las puertas.

Era la cara de un hombre joven, de unos veinte años, pero tenía el rostro tan pálido que parecía irreal, como la cara pintada de blanco de un maniquí. Era una cara larga y macilenta, con las mejillas demacradas y los ojos hundidos de un cadáver. No tenía expresión alguna; se limitaba a mirarle fijamente.

El joven tenía el pelo negro y abundante, y le caía por encima de los hombros. Unos brazos pálidos asomaban por las mangas cortas de una camisa oscura, y no paraba de tocarse nerviosamente los vaqueros con unos dedos largos y huesudos. Sus pálidos labios se movieron ligeramente, en silencio, como si estuviera murmurando algo para sí mismo.

Pero lo peor de todo, lo que hizo que Stephen pensara que estaba perdiendo la cabeza, era el hecho de que, de vez en cuando, el joven parecía trepidar, como si se volviera transparente y casi desapareciera y, a continuación, volvía a hacerse completamente visible, como si fuera un espejismo o estuviera hecho de vapor.

Stephen dejó de respirar durante un buen rato y notó cómo se le empezaba a cerrar la garganta, como si se le hinchara lentamente, cada vez la notaba más y más gruesa, hasta que estuvo convencido de que en breve sería incapaz de volver a respirar.

Si quería subir las escaleras, tendría que pasar a escasos centímetros del joven de aspecto enfermizo que estaba al otro lado de las puertas francesas.

Sus pálidos labios comenzaron a moverse un poco más rápido, aunque su rostro seguía siendo inexpresivo y sus ojos, vacíos. Levantó lentamente una mano temblorosa y huesuda e hizo ademán de abrir una de las puertas. Stephen pateó la sábana para quitársela de encima, pero sus pies se enredaron en ella; mientras luchaba para liberarse de la sábana, unos dedos largos y esqueléticos se deslizaron por el borde de una de las puertas. Stephen se desprendió finalmente de la sábana, bajó torpemente de la cama, se puso de pie y salió disparado hacia las escaleras. Al pasar junto al joven, escuchó el seco y susurrante silbido que salía de sus delgados labios, un sonido que le recordó al de un insecto. Subió las escaleras de dos en dos. Cuando llegó al rellano, estuvo a punto de chocar con Michael, quien puso los ojos como platos debido a la sorpresa y la preocupación al ver pasar a Stephen por su lado como una exhalación.

Stephen recorrió el pasillo a toda velocidad y, al entrar en la sala de estar, se tropezó.

—¡Stephen! —gritó Carmen cuando vio a su hijo de rodillas en el suelo. Corrió a su lado y le rodeó los hombros con el brazo—. ¿Qué pasa? ¿Qué te pasa, Stephen?

Stephen fue incapaz de responder. Tenía la boca seca y gomosa y sus palabras no tenían sentido.

Cuando Michael llegó poco después, Carmen le preguntó:

—¿Qué le ha pasado?

—¡No lo sé! Estaba saliendo del baño y ha…

—Tráele un vaso de agua.

Cuando Michael regresó con el vaso de agua, todo el mundo se había reunido alrededor de Stephen, salvo Peter, quien seguía profundamente dormido en el suelo.

—Había un hombre —jadeó Stephen, casi sin aliento, después de beber un poco de agua—. Estaba al otro lado de las pppuertas fffrancesas. Pálido. Muy blanco. Alto. Con el pelo largo y negro. No dejaba de mirarme fijamente.

Al se dio la vuelta y salió apresuradamente de la sala. Le oyeron bajar las escaleras. Se quedaron en silencio, esperando… algo, cualquier indicio que pudiera indicarles qué había en el sótano.

Stephen bebió un poco más de agua.

Carmen se mordió la uña del dedo gordo.

Michael chasqueó los nudillos.

Todos miraban hacia la puerta fijamente.

Se oyeron los pasos de Al subiendo las escaleras. Cuando apareció en la puerta, tenía los ojos cansados e hinchados.

—Abajo no hay nadie—dijo.

Stephen abrió mucho los ojos.

—Pero estaba allí. Lo he *visto*. Un chico con pelo largo y negro, muy pálido y… y era… transparente.

—No hay nadie. –La voz de Al sonó firme, dura–. He mirado por todo el sótano, Stephen. Veamos, ¿transparente? –Su padre le miró con los ojos entrecerrados y llenos de curiosidad–. ¿Como un fantasma?

Stephen asintió lentamente.

—Venga, Stephen. Tienes que dejarlo estar. Creo que todos estamos un poco hartos. Personas transparentes que espían desde detrás de las puertas ya pasa de castaño oscuro, ¿lo entiendes?

Aunque pareciera imposible, Stephen abrió aún más los ojos mientras miraba a Al.

—¡P… pero yo… yo… yo lo he *visto!* Estaba a punto de entrar por las puertas cuando he…

—¡Basta, Stephen! –dijo Al, y no era una petición. Los ojos de Al se endurecieron aún más–. Ahora no hay nadie abajo y tampoco lo había antes, ¿vale? ¿Me entiendes?

Stephen asintió lentamente con la mandíbula caída y los ojos aún muy abiertos bajo unas cejas enarcadas.

—¿Por qué no vas a acostarte? –le dijo Al en voz baja.

—Creo que… prefiero dormir en el sofá.

Al dejó escapar el aire lentamente.

—Esto es una sala de estar, Stephen, no un dormitorio. Es hora de que empieces a dormir abajo. Con Michael. Tienes una cama y todas tus cosas en la habitación. Venga, vuelve a bajar y métete en la cama.

De repente, Stephen parecía un poco más pálido de lo normal.

—En serio…, prefiero dormir aquí arriba, en el…

—Maldita sea, Stephen, ¿puedes parar de una vez? –gritó Al, cerrando los ojos un momento–. Déjalo ya y compórtate como un chico de tu edad.

Stephen miró a su padre unos instantes y después se levantó lentamente. Cogió el vaso de agua, dio media vuelta y salió de la habitación. Los demás oyeron sus pasos bajando por la escalera.

—Creo que has sido un poco duro con él, Al –dijo Carmen en voz baja–. ¿Qué de malo hay en que duerma otra noche aquí?

—Sí, y otra y otra más. Dios, es como tener invitados una noche tras otra. Lo que sea que ha creído ver en el sótano, ya no está ahí.

—No sé –dijo Michael en voz baja, casi tímidamente–. Stephen asegura que ha estado oyendo voces en la casa. Tal vez sea verdad que ha visto…

—¿Te lo ha contado él? –le interrumpió Al.

Michael asintió.

—Maldita sea –gruñó Al, dando media vuelta y saliendo de la habitación.

—Venga, Al, déjale en paz –dijo Carmen, pero él la ignoró. Ella y Michael le siguieron escaleras abajo y entraron en el dormitorio justo cuando empezaba a hablar.

—Escúchame bien, Stephen –le dijo en voz baja, aunque algo temblorosa por el esfuerzo que estaba haciendo por controlar la ira–. Sea lo que sea lo que ves u oyes en la casa, guárdatelo para ti, ¿me entiendes?

Stephen estaba recostado en la cama, tapado con la sábana y con los auriculares puestos. Tenía la vista clavada en el techo, sin reconocer la presencia de Al.

—¿Me oyes? –repitió Al–. No asustes a los demás con tus historias. Y si vuelves a hacerlo, desearás no haberlo hecho, ¿me entiendes?

Al cabo de unos segundos, Stephen asintió levemente.

Cuando Al volvió al piso superior, Carmen se acercó a Stephen y se inclinó para darle un beso.

—Lo siento, cariño. Esta noche está un poco tenso.

—Está un poco borracho, querrás decir –susurró Stephen.

—No está borracho, Stephen. Simplemente no quiere que asustes a los niños. Ahora acuéstate, ¿vale? Que duermas bien.

Después de que Carmen se fuera, Michael se sentó al borde de la cama.

—¿No te creen? –le preguntó–. Es decir, ¿no creen *nada* en absoluto?

Stephen le miró sin expresión alguna en el rostro y le dijo sin emoción:

—Bienvenido a casa.

Siete

Más visitantes

Durante los días siguientes, Carmen estuvo muy tensa. Al había estado enojado todo el fin de semana, y Stephen lo había pagado el sábado por la noche. Aunque sabía que vivir en un motel y recorrer tantos kilómetros todos los fines de semana le estaba pasando factura, también creía que había sido demasiado duro con Stephen y tenía la sensación de que debía compensar al chico de algún modo.

El estado de ánimo de Al durante el fin de semana le había dejado un mal sabor de boca y, cuando se marchó, Carmen no se sentía descansada ni relajada, como se sentía habitualmente. A pesar de haber hecho todo lo posible para que fuera un fin de semana especialmente divertido, al final había acabado siendo menos agradable que la mayoría.

Por desgracia, el hecho de que Stephen asegurara haber visto a un joven pálido y con el pelo largo y negro en el sótano no la ayudaba en nada a sentirse mejor. De hecho, aunque le costara admitirlo, Carmen sospechaba que la historia de Stephen era lo que le provocaba un mayor malestar.

«¿Por qué? —se había preguntado varias veces—. ¿Por qué te pone tan nerviosa una historia tan absurda?».

Sin embargo, cada vez que se lo preguntaba, recordaba el incidente de los platos y cubiertos que habían vuelto al armario y al cajón de donde habían salido. Se dijo una y otra vez que había sido un error, que en realidad no había sacado los platos del armario ni los cubiertos del cajón, que sólo creía haberlo hecho; sin embargo, nunca lograba convencerse a sí misma del todo. Sabía que había sacado los platos y cubiertos; de hecho, cuando lo recordaba, aún podía sentirlos en sus manos, pero, aún no sabía cómo, habían vuelto al armario y al cajón.

Incapaz de olvidarse del incidente, se lo contó a Tanya mientras tomaban té helado en el porche delantero de la casa de su amiga aprovechando que el bebé dormía en el cuarto.

—Sí, a mí también me pasa muy a menudo –dijo Tanya–. Voy hasta la otra punta de la casa a buscar algo y, cuando llego allí, se me olvida qué he ido a buscar. Son despistes, sólo eso. Cuando tienes muchas cosas en la cabeza, haces tonterías y bobadas como ésa. No te preocupes. Le pasa a todo el mundo.

—Pero estaba convencida de haber…

—Sí, lo sé, a mí me pasa lo mismo. Pero me he acostumbrado tanto a que me pase que ya ni siquiera me doy cuenta.

En lugar de seguir hablando de ello, Carmen comprendió que era momento de cambiar de tema. No obstante, y aunque no dijo nada, no estaba de acuerdo con Tanya.

◆ ◆ ◆

El lunes por la noche, Stephen y Michael se acostaron temprano. Los dos estaban cansados desde el sábado por la noche porque no habían dormido mucho. Se habían pasado gran parte de la noche del sábado y el domingo hablando a oscuras.

Hablaron de todo un poco: de música, de películas, de lo que Michael había hecho en casa de la abuela, de cualquier cosa que les distrajera de lo que había visto Stephen. Por tanto, el lunes por la noche estaban exhaustos. Aunque sabían que sólo les quedaba una semana de vacaciones antes de que empezara de nuevo la escuela y querían quedarse hasta tarde viendo la tele, ninguno de los dos pudo mantener los ojos abiertos durante mucho rato.

Y, a pesar de todo, una vez estuvieron en la cama, no pudieron conciliar el sueño. Tendidos boca arriba y a oscuras, hablaban esporádicamente y en voz baja sobre el próximo curso escolar y la última película de Schwarzenegger cuando se produjo un sonido en la habitación y los dos muchachos levantaron la cabeza de la almohada. Michael soltó un jadeo irregular y aterrorizado…

◆ ◆ ◆

Carmen estaba en la cocina preparándose un chocolate caliente. Acababa de acostar a Peter y de decirle a Stephanie que se fuera a la cama y ahora sólo quería relajarse y coger el sueño.

Cuando volvió a la sala de estar con la taza humeante en la mano, se encontró a Stephanie aún en el suelo pintando una página de su libro para colorear.

—Creo haberte dicho que era hora de acostarse –le dijo Carmen.

—¿No puedo quedarme un poco más? No estoy cansada.

—Cuando tengas que ir a la escuela estarás cansada por la mañana y tendré que oír tus quejas, así que, venga, a acostarse. ¡Ahora! –Suavizó un poco su tono–. ¿Vale, cielo?

—Oh, de acuerdo, mamá. –Stephanie se levantó, le dio un beso y luego se fue a su habitación con el libro para colorear bajo el brazo.

Carmen se sentó en el sillón reclinable de Al y encendió la tele. Estaban dando *Se ha escrito un crimen*. Se recostó en el sillón y se dispuso a relajarse.

◆ ◆ ◆

Stephen y Michael miraban fijamente en dirección a la cómoda que estaba pegada a la pared frente a sus camas. Encima de la cómoda estaba el robot de juguete de Michael.

Tres hombres se dedicaban con gran interés a mirar, tocar y examinar el robot. En la oscuridad de la habitación, los tres hombres inclinaban la cabeza de un lado y del otro, contemplando el robot desde diferentes ángulos.

El más alto de los tres llevaba un traje a rayas y un sombrero de fieltro. Los otros dos vestían ropas oscuras que se fundían con la oscuridad circundante, formando una masa indistinguible y sombría.

Los dos hombres sisearon en el silencio imperante cuando el hombre del traje cogió el robot y empezó a examinarlo. Entonces, se dio la vuelta y se quedó mirando a los chicos.

Ni Stephen ni Michael pudieron mover un músculo.

El hombre que sostenía el robot los miró durante un buen rato y, los otros dos, de pie a ambos lados del primero, también se giraron para mirarlos. Susurraron y los señalaron, aunque los chicos no podían entender lo que estaban diciendo con sus voces sibilantes y herméticas.

De repente, el hombre del traje se dio la vuelta, levantó el robot por encima de su cabeza y miró a Stephen.

—Juguetes –siseó con una sonrisa que mostró unos dientes sucios y mellados–. Meros juguetes. –Entonces dejó caer el brazo con fuerza e hizo añicos el robot contra la parte superior de la cómoda.

Con los ojos muy abiertos, Stephen vio cómo el hombre volvía a golpear el robot contra el mueble y varios trozos del juguete salían disparados en la oscuridad, rebotando en las paredes y el suelo.

Uno de los hombres empezó a reír con una risita grave y gutural y Stephen gritó:

—¡Corre!

Stephen saltó de la cama y corrió hacia las escaleras seguido de cerca por su hermano.

Subieron los peldaños de dos en dos mientras gritaban:

—¡Mamá! ¡Maamáááá!

Carmen se derramó un poco de chocolate en la camisa y murmuró:

—Maldita sea. –Entonces se incorporó sobre el sillón reclinable e hizo una mueca ante los gritos de los chicos–. Vale –añadió mientras dejaba la taza sobre la mesita–, ¡está bien, *está bien!*

Los chicos llegaron a la sala de estar como una exhalación, en ropa interior, sin aliento, los ojos como platos y ambos hablando a la vez.

—Mamá, hombres, hay hombres, en la habitación del sótano, ahora mismo, *¡justo ahora!* –gritó Stephen.

—Mi robot –jadeó Michael–, han roto mi robot, han salido de la nada y…

—¡Parad ahora mismo! –gritó Carmen.

Los chicos se callaron; los hombros de ambos se agitaban mientras se esforzaban por recuperar el aliento.

—Vale, ¿de qué demonios estáis hablando o, mejor dicho, *gritando?* Y por favor, hablad despacio, en voz baja y uno después del otro.

Los muchachos se miraron y Stephen dijo:

—Hay tres hombres en nuestra habitación, mamá. Estaban de pie junto a la cómoda, manoseando el robot de Michael y…

—Espera, espera un segundo –le interrumpió Carmen levantando una mano–. ¿Cómo han entrado?

—Simplemente estaban *allí* –dijo Michael.

—Pero las ventanas están cerradas y nadie ha entrado por la puerta de la calle, así que cómo…

—Mamá, estaban hablando de nosotros –intervino Stephen–. Susurraban cosas sobre nosotros mientras se reían.

—Está bien, está bien, vamos. –Carmen se colocó entre los dos chicos, salieron juntos de la sala de estar y bajaron las escaleras. Cuando llegó al pie de ésta, encendió la luz de la habitación y se giró para mirar a los chicos. Se habían quedado en la parte superior de las escaleras, acurrucados uno al lado del otro.

Carmen se alejó de la escalera y entonces se quedó inmóvil en mitad de la habitación.

¿Y si realmente había alguien en el sótano? Había bajado desarmada, sin prepararse, asumiendo de forma automática que los chicos simplemente se habían asustado el uno al otro. Notó cómo se le aceleraba el corazón y se le humedecían las palmas de las manos.

Lentamente, con cautela, echó un vistazo a la habitación. Cuanto más miraba, más se relajaba; una tímida sonrisa empezó a asomar en la comisura de sus labios.

—Aquí abajo no hay nadie, chicos –gritó por encima del hombro, el alivio que sentía enmascarado por su firme tono de voz.

Oyó los pasos de los chicos bajando las escaleras rápidamente.

La ira volvía a poseerla y les dijo:

—Ahora explicadme qué demonios pretendíais…

Se detuvo en seco cuando sus ojos se posaron en el robot de Michael sobre el tocador. Estaba de costado, le faltaba un brazo y una pierna y el plástico transparente que le cubría la cara había desaparecido. Había fragmentos de plástico negro esparcidos por la parte superior de la cómoda y el suelo.

—¿Alguno de los dos ha hecho esto? —preguntó Carmen muy eno-jada cuando los chicos entraron en la habitación.

—No, mamá, lo han hecho *ellos* —insistió Michael.

—No había nadie en la habitación aparte de vosotros dos, así que dejad de repetir eso.

—Mamá —dijo Michael lentamente, como si estuviera hablando con una niña pequeña—, el hombre ha cogido el robot y…

—Vale, espera un momento —dijo Carmen levantando las palmas de las manos. Estudió un instante a los dos chicos. No sólo parecían sinceros, también parecían aterrorizados. Pero era imposible que alguien hubiera entrado en el sótano. Miró hacia las puertas francesas; estaban cerradas y envueltas en la penumbra. Todas las ventanas estaban cerradas, de eso estaba segura.

Bueno… casi segura.

No, tenían que estar inventándoselo. A lo sumo, probablemente tenía que ver con el hecho de que Stephen le hubiera contado a Michael lo de las voces. Seguramente había asustado a Michael y, sin apenas darse cuenta, la imaginación de los *dos* chicos había hecho el resto.

Y Carmen estaba más que convencida de que podía demostrarlo.

—Vuelve arriba un momento, Stephen —dijo.

—¿Qué?

—Ve al piso de arriba. He de hablar con Michael. No tardaremos mucho.

Stephen subió las escaleras de mala gana; estaba sorprendido y un poco enojado.

—Veamos, Michael —dijo Carmen mientras se sentaba al borde de la cama de Stephen y daba unos golpecitos al colchón—, siéntate y cuéntamelo todo. ¿Qué has visto?

—Bueno, había tres hombres. Estaban ahí de pie, frente a la cómo-da, toqueteando a Robby el robot y hablando en susurros.

—¿Qué aspecto tenían? ¿Cómo iban vestidos?

—Bueno, a dos de ellos costaba verlos porque llevaban ropa negra y, bueno, la habitación estaba a oscuras, así que… pero el otro tipo lleva-ba traje. Era un traje de rayas… rayas pequeñas y finas, un poco anti-cuado.

—¿Rayas?

—Sí. Y llevaba sombrero. Un sombrero pasado de moda, como los que llevan siempre los hombres en las películas antiguas.

—¿Y qué han hecho?

—Estaban mirando el robot y susurraban entre ellos. Después nos han mirado a nosotros y han seguido susurrando. Uno de ellos ha empezado a reír. Entonces, el hombre del traje ha dicho algo sobre… sobre juguetes, ha cogido el robot y lo ha aplastado contra la cómoda.

—¿Y por dónde se han ido?

Michael se encogió de hombros.

—No lo sé, hemos salido corriendo.

—¿O sea, que se han quedado quietos y os han dejado huir después de que los hayáis visto en mitad de vuestra habitación haciendo trizas un juguete? ¿No te parece un poco extraño?

—Es posible, pero… querías que te contara lo que ha pasado. Pues eso es lo que ha pasado.

Carmen miró detenidamente el rostro de Michael en busca de algún indicio de culpabilidad o de las señales habituales que indicaban que estaba mintiendo.

Michael no sabía mentir; nunca se le había dado bien. Stephen podía salirse con la suya, pero Carmen sólo le había visto usar su cara de póker para gastarles alguna broma, tanto a ella como a Al, bromas inofensivas que requerían una cara seria hasta el momento del soborno, nunca para algo tan innecesario como aquello.

Sin embargo, Carmen no vio nada que le dijera que estaba mintiendo, de modo que, o bien había desarrollado el talento de su hermano mayor para mantener la cara impávida o…

O estaba diciendo la verdad.

—Vale, no te muevas de aquí –dijo mientras se levantaba y empezaba a subir las escaleras.

—No nos crees, ¿verdad? –preguntó Michael en voz baja.

Carmen se detuvo y se dio la vuelta.

—No te muevas de aquí, cielo. Volveré en un minuto.

Cuando llegó al piso superior, se encontró a Stephen tumbado en el sofá con los brazos cruzados sobre su delgado pecho.

Parecía alicaído y estaba hablándole en susurros a Stephanie, quien estaba sentada a su lado, ligeramente inclinada hacia él. En cuanto

Carmen entró en la habitación, Stephen se detuvo y Stephanie se apartó de su hermano.

—¿No te había dicho que te fueras a la cama, Steph? –dijo Carmen.

Stephanie se levantó del sofá y se encaminó a su habitación, no sin antes decirle a su madre:

—Ya voy, mamá, ya voy.

Carmen se sentó junto a Stephen.

—Bueno, quiero que me expliques qué ha pasado exactamente en el sótano.

Carmen escuchó con atención mientras Stephen le contaba exactamente la misma versión que Michael de lo que había sucedido. Cuando le preguntó por el aspecto de los hombres y qué ropa llevaban, sus respuestas fueron idénticas a las de su hermano, incluso al citar las palabras del hombre: «Juguetes, meros juguetes».

Cuando Michael terminó de hablar, Carmen se dio cuenta de que estaba frunciendo el ceño. Si estaban mintiendo, tenían que haber pensado también en todos los detalles de la historia antes de romper el robot y subir para contárselo. De lo contrario, sus historias no habrían sido idénticas hasta el más mínimo detalle.

Sintió un escalofrío recorriéndole todo el cuerpo al plantearse seriamente por primera vez la posibilidad de que *realmente* hubiera habido tres hombres en la habitación de los chicos.

¿Por qué habrían entrado en la casa sólo para susurrar entre ellos delante de Stephen y Michael, romper un robot de juguete y después marcharse?

Lo que le resultaba más aterrador era la absoluta absurdidad de la situación.

«¿Llamo a la policía? –se dijo a sí misma–. Pero ¿y si vienen y resulta que los chicos están mintiendo?».

Finalmente, llegó a la conclusión de que, si habían entrado tres hombres en la casa, tendría que haber algún indicio de ello en algún lugar, y lo más probable es que estuviera en el sótano.

—Vale –dijo con decisión mientras se ponía de pie–. Eso es todo lo que quería saber. –Salió de la habitación y, cuando empezó a bajar las escaleras, oyó cómo Stephen le preguntaba qué iba a hacer, pero ella no respondió.

En el sótano, Michael le hizo la misma pregunta.

—Quédate aquí –dijo mientras abría las puertas francesas, entraba en la habitación contigua y alargaba la mano para encender la luz. Echó un vistazo a la habitación que debía ser la de Stephen, vio que las dos ventanas estaban cerradas, salió al amplio pasillo que se abría más allá de ésta y encendió también la luz.

Comprobó la sala de pertrechos que había al final del pasillo y vio que allí la ventana también estaba cerrada.

Recorrió la rampa hasta el otro extremo del pasillo y comprobó la puerta. Cerrada.

En la habitación contigua, intentó no mirar el tablón que cubría el depósito de la sangre, de hecho, hizo todo lo posible por ni siquiera pensar en él, y dedicó toda su atención a las dos ventanas que había en la habitación.

Nada roto ni forzado.

Se dio la vuelta hacia la puerta que conducía a la morgue. A pesar de no habérselo dicho a Al ni a nadie más, no le gustaba entrar ahí. No creía que hubiera algo maligno ni nada por el estilo, simplemente le hacía sentir… incómoda. Sin embargo, había tres ventanas en aquella sala y, aunque estaba convencida de que los chicos le habían estado tomando el pelo, supuso que también debía revisarlas.

Con un suspiro, entró en la lúgubre habitación y encendió la luz. Era mucho más tolerable después de que Al la hubiera pintado, pero, aun así…

Comprobó la ventana que había delante de la puerta y, después, las dos de la pared del fondo.

Oyó unos pasos detrás de ella.

—¿Michael? –dijo– Es imposible que alguien haya podido… –Se dio la vuelta y las palabras se le quedaron atrapadas en la garganta. Se quedó petrificada, con la boca abierta. La temperatura de la habitación descendió repentinamente, como si estuviera de pie frente a un congelador abierto. Y justo cuando se daba la vuelta, notó cómo alguien pasaba muy cerca de ella, rozándola ligeramente, y provocando una corriente de aire frío a su paso.

Pero no había nadie más en la habitación.

◆ ◆ ◆

Cuando Stephen bajó al sótano, Michael estaba sentado al borde de su cama, mirando fijamente a través de las puertas francesas abiertas con el ceño fruncido. La luz de la habitación contigua estaba encendida.

—¿Dónde está mamá? –preguntó Stephen.

Michael señaló las puertas con un gesto de la cabeza.

—Ha entrado allí. Creo que está…

Entonces oyeron un ajetreo procedente del otro extremo del sótano: pasos, el típico sonido de alguien apagando las luces rápidamente, puertas cerrándose de golpe. Poco después, vieron a Carmen atravesar rápidamente la puerta contigua, apagar la luz al salir y cerrar las puertas francesas de golpe.

Por un momento, Stephen pensó que su madre iba a ponerse a gritar. Tenía una mirada extraña, una que nunca había visto hasta entonces, y lo primero que pensó fue que era una mirada de terror absoluto. Entonces, Carmen se plantó delante de los chicos, apretó la mandíbula y apoyó ambos puños en las caderas.

—Esta noche aquí no había nadie, ¿me entendéis? –dijo en voz baja pero vacilante– No hay ninguna ventana ni cerradura forzada. Todo está cerrado. No ha entrado *nadie*. Veamos, si creíais que era gracioso, os equivocáis, y si volvéis a hacer algo así, vais a tener un *gran* problema.

Se alejó rápidamente de ellos y subió las escaleras con paso decidido.

Stephen y Michael cruzaron una mirada silenciosa y Stephen gritó:

—¿Mamá? Te aseguro que había…

—¡No quiero oír ni una palabra más, Stephen! –espetó Carmen dándose la vuelta y señalándolo con un dedo–. Te dije hace mucho tiempo que no le contaras a nadie tus historias, pero tenías que contárselo a Michael y ponerle nervioso y ahora los dos estáis molestos, que es exactamente lo que dije que sucedería, ¿recuerdas? Dime, ¿lo recuerdas?

Stephen asintió lentamente.

Carmen continuó subiendo las escaleras.

Stephen miró a Michael, dejó escapar un largo suspiro y después empezó a subir lentamente las escaleras detrás de su madre.

—¿A dónde crees que vas? –le preguntó por encima del hombro.

—Yo… hmmm… iba a la sala de estar para ver un poco…

—¡Lo que vas a hacer es irte a la cama! Los dos. Y no quiero escuchar ni una palabra más, de ninguno de los dos, ¿me habéis entendido?

—¿Puedo ir a buscar un vaso de agua, al menos? –preguntó Stephen en voz baja.

—Sí, sí, ve.

Stephen esperó en el escalón hasta que su madre se hubo marchado, y entonces se volvió otra vez hacia Michael.

—Vaya –susurró Michael–, está cabreada.

—Ni que lo digas –dijo Stephen antes de terminar de subir las escaleras.

◆ ◆ ◆

Carmen fue a la sala de estar y se dejó caer en el sillón reclinable. Las imágenes en la pantalla del televisor se convirtieron en una mancha de colores cuando las lágrimas le nublaron los ojos. Respiró hondo, se secó los ojos rápidamente y cogió el paquete de Marlboro de la mesita auxiliar. Le temblaban las manos, de modo que, cuando encendió el cigarrillo, sacudió la cerilla con más fuerza de la habitual, como si con ello pretendiera detener el temblor que se originaba en sus huesos.

Echó la cabeza hacia atrás, cerró los ojos y saboreó la cólera que sentía. Estaba enfadada porque, con su vívida historia y sus ojos grandes y asustados, los chicos habían logrado convencerla de que tres desconocidos habían estado en la casa. ¡Tres hombres! Había permitido que su imaginación quedara atrapada con la de sus hijos.

—Sí –se dijo así misma con un suspiro, y pensó: « Sólo ha sido eso. Mi imaginación y esa estúpida historia, ¿verdad?».

Sin embargo, la vocecita de su conciencia que normalmente le hablaba desde lo más profundo de su mente guardaba silencio.

Ocho

De vuelta a la escuela

—¡Venga, chicos, a levantarse! –gritó Carmen desde la escalera mientras daba tres sonoras palmadas.

Stephen se cubrió la cabeza con la almohada, pero, inmediatamente después, oyó un gemido ahogado procedente de la cama de Michael y después a éste decir en tono adormilado:

—Hmmm…, se acabó el verano.

Sonido de bostezos y suspiros mientras se estiraban, se incorporaban en la cama y miraban a su alrededor con ojos hinchados.

—¿Quieres ir primero a la ducha? –murmuró Michael.

—Nooo. Ve tú primero.

—¡Vamos, llegaréis tarde! –gritó Carmen.

—¿Por qué? –preguntó Michael mientras subía cansinamente las escaleras.

—Porque no ha sonado el despertador, por eso. ¡El desayuno está listo!

Stephen volvió a tumbarse sobre la cama, se frotó los ojos y se quedó mirando el techo.

Él no iría a la escuela con Michael y Stephanie. Primero debía ir al hospital para seguir con el tratamiento. La semana anterior, su madre se había reunido con el director de la escuela y con uno de los conseje-

113

ros. Carmen les explicó los problemas de aprendizaje que había tenido en la escuela de Hurleyville y les dijo que, debido a su enfermedad, iba a llegar tarde a clase todos los días de la primera semana porque debía recibir el tratamiento. Según su madre, tanto el director como el consejero se habían mostrado muy comprensivos y le habían asegurado que harían todo lo posible para que Stephen se sintiera cómodo y para que superara todos sus problemas.

Por supuesto, Stephen no tenía forma de saber si eran sinceros o no, pero confiaba en que lo fueran. Ir a la escuela ya era suficientemente complicado, pero ir a una nueva escuela, con nuevos compañeros, lo hacía aún más difícil. Era evidente que Stephen no necesitaba *más* contrariedades.

Al fin y al cabo, ya tenía bastante con el tratamiento. Ya era suficientemente problemático por sí solo, de eso no cabía duda. Lo odiaba aún más que a los médicos y enfermeras con los que tenía que lidiar todos los días. En realidad, no se portaban especialmente mal con él, salvo por el hecho de que eran los responsables de administrarle el tratamiento.

Cada día lo colocaban bajo un artilugio de aspecto siniestro que se parecía a una máquina de rayos X, aunque más grande, más fea y amenazadora. Lo peor era cuando le dejaban completamente solo para exponerlo a la radiación. Si todos le tenían miedo, ¿por qué le dejaban solo allí dentro?

Había tenido una pesadilla –de hecho, la había tenido varias veces– en la que todo el mundo salía de la habitación blanca y esterilizada y lo abandonaban bajo la siniestra máquina… y no volvían.

Bueno, sólo quedaban unos cuantos días más y después…, bueno, como había dicho el doctor Simon:

—Luego ya veremos.

Stephen deseaba con todas sus fuerzas que terminara el tratamiento, y esperaba no tener que volver a recibirlo nunca más. No podía imaginar nada peor.

—¿Stephen?

Nada salvo aquella voz.

Se incorporó sobre la cama y escuchó atentamente.

—¿Stephen? ¿Estás listo?

Miró hacia las puertas francesas, pero no vio nada a través de los cristales.

—¿Estás listo, Stephen?

Era la misma voz masculina, pero ahora procedía de otra parte del sótano.

—Estoy esperando, Stephen.

Cada vez sonaba más cerca.

Stephen creyó ver algo a través de los cristales…, un movimiento extremadamente leve…, una sombra, tal vez… una sombra filtrándose a través de la puerta abierta que daba a la otra habitación.

Bajó de un salto de la cama y cogió rápidamente los pantalones, una camisa, los zapatos y entonces…

—El tiempo corre, Stephen.

Subió corriendo las escaleras con el sonido de su propio aliento en los oídos, rodeó la barandilla y recorrió el pasillo a toda prisa con la ropa hecha un ovillo pegada al pecho.

Carmen salió de la cocina y estuvieron a punto de chocar.

—¡Stephen! –gritó su madre, más frustrada que enojada– ¿Qué haces?

Stephen hizo ademán de decir algo, pero volvió a cerrar la boca y se la quedó mirando mientras intentaba controlar los temblores.

Carmen levantó el dedo índice y le dijo:

—No quiero oírlo, Stephen. Ni ahora ni nunca, pero especialmente ahora no. Esta mañana ya está siendo suficientemente mala. Ve a desayunar, lo tienes todo en la mesa.

Carmen pasó por su lado como una exhalación y se metió en su habitación.

Stephen se quedó de pie en el pasillo, escuchando, pero sólo oyó el sonido de la ducha. Aliviado, aunque aún tenso, se encaminó al comedor.

◆ ◆ ◆

Carmen no podía entender qué había salido mal por la mañana. Estaba *segura* de haber puesto la alarma a las siete en punto. Y, a pesar de eso, tras despertar finalmente de un sueño profundo, descubrió que el botón de la alarma en la parte superior del reloj estaba activado pero el reloj estaba programado para las doce y ya iba con cuarenta minutos de retraso.

Tras meter prisa a todo el mundo para que se levantara, había preparado un desayuno rápido, se había vestido rápidamente, pues siempre se sentía más despierta cuando estaba vestida, dejó el bolso y las llaves sobre la encimera de la cocina para tenerlo todo listo cuando llegara la hora de acompañar a Stephen al hospital y, sin saber muy bien cómo, consiguió que Stephanie y Michael desayunaran y se vistieran a tiempo de coger el autobús. Antes de que se marcharan, sin embargo, les preguntó:

—¿Alguno de los dos ha tocado el despertador?

La miraron con expresión de perplejidad y le aseguraron que no.

—Está bien. Mera curiosidad.

Cuando Stephanie y Michael se hubieron marchado a la escuela, Carmen se quedó con Stephen, quien parecía estar más callado de lo habitual, y Peter, quien no dejaba de hablar sobre el día en el que él también podría ir a la escuela a bordo del gran autobús amarillo.

Carmen se sentó a la mesa del comedor delante de Stephen y le dijo:

—Bueno, ¿qué te parece si nos vamos ya al hospital? Así podrás ir a la escuela en cuanto acabemos.

Stephen tenía el pelo aún mojado y lo llevaba peinado hacia atrás, pegado a la cabeza, lo que le daba a su enjuto rostro un aspecto aún más cadavérico.

—¿Tengo que ir directamente a la escuela después del hospital?

—Claro que no. Puedes volver a casa, si quieres. Relajarte. Recuperarte. Y después puedo acompañarte a la escuela. De hecho, si no quieres ir, también está bien. Sólo será esta semana, y en la escuela ya lo saben. Tú mismo.

Stephen asintió lentamente, se quedó mirando la mesa durante un rato y después volvió a mirar a su madre con los labios ligeramente abiertos, como si estuviera a punto de decir algo. Entonces pareció pensárselo mejor, volvió a cerrar la boca y dijo en voz baja:

—De acuerdo, vámonos.

Cuando todo el mundo estuvo listo, Carmen fue a la cocina para coger el bolso y las llaves.

Pero no estaban donde los había dejado.

Estaba mirando fijamente el espacio vacío en la encimera cuando Peter le tironeó de la mano y dijo:

—Mami, estoy fingiendo que me *llevas* a la escuela.

—Vale, ¿dónde está mi bolso? –preguntó, y después en voz más alta–: Stephen, ¿has visto mi bolso?

—No –contestó Stephen desde la sala de estar.

—Pues estaba justo aquí, en la encimera, con las llaves. Pero ahora no está ni una cosa ni otra, o sea que ayúdame a encontrarlos, ¿de acuerdo?

—¿Dónde los has puesto?

—Justo *aquí* –respondió ella.

—Vale, vale, ya te ayudo.

Miraron por todas partes. Registraron todo el piso superior, pero no apareció ni el bolso ni las llaves por ninguna parte. Cuando volvió a reunirse con Stephen en el comedor, Carmen estaba a punto de ponerse a llorar.

—¿Crees que pueden estar abajo? –le preguntó Stephen.

—No he bajado para nada esta mañana.

—Bueno. Sólo lo preguntaba.

Pero la pregunta hizo que Carmen se lo pensara dos veces. Frunció el ceño, pensativa. Y entonces, a pesar de estar segura de que sus cosas no podían estar en el sótano porque *no* había bajado en toda la mañana, bajó de todos modos. Cuando le quedaban unos cuantos escalones por bajar, se quedó petrificada.

El bolso y las llaves del coche estaban encima de la cama de Stephen.

Se miró los puños un buen rato antes de apretarlos con fuerza a ambos lados y gritar:

—¡Stephen! ¡Stephen, baja aquí ahora mismo!

Carmen no se dio la vuelta cuando le oyó bajar la escalera, sino que continuó con la vista clavada en el bolso y las llaves sobre la cama. Cuando oyó que se detenía, señaló la cama y dijo:

—¿Los has puesto tú ahí?

—¡No... nooo!

—Entonces, ¿cómo han *llegado* hasta aquí?

—¡No... no... no lo sé!

Entonces se dio la vuelta para mirarlo con el ceño fruncido.

—Stephen, esto tiene que terminar –dijo casi en un susurro, la voz temblándole de ira–. Te lo digo muy en serio. No sé qué pretendes, pero, sea lo que sea, ¡estoy harta!

Stephen la miró con la boca abierta y el semblante horrorizado.

—P… pero si no…

—¡Silencio! –gritó Carmen con los dientes apretados–. No quiero hablar más de esto. ¡Pero asegúrate de que esta tontería termina ahora *mismo*, Stephen! Hablo completamente en serio. Si sigues haciéndolo cuando papá se instale definitivamente en casa, lo lamentarás, porque él no será tan condescendiente contigo. ¡Y *yo* tampoco lo seré!

Cruzó la habitación, cogió el bolso y las llaves de encima de la cama y empezó a subir las escaleras.

—Venga, vamos –le dijo por encima del hombro.

No se dirigieron la palabra durante un buen rato; Peter fue el único que habló para balbucear algo sobre el hecho de estar fingiendo que mamá le estaba llevando a la escuela. Cuando llevaban un rato en el coche, Carmen sintió que empezaba a relajarse. Otros pensamientos se agolparon en su mente, lo que hizo que fuera más fácil olvidarse del incidente del bolso y las llaves. Junto a esos pensamientos llegó la culpa.

—Siento haberte gritado, Stephen –le dijo en voz baja–. Pero es que me he enfadado mucho.

Stephen giró la cabeza de repente y le espetó:

—Pero yo no… –Sin embargo, se detuvo igual de repentinamente y volvió a mirar hacia delante. No dijo nada más.

Carmen sintió cierto alivio ante su silencio. Se alegró de que Stephen se lo hubiera pensado dos veces antes de volver a negar lo que había ocurrido. Realmente no quería volver a oír hablar del tema.

Porque la voz silenciosa en el fondo de su mente seguía susurrándole insistentemente que lo más probable era que Stephen tuviera razón.

Nueve

Pensamientos que quitan el sueño

Como no podía dormir, Carmen se sentó a la mesa del comedor, su lugar favorito de la casa, y se fumó un cigarrillo mientras ojeaba distraídamente un ejemplar antiguo de *Vanity Fair* y escuchaba el suave sonido de fondo de un programa de entrevistas en la radio.

Ahora que el tratamiento de Stephen se había terminado, al menos por el momento, esperaba no tardar mucho en empezar a ver algún cambio en su hijo. Para mejor, por supuesto. Desde que se habían mudado al nuevo apartamento, había estado tan callado y melancólico, tan distinto de cómo era antes. Carmen intentó convencerse a sí misma de que la culpa era de la enfermedad y, quizás aún más, del extenuante tratamiento que había recibido. Sin embargo, en las semanas posteriores al final del tratamiento, Stephen parecía estar cada vez más reservado y melancólico.

Al menos tenía a Jason para animarlo. Tanto el padre como la madre de Jason trabajaban y el chico pasaba muchas horas solo, de modo que había empezado a pasar la mayor parte del tiempo en su casa. A Carmen no le importaba. No le gustaba que el chico estuviera tanto tiempo solo, así que hizo todo lo posible para que se sintiera como en casa.

Aunque le alegraba que Stephen tuviera un amigo, también le molestaba ver que las únicas veces en que Stephen parecía realmente feliz

119

era cuando estaba con Jason; el resto del tiempo se mostraba reservado y depresivo y, cuando le preguntaba qué le pasaba, se limitaba a responderle vagamente con monosílabos.

Aunque se preocupaba por él, sabía que los últimos meses habían sido muy duros para él y que tal vez no lo había superado aún del todo; mientras tuviera un amigo que parecía hacerle feliz y le fuera bien en la escuela, Carmen ya estaba más que satisfecha.

El único problema era el propio Jason. No había nada malo en él, al menos nada que pudiera definirse con precisión; era un buen chico, amable y educado cuando hablabas con él, aunque tal vez un poco silencioso, pero había algo en él que lo hacía... diferente a los otros chicos, como si tuviera problemas para hacer amigos. Y, sin embargo, él y Stephen se habían caído bien desde el principio. Bueno, lo importante es que Stephen tenía un amigo. Mientras no se dedicaran a arrasar licorerías ni a incendiar edificios para pasar el rato, ¿qué mal podía haber?

«Sólo estás comportándote como una madre –se dijo–. Como una madre *sobreprotectora*».

Sin embargo, no era tan dura consigo misma cuando Stephen aseguraba que había algo maligno en la casa. Desde que Michael había empezado a seguirle la corriente a su hermano, Carmen había pillado a menudo a los chicos y a Stephanie hablando en susurros. Y siempre dejaban de hablar en cuanto descubrían que no estaban solos. Aunque Stephen y Stephanie llevaban algún tiempo haciendo lo mismo, desde que Michael había vuelto a casa, parecía ocurrir más a menudo. Pese a ser un comportamiento que le atacaba los nervios, Carmen no se lo contó a nadie.

Durante el fin de semana, Al no daba muestras de darse cuenta de que los niños se susurraban cosas en secreto. Parecía tener la mente en otras cosas. Los ciento setenta kilómetros que debía recorrer cada fin de semana le estaban pasando factura, así como el estrés de saber que en cuanto recibiera el traslado definitivo iba a dar un paso atrás en su carrera y ganaría menos dinero que ahora, lo que haría que la situación financiera de la familia fuera aún peor de lo que ya era.

Cuando estaba en casa, no hablaban de nada importante ni demasiado serio. Iba a pescar (aunque Stephen ya no parecía muy interesado en acompañarle) o se pasaba horas delante de la tele. Cuando hacían el amor, se mostraba distante y preocupado. Y tampoco parecía estar durmiendo bien. La última vez que había estado en casa, Carmen se había despertado muy temprano el sábado por la mañana para descubrir que estaba sola en la cama; un par de minutos después, Al regresó a la habitación y volvió a meterse en la cama con un semblante de preocupación en el rostro. El débil resplandor de la luz de la luna que entraba por la ventana hacía que las arrugas de su frente, provocadas por el modo en que fruncía el ceño, pareciesen aún más profundas.

—¿Qué te pasa? –le había preguntado Carmen.

Al se sobresaltó al oír su voz y giró la cabeza para mirarla un instante; aún tenía el ceño fruncido.

—Eh, nada, nada, vuelve a dormir –respondió finalmente.

De modo que Carmen tenía muchas cosas de las que preocuparse: Stephen, su enfermedad y, por mucho que tratara de evitarlo, también la amistad de este con Jason; a todo esto, se añadían las preocupaciones económicas y, ahora, el propio Al. No obstante, por primera vez en mucho tiempo, Carmen se sentía realmente aliviada de tener todas aquellas preocupaciones, pues eran la excusa perfecta para explicarse algunas de las cosas extrañas que había estado haciendo… o, mejor dicho, que *creía* haber estado haciendo.

Para empezar, por supuesto, estaba la voz que había oído el día que se había quedado sola en casa. En aquel momento, lo había atribuido a lo mucho que echaba de menos a Al.

Posteriormente, el día que Michael había vuelto a casa, los platos y cubiertos habían vuelto solos a la cocina, por no mencionar el bolso y las llaves del coche que se habían trasladado de la encimera de la cocina a la cama de Stephen, en el sótano.

La semana anterior había encontrado el grifo del agua caliente abierto y el vapor acumulándose en el cuarto de baño.

El día anterior estaba segura de haber comprado dos paquetes de seis latas de refrescos; incluso recordaba haberlos metido en el frigorífico. Sin embargo, por la tarde habían desaparecido; ninguno de los chicos se los había bebido; de hecho, ni siquiera los habían visto. Buscó el tique de compra porque *sabía* que los había comprado y quería demostrárselo a sí misma, pero fue incapaz de encontrarlo.

Lo había justificado todo con las preocupaciones que tenía y se convenció a sí misma de que sólo había cometió algunos errores porque estaba distraída. No obstante, como aquello no había terminado de funcionar, se olvidó de ello preocupándose de todo lo demás.

Carmen encendió otro cigarrillo justo cuando una mujer que había llamado a la emisora de radio decía:

—Bueno, mi problema es que no estoy segura de mí misma, ¿sabe? No estoy segura de quién soy. ¿Esposa? ¿Madre? ¿Hija? Y nadie parece entender la crisis que estoy atravesando ni que necesito espacio para resolverla.

Carmen se quedó mirando la radio y dejó escapar el humo mientras se reía por lo bajo con frialdad.

—Haga algo útil con su vida, señora –dijo antes de seguir leyendo la revista.

◆ ◆ ◆

Aproximadamente a la misma hora, Al tampoco podía conciliar el sueño. Estaba sentado en la habitación de motel, bebiendo una cerveza y fumando un cigarrillo. La habitación estaba a oscuras; la única luz era la que producían las parpadeantes imágenes de la televisión, que por lo demás estaba en silencio. Al miraba las imágenes de la pantalla sin prestarles atención. Como Carmen, estaba sumido en sus propios pensamientos; pensamientos acerca de su última visita a casa. No podía sacárselo de la cabeza. Había estado pensando en ello tanto durante las horas de trabajo como en su tiempo libre. Ni siquiera yendo al cine alguna que otra noche había conseguido evitar la constante repetición mental del recuerdo.

Por supuesto, tenía muchas otras cosas de las que preocuparse. La enfermedad de Stephen, el cambio gradual de su personalidad, y Al no estaba seguro de si le gustaba que fuera amigo de ese chico extraño, Jason, aunque no le había dicho nada a Carmen y no sabía que a veces ella sentía lo mismo. Y, evidentemente, también estaba el tema del dinero; dentro de poco ganaría menos, y eso que apenas tenían suficiente para cubrir todos los gastos con el sueldo que tenía ahora. Sin embargo, a pesar de todo eso, lo que realmente le quitaba el sueño era lo que había ocurrido el fin de semana anterior.

El primer incidente había tenido lugar el viernes por la noche…

Se había sido despertado súbitamente al oír un ajetreo y voces en la casa. Se quedó tendido en la cama un rato mientras escuchaba. Las voces eran apagadas y el ajetreo parecía estar producido por una serie de golpes y refriegas. También oyó música, una música suave, casi inaudible, metálica y… antigua, como si fuera la música de otra época que saliera de las entrañas de un gramófono. Sonidos chirriantes producidos por un altavoz ronco sobre un plato que se ponía en marcha con una manivela. No parecía el tipo de música que les gustaba a los chicos, pero aun así…

Se levantó de la cama procurando no despertar a Carmen y recorrió el pasillo en ropa interior. Los sonidos cada vez parecían más próximos. Se detuvo a escuchar y se dio cuenta de que venían del piso de abajo.

Voces apagadas, música suave y melancólica… era evidente que había algún tipo de celebración en el sótano. Al sospechaba que Jason estaba involucrado de algún modo en aquello; de hecho, probablemente había sido idea suya colar a unos cuantos niños en la casa.

Pero ¿por qué estaban escuchando *aquella* música?

Avanzó lentamente en la oscuridad y, cuando estaba bajando la escalera, se detuvo a medio camino.

No había ninguna luz encendida en el piso inferior, sino que estaba tan oscuro como el resto de la casa. Al frunció el ceño y se quedó unos momentos escuchando con atención.

Aún podía oír las voces y la música, y el sonido de pies moviéndose de un lado a otro de la habitación. Terminó de bajar la escalera con cautela, aunque no sabía muy bien por qué.

Al llegar abajo, oyó la respiración tranquila y somnolienta de los niños. Y, de repente…

Nada más. Sólo la respiración de los chicos. Y la oscuridad.

Las voces y la música se habían detenido.

Al abrió una de las puertas francesas y asomó la cabeza a la habitación contigua.

La hueca oscuridad estaba en silencio, aunque el frío era intenso. Al entró en la habitación y entornó los ojos con incredulidad. Hacía tanto frío allí que estaba convencido de que, si no hubiera estado tan oscuro, habría sido capaz para ver su propio aliento. Parecía una cámara frigorífica. Pensando que quizá alguien había dejado una ventana abierta, dio unos cuantos pasos más en la habitación, pero se detuvo al comprender que, incluso si había una ventana abierta, no hacía *tanto* frío en el exterior.

Entonces, se dio cuenta súbitamente de que ya no hacía frío. Aunque la habitación había recuperado su temperatura habitual, Al seguía teniendo la piel de gallina.

Se quedó pensativo unos instantes, preguntándose cómo podía haber sucedido algo así, pero entonces decidió que no *quería* saberlo y salió de la habitación.

Volvió a oír la respiración de los chicos. Sí, estaban dormidos, no cabía duda. Stephen incluso roncaba un poco; era un ronquido auténtico, no la absurda versión que los niños suelen fingir en el último minuto para evitar que su padre los descubra.

Cuando regresó a la cama, vio que Carmen estaba despierta. Ella le preguntó qué pasaba y él le dijo que volviera a dormirse.

Al, sin embargo, no durmió en toda la noche. Estuvo tendido en la cama, atento por si regresaban las voces y la música. Pero no volvió a oír nada.

La noche siguiente volvió a despertarse, esta vez por culpa de un movimiento. Abrió los ojos de par en par y se quedó mirando la oscuridad mientras la cama vibraba.

No se sacudía ni se zarandeaba; sólo era una leve *vibración*.

Volvió a cerrar lentamente los ojos al decidir que probablemente era el frigorífico poniéndose en marcha en el apartamento del piso superior. Carmen le había dicho que una familia iba a mudarse a él próximamente. Sin embargo, volvió a abrir los ojos al recordar que no iban a llegar hasta dentro de una semana.

El piso de arriba estaba vacío. No había ningún frigorífico.

Se quedó mirando fijamente el techo mientras la cama seguía vibrando. El temblor se trasladó a todo su cuerpo, transmitiéndose a través de sus músculos y enroscándose en sus huesos.

Se levantó y fue hasta la sala de estar, encendiendo todas las luces a su paso. Le temblaban las manos. Vio un rato la tele, fumó, se tomó un par de cervezas y, después, volvió cautelosamente al dormitorio, donde se sentó en el borde de la cama.

La vibración se había detenido.

Pese a estar agotado porque la noche anterior la había pasado en vela, le costó mucho conciliar el sueño. Aunque tenía la sensación de que la vibración podía reanudarse en cualquier momento, no fue así. Finalmente, se quedó dormido y descansó hasta bien entrada la mañana del domingo.

Ahora volvía a estar despierto, mirando sin ver unas cabezas parlantes en la pantalla del televisor, bebiendo una cerveza y llenando de humo el cuarto sumido en la oscuridad.

Era muy probable que, de no ser por Stephen, no le hubiera dado demasiada importancia a ninguno de los dos incidentes. Pero después de las cosas que, según Stephen, había visto y oído…, las cosas que había dicho sobre la casa…

Había algo más, algo en lo que Al no había pensado desde hacía muchos años. De hecho, creía haberlo olvidado del todo, lo que ciertamente no le hubiera importado. Había sucedido años atrás, cuando aún estaba de servicio. Había visto algo que le había provocado pesadillas durante mucho tiempo. De hecho, aún seguía teniendo alguna de vez en cuando. Hasta que había visto aquello…, aquella cosa…, siempre se había reído del mundo sobrenatural, y su risa había sido auténtica. Desde entonces, pese a seguir riéndose, su risa se hizo más nerviosa, y ya no lo hacía con tanta convicción como antes. No le había contado a nadie lo que había visto, ni siquiera a Carmen. No sabía si algún día llegaría a hacerlo.

Pero los sucesos del fin de semana anterior le habían hecho rememorar el incidente de su pasado, recordándole que ya no podía descartar tan a la ligera todas aquellas cosas que era incapaz de comprender.

El traslado no tardaría en llegar y podría mudarse a Connecticut para estar con su familia. Echaba de menos a Carmen y a los niños y tenía muchas ganas de pasar con ellos más tiempo, no sólo los fines de semana.

De lo que no estaba tan seguro era de tener ganas de vivir todo el tiempo en aquella casa.

DIEZ

LLEGAR A UN ACUERDO

Pese a que Stephen sabía que sus padres no aprobarían la música que él y Jason estaban escuchando en su habitación, se dio cuenta de que no le importaba. No siempre había sido así. No hacía mucho, aunque tenía la sensación de que habían pasado muchos años, la aprobación de sus padres lo era todo para él, y la mera posibilidad de que desaprobaran algo que hacía habría sido suficiente para hacer que se lo pensara dos veces antes de tumbarse en la cama y escuchar la voz chillona de Ozzy Osbourne.

Sin embargo, en aquellos momentos Stephen sentía un considerable resentimiento hacia Carmen y Al, el suficiente para que le importara más bien poco lo que pudieran pensar.

El traslado de Al por fin se había hecho efectivo y llevaba en casa la mayor parte de la semana, de modo que entonces había dos personas a todas horas que no le creían y que ni siquiera parecían confiar en él. Esa desconfianza le producía un gran resentimiento, así como la facilidad con la que sus padres le culpaban de cualquier incidente que sucedía en la casa, por nimio que este fuera; le echaban las culpas cuando sus hermanos se asustaban o cuando se perdía o desaparecía algo. Stephen se preguntaba qué sería lo siguiente que le echarían en cara.

Pero no le importaba. Si a ellos no les importaba lo que pensaba él, él también dejaría de preocuparse por lo que pensaban *ellos*.

—Dime, ¿con quién preferirías acostarte? –le preguntó Jason– ¿Con Madonna o Joan Jett? –Estaba tendido en la cama de Michael en la misma posición en la que Stephen estaba estirado en la suya: boca arriba, los tobillos cruzados y las manos debajo de la cabeza, con los codos sobresaliendo a ambos lados.

El día estaba tocando a su fin y la tenue luz del atardecer se filtraba a través de las ventanas. Y, a pesar de eso, todas las luces de la habitación estaban encendidas. Stephen había cogido esa costumbre y lo hacía en cualquier parte de la casa donde se encontrara; no le gustaba estar en una habitación que no estuviera bien iluminada.

—No lo sé –respondió pensativamente–. ¿Cuál de las dos tiene más dinero?

—¿Qué importancia tiene *eso?* Las dos están buenas.

—Sí, pero después de acostarme con ellas, estarán tan agradecidas que querrán inundarme de regalos caros y dinero en efectivo, así que prefiero a la que tenga más pasta. –Por su tono de voz era evidente que se estaba aguantando la risa.

Jason echó la cabeza hacia atrás y se puso a reír.

—¡Eres muy mentiroso, colega! –dijo finalmente, y volvió a reírse un poco más antes de añadir–: Madonna tiene las tetas más grandes.

—¿En serio?

—Ya te digo. Lo sé de primera mano. Te lo voy a demostrar. –Se incorporó en la cama y se inclinó para coger una bolsa de papel marrón que había en el suelo, junto a la cama. La bolsa estaba llena de revistas de rock. Las había traído porque él y Stephen aún no las habían ojeado juntos. Vació la bolsa sobre la cama y empezó a rebuscar entre la pila de revistas.

A Stephen le gustaba Jason por varias razones, entre ellas, porque, a diferencia de las pocas personas con las que había pasado el rato cuando vivía en Hurleyville, Jason molaba. En su antigua escuela había tenido que asistir a todas aquellas malditas clases de educación especial, lo que le había impedido que los niños populares le aceptaran; había terminado pasando el rato con los otros cabezas huecas que iban a esas clases mientras que los niños con los que *realmente* quería estar se divertían metiéndose con él, riéndose a su costa e insultándole.

Bueno, es posible que aquellos chicos tampoco pensaran que Jason molaba, pero era un buen amigo y tenía muchas cosas geniales, como todas aquellas revistas de rock que compraba todos los meses, una gran colección de cintas de casete, un radiocasete para reproducirlas y un montón de pornografía, o al menos eso era lo que Jason aseguraba, porque hasta el momento Stephen no había visto casi nada; aunque era comprensible, ya que Jason tenía que ser muy precavido. A los dos chicos les gustaba más o menos la misma música, sobre todo música pop, pero Jason le había hecho descubrir muchas otras cosas que Stephen no había escuchado nunca… porque sabía que sus padres no lo verían con buenos ojos.

Pero lo que más le gustaba de Jason era que le creía cuando le contaba las cosas que sucedían en la casa. No sólo le creía, sino que consideraba que las historias eran auténticas, como si acabara de leerlas en la portada de un periódico. Nunca había demostrado tener la más mínima duda.

—Sí, sí, aquí está –dijo Jason sosteniendo una de las revistas, un ejemplar antiguo de *Rock Scene.* Bajó de la cama y se sentó en la de Stephen.

Stephen se incorporó y observó la imagen que Jason le indicaba. Era una fotografía de Joan Jett en el escenario, durante uno de sus conciertos. Llevaba puesto un bikini negro muy pequeño.

—¿Lo ves? –dijo Jason– Un gran cuerpo, pero plana como una tabla.

—Sí, pero ¿cuánto dinero tiene? –insistió Stephen, y ambos se rieron hasta que…

Jason dejó de reír de repente, como si se estuviera asfixiando.

Stephen levantó la vista y vio que Jason tenía los ojos muy abiertos, mucho más de lo que creía posible, mientras miraba fijamente algo situado a su derecha. Abrió y cerró la boca varias veces, pero no emitió sonido alguno. Dejó caer la revista en el regazo de Stephen mientras su rostro se quedaba muy pálido.

Stephen miró en la dirección donde estaban clavados los ojos de Jason y, al otro lado de las puertas francesas, distinguió la figura erguida de un anciano.

Stephen sacudió las piernas y cayó torpemente de la cama. Cuando se puso de pie, se giró rápidamente hacia las puertas francesas.

Los dos chicos se quedaron petrificados donde estaban mientras miraban fijamente hacia las puertas.

El hombre tenía la piel blanca. No como la de un payaso, ni como una sábana, ni siquiera era simplemente pálida; era la piel blanca de los cuerpos a los que se les ha drenado la sangre, la vida, un blanco enfermizo, lechoso y turbio. Además, tenía la piel muy arrugada, mucho más de lo que pueden producir los efectos de la vejez, arrugada y flácida de un modo antinatural, como si no hubiera nada entre la piel y los huesos. El poco cabello que le quedaba era de color blanco, fibroso y le colgaba lacio a diferentes alturas. Llevaba un traje oscuro que parecía viejo tanto por el estilo como por su estado; estaba arrugado y andrajoso, incluso sucio. Por las mangas del traje asomaban unas manos blancas y retorcidas, y unas uñas largas y gruesas se curvaban hacia las yemas de los dedos.

El anciano no se movió; se limitó a permanecer frente a los dos muchachos. Habría podido mirarlos si hubiera tenido algo más que dos esferas blancas, opacas y vidriosas en las cuencas de los ojos.

Aunque Jason fue el primero en salir corriendo, Stephen le siguió de cerca. Aumentaron el ritmo al atravesar rápidamente las puertas francesas y, luego, subieron ruidosamente las escaleras. La música seguía sonando en la habitación.

Cuando estaban en mitad del pasillo, Carmen salió del comedor y espetó:

—¿Por qué siempre tenéis que bajar *corriendo* las malditas escaleras? ¿Cuántas veces os he dicho que…? —Se detuvo al fijarse mejor en sus caras y comprender que estaban jadeando de miedo y no por el esfuerzo.

Stephen señaló hacia atrás y dijo:

—Hay uuun… heeemos… viiisto a uuun *hombre*…

—Por Dios, Stephen, otra vez no. —Al principio, la voz de Carmen sonó cansada, como si Stephen le hubiera dicho que tenía que volver a subir corriendo una cuesta muy empinada. Sin embargo, el enojo no tardó en teñir su voz—. Maldita sea, Stephen, estoy empezando a cansarme y a…

—¡Pero es *verdad*! —insistió Jason—. Había un anciano ahí abajo. ¡Estaba ahí de pie, mirándonos!

Carmen se limitó a mirarlos, pasando la mirada del uno al otro, sin decir nada y con semblante severo. Entonces dijo:

—Menos mal que Al no está en casa, Stephen.

—¿Dónde está?

—En el supermercado. Está más que harto de toda esta historia de las apariciones en tu habitación. Y yo también. Te estás ganando una buena temporada castigado si sigues…

—¡Pero no soy sólo *yo!* –insistió Stephen, frustrado.

—No, señora Snedeker, es verdad –intervino Jason–. Yo también lo he visto. *¡Antes* que Stephen!

Carmen hundió los hombros y dejó escapar un largo suspiro.

—De acuerdo, vamos. –Y se dirigió hacia la escalera.

Mientras los chicos la seguían, Stephen murmuró:

—Allá vamos otra vez. Aquí no hay nada…, te lo estás inventando…, deja de mentir… –Miró a Jason y puso los ojos en blanco.

Carmen se colocó delante de los chicos al pie de las escaleras. No pudo evitar una mueca ante la música que salía del radiocasete de Jason en la mesita de noche entre las dos camas.

—Vale, ¿dónde estabais? ¿Qué estabais haciendo?

—Estábamos en la cama –dijo Stephen.

—Y…, hmmm…, ¿estaba sonando esa música?

Los dos chicos asintieron.

—Estábamos mirando revistas de rock –dijo Jason.

Carmen miró con desagrado la revista que había sobre la cama, abierta por una página en la que aparecía una mujer casi desnuda de aspecto enojado. La apartó y se sentó en la cama de Stephen.

—Está bien –dijo–. Volved al piso de arriba. Salid si queréis, no me importa. Pero iros.

—¿Qué vas a…? –preguntó Stephen.

—*Largaos* de aquí. –Parecía lo suficientemente cabreada como para que los dos chicos se dieran cuenta de que no era buena idea seguir haciendo preguntas.

Cuando se hubieron marchado, Carmen miró hacia las puertas francesas.

«Está bien, Carm –se dijo a sí misma en voz baja–, ¿qué demonios estás haciendo?».

Aunque era difícil pensar con el estruendo que salía de los altavoces detrás de ella, decidió que iba a aceptar el reto de Stephen. Se quedaría sentada en la cama, observando y esperando a ver qué veía. Las condiciones eran exactamente las mismas que cuando los chicos aseguraban haber visto al anciano. Se estaba dando a ella misma la oportunidad de verlo también, eso era todo.

Su voz interior le habló entonces, despedazando la sensación de autosatisfacción y seguridad en sí misma.

«¿Dándote la oportunidad de verlo? –le susurró–. ¿No querrás decir mejor que estás dándole la oportunidad de que finalmente se muestre ante ti? ¿No quieres decir que estás esperando que lo que sea que ha estado moviendo cosas…, haciéndolas desaparecer…, hable contigo con una voz familiar en una habitación vacía? Por supuesto que eso es lo que estás haciendo…, lo quieras admitir o no…».

Carmen sacudió la cabeza bruscamente para librarse de aquella voz tan penetrante.

Se inclinó hacia delante, apoyó los codos en las rodillas, la barbilla en los puños, y siguió observando las puertas francesas, esperando.

La música era horrible y, cuando prestó atención a la letra, decidió que hablaría con Stephen acerca de la música que podía poner bajo su techo.

Mientras esperaba, y pese a hacer todo lo posible por evitarlo, su mente continuó dándole vueltas a aquella voz interior, a las cosas que le habían estado sucediendo en la casa… y entonces le pareció oír un movimiento cauteloso en otra parte del sótano.

Se enderezó y escuchó atentamente con las manos entrelazadas entre las rodillas.

No oyó nada, salvo aquella horrible música.

Entonces terminó la canción, si se podía llamar de aquel modo, e inmediatamente después, empezó otra.

¿Había oído el sonido de más movimientos durante el breve silencio entre una canción y la siguiente? ¿Estaba cada vez más cerca? ¿O era sólo…

«…tu imaginación?», murmuró su voz interior.

De repente, tuvo la sensación de que la piel se le secaba alrededor de los huesos.

Se le erizó el vello en la base del cráneo.

Aunque Carmen intentó permanecer atenta a los sonidos que había creído oír procedentes de las zonas más recónditas del sótano, pese a intentarlo con todas sus fuerzas, no pudo quedarse allí ni un minuto más y bajó de un salto de la cama.

En mitad de las escaleras, trató de reducir su paso apresurado y respirar con más calma. Cuando llegó al pasillo superior, había recuperado lo que esperaba que fuera su apariencia normal. Sin embargo, por dentro aún se sentía helada, inestable y asustada... Pero ¿asustada de qué?

—¿Dónde estabas? –le preguntó Al desde la cocina.

Su voz la sobresaltó. No le había oído entrar. Al no estar segura de cuánto tiempo había estado en el sótano, se sintió un poco culpable, casi como una niña a la que han sorprendido haciendo algo que no debería estar haciendo.

—En el sótano. –Entró en la cocina y lo encontró metiendo en el frigorífico la comida que había ido a comprar.

—¿Qué les pasa a Stephen y Jason? Me los he encontrado sentados en la entrada... No sé, como si hubieran hecho alguna trastada o algo así.

—Ah, ¿sí? Bueno, hace un rato han subido corriendo las escaleras y me han dicho que habían visto a un fantasma. Otro fantasma, mejor dicho.

—Mierda. –Al abrió una cerveza, cerró el frigorífico y dio un par de sorbos. Cuando miró a Carmen, su semblante era sombrío, con aquella expresión medio enojada y exasperada–. Vale, se acabó –dijo al tiempo que salía de la cocina–. Esto ya pasa de castaño oscuro. –Salió por la puerta principal y dijo con firmeza–: Vale, Jason, creo que ya va siendo hora de que vuelvas a tu casa.

Los dos chicos levantaron la cabeza para mirarlo.

—Pero sus padres están... –dijo Stephen.

—Lo siento, pero Jason tiene que marcharse a su casa.

—¿Puedo coger mis cosas de la habitación de Stephen?

—Claro.

Carmen se quedó en la parte superior de las escaleras mientras Al bajaba con los chicos y esperaba a que Jason recogiera sus cosas, se despidiera y se marchara. Entonces Al señaló a Stephen con el dedo y le dijo:

—No más fantasmas, ¿me entiendes? Ya tenemos bastante. No más voces, no más personas en tu habitación, ya está, se ha *acabado*. Una palabra más sobre cualquiera de esas cosas y lo lamentarás. Y empezarás quedándote aquí abajo el resto de la noche. Ni televisión, ni música, y se acabó esa basura que he oído hace un rato, ¿lo has entendido? No quiero esa mierda en esta casa. Puedes ir al baño y volver. Eso es todo. No quiero oírte decir nada más hasta mañana. ¡Y apaga unas cuantas luces! ¡Las tienes todas encendidas! Como la próxima factura suba mucho, la vas a pagar *tú*.

Cuando Al empezó a subir las escaleras, Carmen esperó la réplica de Stephen, quejándose, protestando a su espalda. Pero la habitación estaba silenciosa. Al dio otro trago de cerveza al pasar junto a ella.

—¿No crees que te has pasado, Al?

—¿Por qué? ¿Tú no estás harta de todo eso? ¿Qué otra cosa podemos hacer? ¿*Alentarle*? La próxima vez el castigo será peor. No podrá salir de casa, o se quedará sin ver la tele o usar el teléfono o… o alguna cosa. Ya tengo más que suficiente de esa mierda de *La dimensión desconocida*.

Al se marchó a la sala de estar y encendió el televisor.

Stephanie estaba en el patio trasero con Peter y, Michael, en la calle, jugando con un amigo; era hora de avisarles para que volvieran a casa. Pero primero quería hablar con Stephen. Se sentía en parte responsable de la bronca que había recibido porque había sido ella la que le había dicho a Al lo que él y Jason habían «visto».

Por supuesto, no le había contado a Al su pequeño experimento posterior, cuando se había sentado en la habitación esperando ver *algo*.

Cuando bajó al sótano, se encontró a Stephen tendido en su cama, con la vista clavada en el techo y las manos detrás de la cabeza. Se sentó al borde de la cama y le dijo:

—Siento lo de la bronca, pero creo que…

—¡Me importa una mierda lo que pienses! –estalló Stephen con los dientes apretados y sin mirarla.

Carmen dio un gritito ahogado y se puso de pie.

—¡No vuelvas a hablarme así o te daré tal bofetada que terminarás con la boca en la nuca, jovencito!

En voz muy baja y con la mandíbula aún apretada, Stephen dijo:

—A ti no te importa lo que yo piense, por tanto, a mí tampoco me importa lo que tú pienses. Si no quieres escuchar lo que tengo que decirte, yo no quiero escuchar lo que tú tengas que decirme.

Cuando volvió a hablar, a Carmen le temblaba la voz.

—Sea lo que sea lo que te pase, Stephen, espero que por la mañana se te haya pasado. Lo digo muy en serio. Este tipo de comportamiento es intolerable en esta casa, así que será mejor que dejes de sentir pena de ti mismo o lo que sea que te pase. Ahora mismo. Puede que seas un adolescente, ¡pero aún no eres demasiado mayor para recibir unos buenos azotes en el trasero!

Se dio la vuelta enérgicamente y subió las escaleras para ir a buscar a sus otros hijos.

◆ ◆ ◆

Cuando Carmen se hubo marchado, Stephen se desvistió para meterse en la cama. Todavía no había apagado las luces de su habitación. En el exterior era noche cerrada; el sol se había puesto del todo. Si apagaba las luces, parte de esa oscuridad se colaría dentro, y Stephen no quería que pasara eso.

Por tanto, se metió en la cama con la habitación completamente iluminada; incluso las luces de la cabecera de la cama estaban encendidas.

Se puso de lado e intentó relajarse, pese a saber que tardaría un buen rato en conciliar el sueño. Estaba demasiado molesto, tanto que, de hecho, estaba experimentando sentimientos desconocidos para él hasta entonces. Tenía ganas de… romper algo, coger cualquier cosa y aplastarla contra la pared con todas sus fuerzas. La frustración le producía una congestión viscosa en el pecho que parecía filtrarse hasta las costillas y presionarle los músculos y la carne.

Cerró los ojos con fuerza para bloquear completamente la luz y presionó la cabeza contra la almohada.

—¿Stephen?

Abrió los ojos de golpe.

Estaba sólo en la habitación.

—¿Stephen? ¿Estás preparado? –preguntó la voz con la misma delicadeza de siempre.

Permaneció inmóvil durante un buen rato, esperando que la voz continuara hablando. Pero no lo hizo, de modo que Stephen abrió la boca, dedicó unos momentos a preguntarse si estaba seguro de querer hacerlo y entonces dijo:

—Sí.

—Ése es mi chico.

—Pero… sólo si me dejas en paz. Yo… hmmm… –Se incorporó un poco sobre la cama– … Haré todo lo que quieras si me dejas en paz, ¿de acuerdo?

Oyó aquella risa tan familiar, como cubitos de hielo chocando en el interior de un vaso.

—Muy bien. *Muy* bien. Tenemos un trato, muchacho.

—¿En serio? ¿Es un trato? ¿Me… dejarás en paz?

—Primero tendrás que cumplir tu parte del trato. Harás todo lo que yo quiera, como has dicho. Después… ya veremos.

Stephen oyó cómo alguien bajaba por las escaleras y volvió a tumbarse rápidamente en la cama.

—¿Hablas con alguien? –preguntó Michael.

—Naaa. –Stephen se cubrió la mitad de la cara con la sábana, temeroso de que su hermano se diera cuenta de que estaba mintiendo.

—Me ha parecido oír que hablabas con alguien.

—Ya te he dicho que no.

—Vale, vale. Mamá y papá dicen que debo asegurarme de que todas las luces estén apagadas. Al menos, la mayoría.

Stephen pensó en aquel momento, se imaginó la habitación con menos luz, incluso completamente a oscuras. Por primera vez desde que se habían mudado a la casa, la idea de estar a oscuras no le resultaba tan aterradora; incluso le parecía ligeramente reconfortante.

—Sí –dijo–. Adelante. Pero deja una encendida.

—¿Estás bien, Stephen?

De repente, Michael le pareció un incordio. Quería pensar, reflexionar acerca de lo que acababa de pasar, pero su hermano no se callaba. Se tumbó boca abajo, se tapó completamente con la sábana y gruñó:

—Claro que estoy bien, maldita sea. ¿Qué te pasa a ti?

Cuando Michael volvió a hablar, parecía molesto con él.

—N… nada. Sólo era una pregunta. –Empezó a subir las escaleras–. Ahora mismo vuelvo.

Pero Stephen no le respondió. Estuvo un buen rato despierto, pensando en lo que había hecho y preguntándose qué trato acababa de hacer… y con quién.

ONCE

CAMBIOS

Los cambios que tuvieron lugar en el seno de la familia Snedeker durante los meses siguientes fueron muy sutiles, aunque no tanto como para pasar desapercibidos para Al y Carmen. Con la única excepción de los cambios que se estaban produciendo en el comportamiento de Stephen, apenas discutían sobre ellos.

Su vida continuó como siempre, con los problemas y los logros habituales. Iban a la iglesia todos los domingos, se ocupaban de sus responsabilidades comunitarias y escolares durante la semana y, de vez en cuando, alquilaban una película de vídeo. Un observador ajeno a la familia sólo habría detectado una diferencia importante, y ésta era que la familia parecía haberse adaptado a su nuevo hogar y que finalmente se sentían cómodos en él.

No obstante, los cambios no eran externos, por lo que una persona ajena a la familia habría sido incapaz de descubrirlos. De hecho, tampoco eran visibles para algunos de sus miembros. Eran cambios que estaban produciéndose bajo la epidermis, que crecían lentamente y que se estaban extendiendo como el cáncer que había afectado a Stephen, aunque en este caso nadie se ocupaba de ellos y no había tratamiento alguno.

Sin saber que el otro estaba haciendo lo mismo, Al y Carmen se esforzaron por aferrarse a ese exterior estable mientras intentaban ignorar los pequeños incidentes que continuaban produciéndose a su alrededor;

sucesos sin importancia que, individualmente, podían considerarse, en el mejor de los casos, insignificantes. No obstante, al observarlos en conjunto, aquellos mismos incidentes tenían un patrón que Al y Carmen preferían ignorar o darles la espalda. De modo que hicieron todo lo posible por ignorarlos y se aferraron más que nunca a aquel exterior normal e higiénico que habían construido a su alrededor.

Y, durante todo este tiempo, el comportamiento y la personalidad de Stephen continuó transformándose. Más tarde, Al y Carmen asegurarían que el cambio había sido instantáneo, pero sólo porque los cambios iniciales fueron tan graduales y sutiles que, cuando se completó la transformación, los pilló completamente por sorpresa.

Hubo muchas cosas en los meses subsiguientes que pillaron desprevenidos a los Snedeker.

◆ ◆ ◆

—Parece que las cosas os van bien, ¿no? –le dijo Tanya a Carmen un día mientras le cambiaba el pañal a su hija. Carmen estaba en el sofá bebiendo una cola *light* y disfrutando del sonido de los arrullos y balbuceos del bebé.

—¿Qué quieres decir?

—Bueno, dijiste que Stephen está mejor y…

—No, no. Dije que el cáncer había entrado en remisión. Eso no significa que no pueda reproducirse, sólo que por ahora está bien. Estamos muy agradecidos, por supuesto, y nos hemos puesto en las manos de Dios.

—Sí, pero las cosas han mejorado, ¿no? Es decir, Stephen está mejor por el momento, tú pareces…, no sé, más tranquila, supongo. Como si no estuvieras tan tensa y ansiosa. Supongo que aún tienes muchas preocupaciones, por supuesto, con la mudanza y el cáncer de Stephen. Pero pareces… más feliz. ¿Tiene eso algún sentido?

—Sí, supongo que sí –reconoció Carmen con el ceño fruncido. Por supuesto, aquél era el efecto que había deseado; el problema era que hasta entonces no se había dado cuenta de que lo había conseguido.

—Ahora vuelvo –dijo Tanya mientras cogía en brazos al bebé–. Voy a acostarla un rato.

Carmen asintió distraídamente y volvió a sumergirse en sus pensamientos.

Lo cierto es que no se *sentía* feliz ni a gusto. De hecho, había días en los que, si se dejaba llevar, incluso se cuestionaba su propia cordura y se preguntaba si tal vez el estrés de la enfermedad de Stephen y la repentina mudanza le habían provocado algún tipo de reacción diferida o, quizá, incluso un ataque de nervios.

A veces, cuando estaba sola en casa e iba de una habitación a otra, captaba un movimiento por el rabillo del ojo, un destello gris que se movía de un mueble a otro.

Al principio, pensó que era Willy; normalmente lo tenían encerrado en el sótano, pero a veces se colaba en la sala de estar y correteaba por ella mientras jugaba al escondite con la familia. Sin embargo, siempre que había visto el movimiento borroso a su derecha o izquierda, el hurón estaba encerrado. Y cuando lo investigaba, nunca encontraba nada.

En dos ocasiones, mientras estaba de pie en la cocina de espaldas al frigorífico –una vez fregando los platos y, la otra, picando verduras–, había notado una corriente de aire frío en su espalda, como si la puerta del frigorífico se hubiera abierto de golpe. Pero, al darse la vuelta, la había encontrado cerrada. El aire frío se había desvanecido rápidamente, como si nunca se hubiera producido el brusco descenso de la temperatura, si es que se había producido.

Además, en otras dos ocasiones, se había despertado en mitad de la noche porque la cama había empezado a vibrar, casi como si estuviera en una de esas horteras camas de motel que funcionan con una moneda… aunque en este caso la vibración no había producido ningún sonido. Al continuó durmiendo como si nada. En ambas ocasiones, Carmen se había levantado para fumar un cigarrillo e ir al baño y, al volver a la habitación, la vibración se había detenido.

Cada vez que pasaba algo así –movimientos, vibraciones, sangre en el suelo de la cocina o voces que creía haber oído cuando estaba segura de que no había nadie más en casa–, pensaba en Stephen, en las cosas que había dicho sobre la casa, lo que supuestamente había visto, pero también pensaba en todos los cambios que había experimentado desde que se habían mudado allí.

Para empezar, el miedo a bajar las escaleras; aquello era muy extraño en él, ya que, a pesar del trato que había recibido por parte de sus compañeros de clase, había conseguido seguir siendo un niño extrovertido e incluso un poco agresivo que había tenido miedo sólo cuando estaba justificado y no cuando no había nada que temer.

Pero, últimamente, parecía estar ocurriendo algo más. No era algo físico, como las inevitables consecuencias del tratamiento de cobalto; era más bien un cambio de personalidad. El primer indicio fue cuando le gritó desde la cama la noche en que Al le había echado la bronca.

«Me importa una mierda lo que pienses», le había dicho, y sus palabras se le habían clavado en el corazón como cuchillas oxidadas. Nunca le había dicho algo semejante y le había hecho mucho daño. Ella había respondido al dolor con ira, pese a que en realidad habría querido arrodillarse junto a su cama llorando y preguntarle: «¿Por qué me hablas así, cielo? ¿Por qué?».

Pero eso sólo había sido el principio. En las semanas posteriores se había vuelto muy reservado. Sólo parecía interesado en alejarse lo más posible de la familia. Para que hablara tenían que arrancarle las palabras, e incluso entonces parecía como si estuviera hablando con personas que le merecían el mayor de los desprecios. En tres ocasiones le dijo cosas horribles y muy groseras a Carmen que a ésta le dolía incluso recordar. Y cuando se las dijo, su *rostro* parecía distinto; tenía la piel de la cara estirada, como si fuera un reptil.

A veces, Carmen se preguntaba si aquel cambio que había experimentado también se habría producido si no hubieran ignorado las cosas que había dicho sobre la casa, o si no se hubieran mudado a aquel lugar.

—¿… cenar esta noche, Carmen?

Ésta se enderezó sobre el sofá con los ojos muy abiertos y, al darse la vuelta, vio a Tanya de pie delante de ella con las manos en las caderas.

—¿Cómo? –dijo Carmen– Disculpa, ¿qué decías?

—¿Que qué tienes pensado hacer para cenar esta noche?

—Ah, bueno, hmmm…, no estoy segura, la verdad. –Estaba nerviosa, inquieta, como si Tanya hubiera estado observando sus pensamientos sin que ella se diera cuenta–. ¿Y tú?

—Oh, probablemente algo congelado. Benjamin llegará tarde de trabajo esta noche.

Carmen sugirió que, en lugar de comer sola, Tanya y el bebé podían ir a cenar a su casa, siempre y cuando no les importara comer algo sencillo. Tanya aceptó encantada.

—¿Sabes qué? –dijo–. En todo este tiempo creo que sólo he estado en tu casa una vez, y sólo durante unos minutos.

Tras pensarlo un poco, Carmen decidió que su amiga tenía razón. Y entonces se preguntó por qué había tardado tanto tiempo en invitarla a comer. Al fin y al cabo, pasaba muchas horas en casa de Tanya.

«¿Quizás te avergüenzas de tu casa? –le dijo la voz interior–. ¿Tienes miedo de que vea o escuche algo?».

Carmen apartó la mirada, parpadeó varias veces y descartó inmediatamente aquel pensamiento.

Carmen estaba preparando la cena cuando sonó el timbre. Tanya entró sonriente con el bebé en los brazos.

No obstante, su sonrisa vaciló ligeramente y frunció el ceño al mirar a su alrededor.

—Huele muy bien –dijo, recuperando rápidamente la sonrisa inicial.

Aunque Carmen se dio cuenta, decidió no ahondar en el tema.

—Estofado, patatas y verduras. Como te he dicho, algo sencillo. ¿Quieres beber algo?

Tanya cogió una cerveza y Carmen un refresco *light* y ambas se sentaron a la mesa del comedor. Tanya tenía en su regazo al bebé, quien no dejaba de arrullar con satisfacción y de mirarlo todo con los ojos muy abiertos.

—¿Dónde están los niños? –preguntó Tanya.

—Afuera. Salvo Stephen, que está en el sótano.

—Creía que no le gustaba.

—Eso era antes. Ahora se pasa el día ahí abajo. Incluso ha sugerido la posibilidad de volver a su antigua habitación. No sé, parece… –Se encogió de hombros, pero no continuó.

Tanya volvía a tener el ceño fruncido. Estaba mirando hacia su izquierda, como si hubiera visto a alguien o algo.

—¿Qué pasa?

Tanya parpadeó y volvió a mirarla.

—Hmmm…, nada. Creía haber…, no lo sé.

—Quizá ha llegado Al. Debe de estar al caer.

Mirando de nuevo a su izquierda, Tanya murmuró:

—No, no lo creo… Da igual. –Sonrió y dijo con una alegría un tanto forzada–: ¿Puedo ayudarte con la cena?

—No, tú relájate.

Charlaron un rato más. A medida que la conversación avanzaba, Tanya parecía cada vez más incómoda, como si la silla en la que estaba sentada no terminara de gustarle. Carmen advirtió varios tics nerviosos en su rostro y cómo movía los ojos en todas direcciones. También se dio cuenta de que cada vez sostenía al bebé más cerca de su cuerpo.

—¿Te pasa algo, Tanya? –le preguntó en voz baja.

—¿Qué? Hmmm…, no. Es decir…, hmmm… –Volvió a mover los ojos en todas direcciones y esbozó una sonrisa nerviosa–. Lo siento. –Bajó la mirada, dio un trago de cerveza y le dio un beso en la cabeza al bebé.

—¿Por qué te disculpas?

Tanya continuó un buen rato con la vista baja.

—¿Te sabría muy mal si no nos quedamos a cenar, Carmen?

Carmen se encogió de hombros.

—Bueno, creía que…

—En realidad no tengo mucha hambre y, normalmente, acuesto a la niña bastante pronto. Además, hmmm… –Se levantó–. ¿Podríamos posponer la invitación para otro día? ¿O por qué no venís a casa el próximo fin de semana y hacemos una barbacoa?

Carmen también se puso de pie.

—Espera, Tanya. Un momento. –La siguió por el pasillo. Tenía una extraña sensación en la nuca, como si algo no terminara de ir bien–. ¿Ocurre algo? ¿Qué te pasa?

Tanya no la miró a los ojos cuando alargó la mano hacia el pomo de la puerta.

—Esto… Carmen, estoy, eh… –Tanya volvió a reírse; fue una risa susurrante e irregular que traqueteó en su garganta. Abrió la puerta unos centímetros, se volvió tímidamente a Carmen y le preguntó:

—¿Me prometes que no vas a reírte?

—Por supuesto que no voy a reírme, Tanya. ¿Qué ocurre?

—Es sólo que no… no me siento cómoda aquí.

—¿Cómo? ¿Qué quieres decir con eso de que no te sientes…?

—Es la casa. Hay… hay algo, hmmm… –Tanya sacudió la cabeza e hizo ademán de marcharse. Carmen se lo impidió agarrándola por el codo con un poco más de fuerza de la necesaria. El corazón le latía aceleradamente, incluso notaba los latidos en el cuello, y tenía miedo de hacer la pregunta que quería hacer.

—¿Qué le pasa a la casa, Tanya?

Ésta tardó unos segundos en responder y, cuando lo hizo, habló en susurros.

—No estoy segura. Pero hay algo…, hmmm…, algo maligno. No es sólo la casa, también el… *aire.* Haga lo que haga, no puedo dejar de percibirlo. Es como si estuviera atrapada en una habitación que cada vez se hace más pequeña, no sé si me explico. Es una sensación claustrofóbica.

—Pero ya habías estado antes aquí y no notaste nada…

—Sólo estuve unos minutos, no tanto como hoy. No creo que tuviera tiempo de ver algo. Y no…

—¿Ver algo? ¿Qué has visto? –Carmen tenía la boca seca y áspera y las palmas de las manos sudorosas. Soltó a Tanya y se frotó las manos contra las caderas para secárselas–. Antes no me has dicho que habías visto algo.

Tanya volvió a emitir una risa nerviosa.

—No era nada, Carmen, sólo…

—¿Qué has visto?

—No estoy segura. He visto…, bueno, me ha parecido ver algo moviéndose por el pasillo. Algo muy rápido y pequeño. Seguro que no era nada. He debido de imaginarlo –otra risa nerviosa– y no creo que vaya a ser una buena compañía, eso es todo. Bueno, nos vemos más tarde, ¿vale? –Abrió la puerta–. Llámame esta noche y hacemos planes para el fin de semana, ¿de acuerdo? –Salió al porche y añadió–: Una barbacoa. En nuestra casa. Hasta luego.

Atravesó apresuradamente el jardín en dirección a su casa.

Carmen se quedó un buen rato en la puerta después de que Tanya se hubiera ido. Después, la cerró de un portazo y se apoyó en ella con los ojos cerrados.

Un montón de pensamientos se acumularon en su mente y trató de contenerlos. «Tal vez –pensó–, yo tengo la culpa, por todas las cosas que le he contado sobre Stephen, sobre las cosas que éste ha dicho de la casa, sobre lo que los niños aseguran haber visto y oído».

Olió a comida, recordó que tenía un asado en el horno y corrió a la cocina para terminar de preparar la cena mientras trataba de ignorar el temblor en sus manos.

◆ ◆ ◆

Al también había estado tratando de ignorar muchas cosas.

Como la música y las voces que subían del sótano, por ejemplo. Las había vuelto a oír varias veces. Las suficientes, de hecho, para que ya no se levantara de la cama cuando pasaba; se quedaba tendido mirando la oscuridad, escuchando.

A veces la cama también vibraba, como ya ocurriera aquella primera noche. Evidentemente, los vecinos del piso superior ya se habían instalado –Terrence y Linda Vanowen y el hijo y la hija de ambos, personas amables y educadas–, por lo que Al podía recurrir a la teoría del frigorífico para descartar la posibilidad de que la cama estuviera vibrando de verdad; aunque al principio tuvo que hacer un gran esfuerzo, consiguió convencerse a sí mismo, y alguna cerveza de más antes de acostarse le ayudaban a conciliar el sueño a pesar de los perturbadores pensamientos que trataba de sepultar.

Sin embargo, incluso cuando dormía razonablemente bien, por la mañana no tenía esa sensación, sino más bien como si se hubiera pasado la noche dando vueltas entre sábanas empapadas de sudor. Lograba pasar el día con la ayuda de grandes cantidades de café y se preparaba para ir a la cama abriendo la primera cerveza en cuanto entraba por la puerta.

Una noche, mientras estaba tumbado en la cama despierto, aunque con los ojos cerrados, se preguntó si no estaría bebiendo demasiada cerveza, si tal vez aquella podría ser la causa que explicaba las cosas que había estado oyendo, sintiendo y pensando últimamente; tal vez, sólo *tal vez,* Stephen tenía razón acerca de la casa. Pero después se dijo a sí mismo que había estado bebiendo más por *culpa* de todas esas cosas. La idea de dejar de beber le parecía inconcebible; si lo hiciera, se volvería loco y le diría a Carmen todo lo que pensaba, lo que, ciertamente, daría la *impresión* de que estaba loco.

Algún tiempo después, con el sonido constante y relajante del despertador marcando los minutos sobre la mesita de noche, Al se quedó dormido…

Se despertó súbitamente y se dio cuenta de que estaba temblando. Su primer pensamiento fue: «Oh, Dios mío, ahora ya no sólo vibra, ¡sino que está temblando! ¡Temblando!».

Pero, en realidad, era Carmen, que le estaba sacudiendo el hombro con fuerza mientras susurraba:

—Al. ¡Al! ¡Despierta, Al! ¡La cama! ¡La cama!

—¿Qu… qué? –Al se enderezó con los ojos entrecerrados a pesar de la oscuridad. Parpadeó varias veces enérgicamente, como si se le hubiera metido algo en los ojos.

—¡La cama, Al, la *cama!*

En cuanto se desperezó de la espesa niebla del sueño, Al comprendió que estaba sucediendo otra vez. La cama estaba vibrando. El silencioso zumbido le recorría todo el cuerpo, enroscándose en sus huesos como si fuera un cordel.

Pensó con rapidez y tomó una decisión. Si a él le funcionaba, también funcionaría con ella.

—¿Qué problema hay? –preguntó mientras hacía todo lo posible para que Carmen no se diera cuenta de que tenía prisa al apartar las sábanas y salir de la cama. Se frotó los ojos y se pasó los dedos bruscamente por el pelo.

—¿No lo notas? –dijo Carmen, aumentando el tono de voz. Estaba de pie al otro lado de la cama con el camisón de Opus el pingüino–. Está vibrando, ése es el problema. Presta atención.

—¿A qué?

—¡Tú presta atención!

Al contuvo un estremecimiento al apoyar una mano sobre la cama y sentir cómo la familiar y extraña sensación le subía por el brazo. Al cabo de un momento, apartó la mano, le hizo un gesto de asentimiento con la cabeza a Carmen y dijo:

—Sí, ¿y?

—¿Y? ¿*Y?* La cama está vibrando, Al. ¿Qué está pasando? ¿Por qué lo hace?

—Viene del piso de arriba –dijo en voz baja, pausadamente, con el tono uniforme y cargado de indiferencia que produce la somnolencia.

—¿Y qué lo produce?

—El frigorífico de arriba, eso es todo. Se enciende y empieza a vibrar. La vibración se transmite hasta aquí y la sentimos en la cama. No es nada más que eso. Vuelve a la cama. Dentro de un rato parará.

Cuando Al se dio la vuelta para ir al cuarto de baño, Carmen se lo quedó mirando con los labios entreabiertos.

Una vez en el baño, Al encendió la luz y cerró la puerta con el pestillo. No tenía ninguna urgencia, pero era el único lugar al que podía ir en mitad de la noche sin tener que darle a Carmen ningún tipo de explicación.

Bajó la tapa del inodoro y se sentó en él, con los codos apoyados en las rodillas, la cara en las palmas de las manos y dejó escapar el aire lentamente. Esperaba que la vibración se hubiera detenido y su mujer se hubiera vuelto a dormir. Incluso rezó en silencio para que así fuera. Al cabo de un rato, se santiguó, se levantó y se detuvo al oír un ruido procedente del exterior de la casa. El ruido se repitió varias veces, se detuvo unos instantes y después se reanudó.

Al tenía el ceño fruncido cuando salió del cuarto de baño. «¿Y ahora qué?», murmuró.

Era un perro, ladrando. Estuvo a punto de ignorarlo y volver al dormitorio, pero estaba tan cerca que pensó que no le costaba nada echar un vistazo.

Fue hasta la ventana del comedor que daba a la calle, y que parecía ser la más próxima a los ladridos, y apartó las baldas de la persiana con dos dedos.

Una luna reluciente proyectaba una luz tenue sobre la calle, como un moretón luminiscente. Había un perro de gran tamaño en el límite del parterre delantero ladrando en dirección a uno de los extremos de la casa. Dada la escasa luz, era difícil determinar la raza del animal. Ladraba como lo haría un perro que pretende alertar a su dueño de la presencia de un intruso o como lo haría al propio atacante; eran ladridos agresivos, continuados y salpicados de gruñidos y rugidos.

Al no había visto nunca a aquel perro y no pudo determinar si llevaba collar o no. Se quedó un rato inmóvil, observando al perro mientras éste seguía ladrando sin cesar. Tenía la esperanza de que dejara de hacerlo y se fuera, pero no ocurrió ni lo uno ni lo otro. Todo lo contrario, los ladridos cada vez sonaban más enojados, amenazantes y terriblemente violentos.

Al notó cómo le caía una gota de sudor de la sien y se pasó el dorso de la mano por la frente. Estaba sudando y el corazón le latía con fuerza.

«Es la casa –pensó–. Está ladrando a la casa porque… porque le da miedo».

Apartó la mano de la persiana, dio un paso atrás y se quedó allí de pie, observando la persiana cerrada mientras el perro seguía ladrando… y ladrando… y ladrando…

◆ ◆ ◆

Los secretos crecieron como tumores en el hogar de los Snedeker.

Carmen no le contó a Al que había oído a alguien riendo en la cocina pese a que estaba sola en la casa.

Al no le contó a Carmen que un fin de semana había oído unos pasos siguiéndole por toda la casa pero que no había visto a nadie.

Y Stephen sólo les hablaba cuando no quedaba más remedio. Cuando no estaba en la escuela, se pasaba la mayor parte del tiempo en su habitación, normalmente en compañía de Jason, quien traía cintas de casete para escuchar, las últimas novedades de los principales grupos de *heavy metal,* las letras de cuyas canciones trataban casi exclusivamente de sexo y muerte, violencia y suicidio, tortura y necrofilia. Ya no hacía prácticamente nada con Michael, sobre todo porque éste quería hacer muchas actividades y estaba interesado en cosas que no tenían ningún atractivo para Stephen. Como resultado de ello, Stephen se estaba planteando seriamente trasladarse a la habitación que le habían asignado en un principio.

La idea de tener una habitación propia le resultaba, una vez más, muy atractiva.

De ese modo nada podría interrumpir las voces…

Un día, a última hora de la noche, Stephen estaba tumbado en la cama, escuchando los ladridos de un perro en el exterior de la casa.

Aunque no era la primera vez que los oía, no les había prestado mucha atención hasta que su padre se había quejado de ellos una mañana durante el desayuno, antes de marcharse a trabajar. Al había dicho que debían descubrir de quién era el perro y llamarle; llevaba ladrando varias noches seguidas delante de la casa.

Empujado por la curiosidad, Stephen se levantó de la cama y subió las escaleras, moviéndose con soltura en la oscuridad. Se acercó a la ventana del comedor y vio al perro en la calle, iluminado por la luz de la luna. Estaba ladrando y gruñendo hacia una de las esquinas de la casa. Ni a una ardilla ni a un gato, no, simplemente estaba ladrando a la casa.

Aunque no fue consciente de ello, una sonrisa apareció en la comisura de sus labios.

De modo que no él era el único. El perro parecía saber que en aquella casa había una presencia extraña, que en ella moraba alguien más aparte de una madre, un padre y cuatro hijos.

El perro sabía…

DOCE

LOS FANTASMAS DEL REGALO DE NAVIDAD

Cerca de Navidad, Stephen se había hecho con una vieja y maltrecha chaqueta de piel en la parte posterior de la cual había pegada una calavera, unos huesos cruzados y el logo de un grupo de *heavy metal:* una cruz invertida y una daga ensangrentada.

Un día, al llegar de la escuela, la llevaba puesta. Era el último día de clases antes de las vacaciones de Navidad; la nieve lo cubría todo y Stephen tuvo que sacudirse los copos de la bufanda y la chaqueta antes de entrar en casa. Carmen lo detuvo antes de que Stephen bajara las escaleras del sótano.

—¿Stephen? ¿Puedes venir un segundo? —le llamó desde la mesa del comedor.

A Carmen no le apetecía nada la conversación que estaban a punto de tener, o que iba a intentar tener, porque tenía una idea bastante clara de cómo iba a terminar.

Últimamente, Carmen y Al habían hablado mucho con Stephen, los dos juntos y también por separado, sobre temas como el lenguaje grosero que utilizaba en la casa o su higiene personal, la cual, por razones que no terminaban de entender, había empeorado abruptamente en las últimas semanas.

Desde hacía algún tiempo, había muchas cosas que no entendían de Stephen.

Y ahora estaba aquella chaqueta. Antes de mudarse a la casa jamás se le habría ocurrido ponerse algo como aquello. Siempre había sido un chico limpio que se vestía con elegancia, un niño educado y bienhablado.

Pero eso había cambiado.

—Siéntate, Stephen –le dijo Carmen en voz baja, sonriendo.

Con un cansino suspiro, Stephen acercó una silla y se dejó caer en ella. Apoyó los codos en la mesa y la barbilla en los puños.

Pese a que el cáncer estaba en remisión, aún estaba muy pálido y delgado y, aunque no tan evidentes, unas ojeras entre amarillentas y grisáceas todavía le oscurecían la piel ligeramente hinchada de debajo los ojos.

—¿De dónde has sacado esa chaqueta? –le preguntó Carmen.

—Alguien me la dio.

—Las chaquetas de piel no son baratas.

Stephen se encogió de hombros.

—Es vieja. Ya no la quería y me la regaló.

—Bueno, la verdad es que no está nada mal. ¿Por qué has pegado entonces esas cosas en la espalda?

Stephen volvió a encogerse de hombros, parpadeó lentamente una sola vez y dijo:

—Porque me gustan.

Carmen se inclinó para acercase aún más a él.

—Stephen, ya sabes que no nos gusta que lleves esas cosas.

—¿Qué cosas?

—Llevas una *cruz* en la espalda, y está del revés.

—¿Y?

—Venga, no te hagas el tonto conmigo, Stephen. Sabes perfectamente de lo que estoy hablando. –Carmen cada vez estaba más frustrada y enojada, algo que su voz no podía disimular–. Es un sacrilegio y…, bueno, si quieres que te diga la verdad…, fuiste *tú* quien empezó a hablar de una presencia maligna en la casa y, bueno, según tengo entendido, lo que llevas en la espalda es algo maligno. Hemos tolerado lo de la música, así que puedes escuchar la bazofia que quieras siempre y cuando no nos martirices con ella, ¡pero *esto* es pasarse de la raya!

—¿Qué diferencia hay? No lo entiendo. Todo forma parte de la música, es lo que representa la música, es…

—Lo sé, por eso ni a tu padre ni a mí nos gusta la música. Esa cruz que llevas en la espalda es un símbolo muy importante. Cristo murió en esa cruz para que pudiéramos…

Stephen puso los ojos en blanco.

—Sí, sí, ya lo sé. Me lo han explicado todo en la escuela dominical –dijo.

—Entonces, ¿cómo puedes llevar algo así?

—Te preocupa el diablo, le tienes mucho miedo, pero estás rodeada de presencias diabólicas y decides ignorarlas. Te lo repito, ¡esta casa es maligna!

—Otra vez con eso. De verdad, Stephen, no te entiendo. No entiendo qué te pasa.

Entonces Stephen hizo algo que dejó a Carmen con la boca abierta, algo que la dejó conmocionada y profundamente ofendida.

Stephen empezó a reírse, meneó la cabeza y le dijo:

—Hay muchas cosas que no entiendes, mamá. –Se levantó de la mesa y se marchó a su habitación. Carmen se quedó con la vista clavada en la silla donde su hijo había estado sentado hacía un momento; aún tenía la boca abierta y los ojos llenos de dolor.

Al cabo de un rato, encendió un cigarrillo y soltó el humo con un suspiro de desaliento. Aunque sabía que debía hablar con Al sobre lo que acababa de suceder, no tenía muchas ganas de hacerlo.

Últimamente, Al estaba de muy mal humor, sobre todo por el cambio que estaba experimentando Stephen. No tenía paciencia con él; aunque Carmen debía admitir que se sentía igual que su marido, al menos intentaba ser justa y civilizada con el chico, hacía todo lo posible por ponerse en su piel, algo que cada vez se le hacía más cuesta arriba dada su escasa disposición a compartir con ella su punto de vista. Tenía miedo de que, tarde o temprano, le dijera a Al algo que Stephen había hecho o estaba haciendo y Al perdiera definitivamente los nervios y arremetiera contra el chico con dureza, con *mucha* dureza, que decidiera hacer algo más drástico que castigarlo sin salir de casa o sin poder utilizar el teléfono, algún tipo de castigo físico severo, por ejemplo. Aunque podía llegar a entender la necesidad de hacer algo así

–Stephen también había llevado su paciencia al límite, especialmente con la respuesta a su comentario en torno a la chaqueta–, se estremecía sólo con pensar en ello.

Pero las imágenes en la parte posterior de la chaqueta de Stephen también le provocaban un estremecimiento cada vez que las veía.

Hablaría con Al. Si él no hacía nada, no le quedaría más remedio que tomar medidas más drásticas…

Lo hizo aquella misma noche, y aunque esperó hasta después de la cena con la esperanza de que Al estuviera más relajado, éste se puso hecho una furia. Bajó las escaleras y, desde la sala de estar, Carmen oyó cómo le gritaba a Stephen. Incluso le pareció oír el estruendo de algo que se estrellaba contra la pared.

Peter dormitaba en el sofá a su lado; Stephanie y Michael estaban en el suelo viendo la tele. Tenían la espalda rígida y los ojos clavados en la pantalla, haciendo todo lo posible por aislarse de los sonidos que subían del sótano.

Tras un breve silencio, oyó los pasos de Al subiendo ruidosamente las escaleras y su potente y enojada voz:

—¡Se acabó! ¡Me rindo! ¡Si quieres ir por ahí como un *punk* satánico, adelante, tú mismo, pero no le digas a nadie que vives en esta casa! ¡Eres un imbécil mimado, es lo que eres! ¡No sé de dónde lo has sacado, pero seguro que no de nosotros!

Al continuó con su diatriba en el pasillo, y Carmen oyó el leve sonido de la risa de Stephen procedente del piso inferior. Salió apresuradamente al pasillo para reunirse con Al.

—No sé qué coño hacer con él –gruñó este mientras entraba en la cocina y cogía una cerveza del frigorífico–. Quiere quedarse esa maldita chaqueta…

—Al –le reprendió Carmen con una mueca.

—Que se la quede, me importa un comino. Si quiere ir por ahí como un matón, como un maldito criminal o como…, yo qué sé…, como el miembro de una secta, que haga lo que le dé la gana. –Se apoyó en el borde de la encimera y echó la cabeza hacia atrás para dar un trago de cerveza.

—Bueno, es evidente que le pasa *algo,* pero no sé qué es.

—Que es un maldito mocoso malcriado, eso es lo que le pasa.

—Ah, entonces es culpa mía, ¿es eso lo que estás diciendo? ¿Que *yo* tengo la culpa de que se comporte como lo hace?

—Oye –dijo Al extendiendo los brazos y enarcando las cejas–, lo has dicho *tú*, no yo.

Carmen se dio la vuelta, alargó un brazo y se apoyó en el frigorífico con el codo tenso. Cerró los ojos un momento y apretó los labios con fuerza. Era consciente de que, si ahondaba en aquella acusación apenas velada, la discusión podía adquirir un tono realmente desagradable. Decidió no hacerlo, respiró hondo y se dio la vuelta.

—Creo que debería llevarlo a ver al padre Wheatley.

Al dio otro trago de cerveza y suspiró.

—¿Crees que servirá de algo?

—No le hará ningún daño, ¿no?

Al se quedó pensativo un momento, frunció el ceño y adoptó una actitud distante. Entonces dijo en voz baja, como si hablara consigo mismo:

—Desde el momento en que nos mudamos aquí…, a esta casa…

El comentario sorprendió a Carmen. ¿Era posible que Al hubiera estado teniendo los mismos pensamientos que la habían acosado a ella? Sin embargo, ocultó rápidamente su sorpresa.

—¿Crees que la casa tiene algo que ver en esto? –le preguntó.

—¿Qué? Ah, no. Por supuesto que no. Sólo era… un comentario, eso es todo. Ha cambiado mucho en muy poco tiempo.

—Por eso creo que debería hablar con el padre Wheatley.

—Sí. La verdad es que no le hará ningún daño.

◆ ◆ ◆

Carmen llamó al padre Wheatley al día siguiente para explicarle cuál era la situación y éste aceptó ver a Stephen. A pesar de sus protestas, Carmen lo llevó a la iglesia y lo dejó allí mientras ella iba a hacer algunas compras. Cuando terminó, volvió a la iglesia para recogerlo y regresaron a casa. Carmen resistió el impulso de entrar y preguntarle al padre Wheatley cómo había ido y qué le pasaba a su hijo. En su lugar, intentó mantener una conversación con Stephen.

—Dime, ¿de qué habéis hablado? –le preguntó.

155

Stephen se encogió de hombros mientras seguía mirando por la ventanilla.

—No sé. De nada en especial. Sólo… hemos charlado.

Eso fue todo lo que fue capaz de arrancarle. Sólo le quedaba confiar y rezar que el padre Wheatley pudiera ayudarle.

Pero eso no era suficiente para Carmen. En cuanto llegó a casa, llamó al padre Wheatley desde el teléfono de su dormitorio.

—¿Cómo ha ido, padre? –le preguntó.

—Carmen, si no te importa, prefiero no hablar de ello en detalle. Sin embargo, te diré algo: has hecho bien en traerlo. Me gustaría volver a reunirme con él. ¿Qué te parece mañana mismo?

—Por supuesto. Le estoy muy agradecida. La verdad es que estaba preocupada de que…, bueno, Al y yo estábamos preocupados de que… –No terminó la frase por miedo a que su voz se rompiera y empezara a llorar.

—Escucha, Carmen –dijo el padre Wheatley en voz baja–, estoy aquí también para ti. Creo que ahora mismo Stephen necesita estas conversaciones y creo que podemos hacer un gran progreso. Pero si necesitas hablar con alguien, no dudes en venir a verme.

—Gracias, padre –susurró.

—¿Mañana a la misma hora?

—Sí, claro.

Sin embargo, al día siguiente Carmen no pudo llevar a Stephen a ver al padre Wheatley.

Por la noche, Carmen recibió una llamada de su hermano Everett desde Alabama. En cuanto oyó su voz a través de la línea telefónica, se puso tensa; sólo la llamaba cuando necesitaba algo… o cuando algo iba mal.

Era un alcohólico, como lo había sido su padre, y no tenía ninguna intención de solucionarle los problemas; Carmen lo llevaba en el corazón y siempre rezaba por él, pero desde hacía algunos años se había dado cuenta de que en realidad no podía hacer mucho por él y que, si realmente deseaba salvarse, era él quien debía dar el primer paso.

—¿Ca… Carmen? Vas a tener que volver a casa. En seguida. –Su voz sonaba húmeda y temblorosa.

—¿Qué ocurre, Everett?

—Papá. Está…, hmmm…, está muerto, Carmen. Lo han matado. Alguien lo ha asesinado. Tienes que venir.

Carmen se quedó aturdida y no pudo decir nada durante unos instantes. Cuando pudo volver a hablar, le dijo a Everett que estaba nevando en Connecticut, pero que cogería el próximo avión que saliera y que llegaría allí lo antes posible.

Después de colgar, se dejó caer en el sofá y se puso a pensar en su padre con la vista perdida. Sus padres se habían divorciado cuando ella tenía doce años y nunca había estado cerca de su padre; de hecho, apenas le conocía, a diferencia de su hermano, quien había estado en contacto con él durante todos aquellos años. A pesar de eso, Everett siempre había despreciado el estilo de vida de su padre: el excesivo consumo de alcohol, la falta de atención personal, su forma de vivir con una mano delante y otra detrás. Aunque, aparentemente, ese desprecio no había evitado que Everett acabara reproduciendo los mismos patrones de conducta que su padre. Precisamente por culpa de ese patrón familiar, Carmen hacía todo lo posible por mantenerse lo más alejada posible del alcohol, y era también el principal motivo de preocupación ante el apego de Al por la cerveza, algo que aún no se había atrevido a mencionarle.

Carmen llamó al aeropuerto y consiguió billete para un vuelo que salía aquella misma tarde. Al tuvo que ingeniárselas para conseguir unos días libres en el trabajo y poder así cuidar a los niños mientras Carmen no estaba. No le hacía ninguna gracia tener que pedir favores cuando hacía tan poco tiempo que había empezado a trabajar en la cantera, pero aquélla era una de esas crisis impredecibles e inevitables que le ocurre a todo el mundo de vez en cuando, por lo que su jefe tendría que entenderlo.

Después de acompañar a Carmen al aeropuerto, Al, Stephanie y Peter se detuvieron a comprar una pizza antes de volver a casa. Al no sabía cocinar y no tenía ninguna intención de aprender, de modo que se alimentarían de comida para llevar y congelados mientras Carmen estuviera fuera.

Aquella noche, terminada la pizza, Stephen se refugió en su habitación, como hacía siempre. De hecho, se había pasado la mayor parte de la tarde en ella e incluso había cenado solo en el sótano. La tensión entre Al y Stephen iba en aumento; cuando estaban juntos en la misma habitación, el silencio era más pesado y la atmósfera se enrarecía. Sólo se dirigían la palabra cuando era estrictamente necesario, lo que, a medida que pasaba el tiempo, era cada vez menos frecuente. A Al ya le iba bien, pues prefería relacionarse lo mínimo con el chico mientras continuara portándose mal. Tal vez era una actitud un tanto severa, pero no sabía hacerlo de otro modo. El comportamiento reciente de Stephen no tenía justificación, y para Al comportarse como si no hubiera pasado nada era lo mismo que decirle que estaba bien.

Al y Michael vieron un partido de fútbol en la tele mientras Stephanie y Peter jugaban a pegar y colorear en la mesa del comedor. Al día siguiente no había escuela, por lo que a Al no le preocupaba que se quedaran despiertos un poco más tarde de lo habitual. No obstante, como estaban acostumbrados a acostarse temprano, al cabo de un rato les entró sueño y se fueron a sus respectivas habitaciones.

Después del partido, Al se quedó solo viendo reposiciones de telecomedias. Y pensando.

No tenía ganas de irse a la cama. Y mucho menos solo. No podría conciliar el sueño…, esperando…, la música…, las voces…, la vibración…

Tres horas después, le costaba mantener los ojos abiertos y le caía continuamente la cabeza hacia adelante mientras veía la tele. Finalmente, se rindió, apagó el televisor y las luces y se fue a la cama.

En cuanto se acostó, el cansancio desapareció y, tal y como había sospechado, no pudo conciliar el sueño. Empezó a dar vueltas en la cama, intentando encontrar el hueco más cómodo y la posición más relajante.

Por fin lo consiguió. Se le cerraron los ojos, sintió cómo se apoderaba de él la pesadez del sueño, fue consciente de cómo se le ralentizaba la respiración, notó que empezaba a dormirse, hasta que…

Oyó música y sus ojos se abrieron de golpe. Se incorporó sobre la cama. Era la misma música que oía siempre: antigua y metálica, una música que conjuraba imágenes en blanco y negro de habitaciones llenas de telarañas, viejas fotografías con marcos ornamentados y muebles antiguos.

Al volvió a tumbarse, se presionó los ojos con las palmas de las manos y empezó a gemir.

Unas débiles voces se rieron. La música no se detuvo. Y había algo más.

Ladridos. El perro volvía a ladrar en la calle.

«Voy a ignorarlo –pensó–. Todo. Seguramente no pegue ojo, pero voy a quedarme en la cama».

La música continuaba sonando. Las voces seguían hablando y riendo alegremente. El perro cada vez ladraba más alto.

Se puso de lado, pegó la cabeza al colchón y se tapó la oreja con la almohada.

Pero no sirvió de nada. Seguía oyendo la fiesta fantasmal, los ladridos persistentes…

Y entonces sintió la familiar vibración filtrándose a través de su cuerpo y de sus huesos, enroscándose en sus largos y huesudos dedos, alrededor de ambos codos y rodillas, sobre los hombros y la parte superior del cráneo, aumentando la presión, vibrando cada vez más profundamente.

Se puso boca arriba y empezó a dar patadas frenéticas bajo la sábana. Respirando a través de los dientes apretados, rodó sobre la cama y cayó al suelo; se arrastró unos metros por él antes de ponerse de pie. Dio unos cuantos pasos de espalda, topó con la cómoda y se quedó allí, observando la cama.

No vio nada. No había ningún signo visible que indicara que la cama estaba sufriendo algún tipo de movimiento extraño. Alargó una mano por su espalda y encendió la lamparita que había sobre la cómoda, pero continuó sin ver nada.

Sin embargo, había muchas cosas que oír.

La música provenía de algún lugar de la casa, y había voces amortiguadas y risas suaves entremezcladas con ella.

En la calle, el perro seguía ladrando como si estuviera a punto de atacar y matar a alguien.

Al encendió la luz del techo, se puso los pantalones y salió al corto pasillo. Con movimientos rápidos y espasmódicos, fue encendiendo todas las luces a medida que pasaba frente a los interruptores.

La música continuaba sonando.

Las voces seguían murmurando.

Como siempre, en el piso inferior sólo había oscuridad.

Cuando Al estaba a medio camino, los sonidos se detuvieron.

Silencio.

Notó un dolor intenso en la mano y se dio cuenta de que estaba agarrando la barandilla con demasiada fuerza.

En la calle, el perro seguía ladrando tan fuerte que se estaba quedando ronco.

Dio media vuelta, volvió a subir la escalera, entró en la sala de estar, donde encendió dos lámparas, atravesó el recibidor y, al llegar al comedor, se quedó petrificado.

Había alguien de pie delante de la ventana que daba a la calle, observando la noche a través de los cristales; las persianas estaban levantadas y la figura quedaba recortada por la tenue luz de la luna que se reflejaba en la nieve.

Al se quedó completamente inmóvil en el umbral de la puerta. Entonces movió lentamente una mano, palpando a ciegas la pared en busca del interruptor, y la figura se dio la vuelta y se lo quedó mirando.

Pulsó el interruptor, iluminando todo el comedor, y soltó un suspiro de alivio.

—Stephen.

—Hay un perro ahí fuera –dijo riéndose entre dientes–. Está muy nervioso.

—¿Estabas escuchando música hace un momento?

Stephen se pasó una mano por la nuca y empezó a salir lentamente del comedor.

—¿Música? No, no estaba escuchando nada.

Al lo agarró suavemente del brazo cuando pasó por la puerta.

—¿No has invitado a nadie? ¿No has metido a ningún amigo en la casa a escondidas?

—¿Por qué iba a hacerlo? En la casa ya hay gente más que suficiente.

Al le soltó el brazo y el chico siguió avanzando por el pasillo…, bajó las escaleras… Más tarde, Al pensaría en las palabras de Stephen y en cómo las había dicho; le resultarían inquietantes e incluso le producirían escalofríos sólo con recordarlas. Sin embargo, en aquel momento se las tomó al pie de la letra. Cuando Stephen se hubo marchado, Al se acercó a la ventana para echar un vistazo al perro.

Parecía un labrador y estaba mucho más cerca de la casa de lo habitual. Parecía tenso, preparado para salir corriendo en cualquier momento. De hecho, si se acercaba un poco más a la casa, podría haber mordido una de las esquinas de la fachada.

Después de bajar las persianas, Al volvió al dormitorio, se vistió y salió. Corrió por delante de la casa en dirección al perro mientras movía los brazos y gritaba:

—¡Largo de aquí! ¡Fuera! ¡Vete! ¡Largo! –A pesar de tirarle nieve, incluso patearla en su dirección, se las vio y se las deseó para desviar la atención del animal de la casa. Cuando finalmente lo consiguió, el perro salió corriendo, pero, poco después, se detuvo, se giró, soltó unos cuantos gemidos y ladridos insistentes y después desapareció.

De nuevo en casa, Al se desvistió y se quedó mirando la cama un momento mientras se preguntaba si sería seguro volver a acostarse. Pero se dio cuenta de que tampoco importaba porque estaba completamente desvelado. Se puso la bata, fue hasta la cocina y abrió el frigorífico.

—Mierda, es verdad –susurró–. No hay cerveza.

Todavía estaba mirando la deslumbrante luz del frigorífico cuando los ladridos se reanudaron.

Cerró el frigorífico de un portazo. Las botellas de vidrio tintinearon y las latas traquetearon. Apretó los puños a ambos lados del cuerpo a medida que los ladridos se oían cada vez cerca, más potentes, más furiosos. Con los ojos cerrados, respirando pesadamente por la nariz, Al pensó: «Madre mía, qué bien me sentaría ahora una cerveza».

Al se acomodó en el sillón reclinable de la sala de estar. Cuando cogió el mando para encender la televisión, le temblaba el pulgar.

—Voy a tener que hablar con alguien sobre ese maldito perro –dijo en voz baja mientras recorría los canales.

Los ladridos continuaron sin descanso.

Se decidió por un viejo *western* y, al dejar el mando de la tele en la mesita auxiliar, vio un rosario. Carmen los había dejado por toda la casa. Lo cogió distraídamente con una mano temblorosa mientras se decía a sí mismo que no lo necesitaba, que no estaba enfadado ni asustado, que sólo se sentía un poco inquieto, nada más.

El perro seguía ladrando y ladrando…

—Dios te salve María, llena eres de gracia… –recitó en susurros.

… ladrando…, ladrando…

En un recóndito lugar de su mente, aunque no estaba muy seguro porque era débil, muy débil, a Al le pareció oír el sonido metálico de la música…

♦ ♦ ♦

Carmen regresó tres días después.

Habían encontrado a su padre en su pequeño y destartalado remolque. Como en éste no habían hallado agujeros de bala y muy poca sangre, la policía había llegado a la conclusión de que había sido asesinado en otro lugar con su propia pistola del calibre 22 y que después habían trasladado el cuerpo al remolque. Pese a no decirlo abiertamente, por supuesto, la policía no parecía creer que fuera muy importante encontrar al asesino; al fin y al cabo, la víctima era un viejo borracho con muchos problemas para subsistir y que se había relacionado con personajes de dudosa reputación, el tipo de personas que suelen cometer aquel tipo de delitos por el motivo más insignificante.

Carmen y su hermano hicieron los preparativos del entierro y, como quería volver a casa lo antes posible, dejó a Everett como albacea de la herencia de su padre, o lo que quedaba de ella.

Se alegraba de estar de vuelta en casa, y Al se alegraba de que hubiera vuelto. Aunque le aseguró que todo había ido bien en su ausencia, la habían echado de menos.

Todos parecían estar bien, incluso el propio Al. Sin embargo, Carmen tenía la sensación de que algo iba mal. No estaba segura de lo que era…, no había nada visible…, nadie había dicho nada…

«Sólo es mi imaginación –se dijo a sí misma–. Tras los últimos días, todo parece muy oscuro».

Empezaron las habituales actividades navideñas. Al trajo un árbol y Carmen y los niños, menos Stephen, lo decoraron.

Al había acompañado a Stephen a ver al padre Wheatley todos los días que Carmen estuvo fuera, y ella continuó haciéndolo después de regresar a casa. Resistió la tentación de preguntarle a Stephen sobre sus encuentros con el padre y se dijo a sí misma que los resultados empezarían a notarse dentro de poco. Pero no fue así. Stephen seguía hablando de un modo grosero y soez y la mayor parte del tiempo se mostraba callado y melancólico.

Si las conversaciones con el padre Wheatley no funcionaban, Carmen esperaba que sí lo hicieran sus oraciones. Quería recuperar a su hijo.

Carmen puso una corona de flores en la puerta, un poco de acebo y guirnaldas en varios lugares de la casa y sacó los discos y cintas de casete de música navideña que habían recopilado a lo largo de los años. Ponía la música muy a menudo y siempre tenía ponche de huevo en el frigorífico.

Michael, Stephanie y Peter hicieron un muñeco de nieve en el jardín delantero y Carmen les dio una escoba, una bufanda y un sombrero viejos para decorarlo.

Volvieron a ver *El cuento de Navidad* y *¡Qué bello es vivir!,* como todos los años.

Hicieron las cosas que solían hacer todas las Navidades, todo aquello que les hacía sentir bien, los llenaba del espíritu navideño y hacía que esa época del año fuese diferente a todas las demás. Sin embargo, aquel año la Navidad llegó y pasó y ninguna de aquellas cosas terminó de funcionar del todo. No era lo mismo. Faltaba algo, algo más que la habitual participación voluntaria y alegre de Stephen.

Carmen no sabía cómo se sentían los demás, pero por mucho que intentara contagiarlos con el espíritu de las fiestas, no parecía Navidad. Aquel año la Navidad no conseguía hacer que se sintiera como otros años.

Por muy estúpido que sonara, Carmen no se sentía segura.

Ni siquiera en su propia casa.

Sobre todo, en su propia casa.

TRECE

EMPIEZA UN NUEVO AÑO

Las decoraciones navideñas desaparecieron de los escaparates y fueron rápidamente reemplazadas por corazones de San Valentín y cajas de bombones. Las luces de colores y las relucientes guirnaldas volvieron a las cajas y a los armarios. Los discos y cintas con canciones de Navidad regresaron a los estantes, donde se quedarían hasta el próximo diciembre. Se quitaron los árboles y se pasó el aspirador para eliminar las agujas secas de pino de las alfombras.

La ciudad se llenó de árboles de Navidad pelados y tirados en las aceras en espera de que el servicio municipal se los llevara; hebras de espumillón y trozos de guirnalda colgaban aún de sus quebradizas ramas y, a veces, el viento las alejaba sobre la nieve y el hielo.

El cielo era una capa de acero gris oscuro y el aire una cuchilla afilada capaz de cercenar la carne. Las peladas ramas de los árboles apuntaban hacia el cielo como si se tratara de garras artríticas. Con el paso de los días, los copos de nieve dieron paso a las gotas de lluvia y la nieve acumulada en el suelo se convirtió en un lodo espeso y helado…

◆ ◆ ◆

—Aunque ya hace bastante tiempo que nos reunimos habitualmente, tengo la sensación de que aún no te conozco muy bien. ¿Cuál crees que es el motivo?

165

—No lo sé. ¿Es posible que sea porque no le he contado nada acerca de mí?

—Sí, supongo que ésa es la razón. ¿Y por qué no me has contado nada?

—Hmmm… Supongo que no me gusta hablar de mí mismo.

—Entiendo. Bueno, ¿crees que sería más fácil si te hiciera algunas preguntas?

—Lo único que ha hecho es hacerme preguntas.

—Sí, tienes razón. Bueno, supongo que estoy un poco perdido. Verás, tu madre me pidió que hablara contigo hace… hace unos meses, creo, porque creía que estaba percibiendo algunos cambios en ti que no le gustaban. Por eso acepté hablar contigo. Al principio fueron cinco días a la semana, después dos veces por semana y ahora es sólo un día a la semana. Durante todo este tiempo he pensado que, si te daba la oportunidad, me contarías lo que te pasaba, los problemas que tenías. Pero últimamente estoy empezando a pensar que tal vez me equivocaba. Y es posible que tu madre también esté equivocada. Dime, Stephen, ¿estamos equivocados?

Stephen estaba sentado donde lo hacía habitualmente en el despacho del padre Wheatley y en la misma posición de siempre: en el sofá de cuero marrón, con el pie derecho colgando sobre la rodilla izquierda, las manos entrelazadas detrás de la cabeza y los codos apuntando hacia arriba a ambos lados de la cabeza, como si se tratara de dos pequeñas alas.

El padre Wheatley estaba sentado en una silla de respaldo recto situada al otro lado de la mesita que había delante del sofá, justo frente a Stephen. Estaba inclinado hacia adelante, con los codos apoyados en las rodillas y sus delgadas manos ligeramente entrelazadas. El padre Wheatley rondaba la cincuentena, tenía una calva incipiente en la coronilla y cabello blanco alrededor de la cabeza. Llevaba unas gafas con molduras de carey marrón y gruesos lentes, y tenía la costumbre de quitárselas para pellizcarse el puente de la nariz entre el pulgar y el dedo índice.

—¿Sobre qué estabais equivocados? –preguntó Stephen.

El padre Wheatley lo volvió a hacer: se quitó las gafas, se pellizcó el puente de la nariz y dejó escapar un leve suspiro.

—Bueno, no estoy seguro, la verdad. ¿Nos equivocábamos al pensar que… te ocurría algo malo? Dime, Stephen, ¿has estado preocupado por algo últimamente?

—¿Qué significa últimamente?

—Bueno…, ¿alguna preocupación?

—Sí, el cáncer. Eso me tenía muy preocupado. –No hubo rastro de sarcasmo en su voz; dijo aquello en un tono bajo, controlado y sin entonación alguna.

—Por supuesto. Eso es algo totalmente comprensible. Pero nuestras oraciones han obtenido respuesta. El cáncer está en remisión y parece ser que te estás recuperando muy bien. Físicamente, quiero decir. Me refería a algo que pudiera haber herido tus sentimientos o que pudiera haberte enojado… o incluso asustado. ¿Has experimentado algo así?

Stephen movió lentamente el labio inferior hasta situarlo entre los dientes, lo mordisqueó ligeramente mientras recorría la habitación con la mirada y, finalmente, volvió a posarla una vez más en el padre Wheatley.

—No –dijo–. No, no he notado nada de eso. Estoy bien.

—¿No crees que tu comportamiento ha sido distinto desde hace un tiempo?

Stephen se encogió de hombros.

—No lo sé. ¿Distinto comparado con qué?

—¿Distinto al… habitual?

—Hmmm… No que yo sepa.

—¿Y tu forma de vestir? ¿La ropa que llevas?

—¿Qué le pasa a mi ropa? –En su tono de voz había una ligera actitud defensiva.

—Bueno, no es el tipo de ropa que usas habitualmente, ¿verdad? La chaqueta, por ejemplo. O las camisetas que llevas cuando estás en casa.

—¿Las camisetas? ¿Qué pasa? ¿Ha estado hablando con mi madre?

—Por supuesto. Tu madre dice que llevas camisetas de bandas de *rock and roll* y con lemas que resultan…, bueno, ofensivos. Incluso blasfemos. Como la chaqueta de cuero.

—¿Y? ¿Qué hay de malo en ello? Hay muchos chicos que las llevan.

—Pero, según tu madre, *antes* no te ponías esas cosas ni escuchabas ese tipo de música.

Stephen se encogió de hombros.

—Pues ahora sí lo hago.

—Lo sé, pero tu madre cree que el cambio repentino ha estado provocado por…, bueno, por algo. ¿Es verdad? ¿Te ha pasado algo que…?

—No. Un día mi amigo Jason me puso sus cintas y me gustó la música. Me regaló un par de camisetas viejas y esta chaqueta usada. Lo único que pasa es que a mis padres no les gustan, eso es todo. La música, la ropa. Por eso dicen que me pasa algo *malo*.

—Bueno, he de decir, Stephen, que la chaqueta me parece bastante blasfema. La cruz en la espalda es…

—Pero no me pasa nada malo. Si ésa es la razón por la que he estado viniendo aquí, entonces –otro encogimiento de hombros–, le he estado haciendo perder el tiempo. Lo siento.

El padre Wheatley miró a Stephen un buen rato, estudiando su rostro con los ojos entrecerrados, pensativo.

—¿Quieres que le diga eso a tu madre? –dijo finalmente.

—No lo sé. ¿Qué cree que debería decirle? Usted es el párroco.

—Bueno, supongo que si crees que estas entrevistas son una pérdida de tiempo… entonces deben de serlo. Stephen, si dejamos de vernos, ¿puedes prometerme una cosa?

Stephen se encogió de hombros.

—Si alguna vez necesitas hablar con alguien sobre algo que…, bueno, sobre algo que no te apetezca hablar con tus padres o con un amigo de la escuela…, ¿vendrás a verme? Estoy dispuesto a escucharte siempre que quieras.

—Sí, claro –respondió Stephen con una sonrisa.

◆ ◆ ◆

—Tengo que admitir, Carmen, que tu hijo está pasando por la agonía de la adolescencia.

—¿Qué quiere decir exactamente con eso?

—Bueno, tiene una actitud muy rebelde. Disfruta haciendo cosas que os puedan sorprender y ofender. Por eso las estrellas del rock hacen tanto dinero, aunque tengan muy poco talento. –El padre Wheatley se rio entre dientes–. Porque los chicos saben que a sus padres no les gustan.

168

—Pero le pasa algo más, padre. –Carmen agarró el teléfono con fuerza y se lo pegó mucho a la oreja–. Stephen ha… cambiado. Su personalidad, su forma de comportarse… Es como si ya no quisiera saber nada de nosotros. Se pasa casi todo el día en su habitación, y sólo sube para ir al cuarto de baño o comer. Se queda sentado en un rincón durante horas, murmurando para sí mismo mientras escucha esa horrible música con los auriculares. Se pone esas camisetas, esa chaqueta, anillos con calaveras, toda esa parafernalia del *heavy metal*. Ni siquiera sé de dónde lo saca, aunque sospecho que tiene algo que ver con el chico con el que ha estado rondando últimamente. Stephen no es el mismo chico que era, padre.

—Sí, todos los chicos llegan a una edad en la que dejan de comportarse como lo han hecho hasta entonces. Aunque para algunos los cambios son más drásticos. Parece ser que ése es el caso de Stephen.

—Sí, es verdad. –Carmen cerró los ojos y esbozó una leve sonrisa, aliviada de empezar a entender finalmente lo que le estaba pasando a su hijo.

—Por desgracia, no percibí nada de todo esto durante nuestros encuentros. Bueno, sí que estaba de mal humor de vez en cuando, y un poco impaciente. Pero se portaba muy bien. Y sí, me fijé en la chaqueta y los anillos. Creo que tus sospechas sobre los amigos de Stephen son correctas. Mencionó a un chico llamado Jason que lo introdujo en la música. Diría que es una mala influencia para él.

—Dígame, padre. ¿Ha mencionado algo sobre… la casa? ¿La casa en la que vivimos?

—No, no recuerdo ninguna mención a la casa. ¿Por qué lo preguntas?

—Ah, no, por nada. Entonces, no cree… Bueno, ¿no cree que pueda hacer nada más por él?

El padre Wheatley se rio.

—Carmen, querida, sólo soy un capellán. Pero, si quieres, puedo recomendarte a un terapeuta.

—¿Terapeuta?

—Sí. Un buen terapeuta católico especializado en este tipo de problemas. Se le dan muy bien los adolescentes.

Carmen frunció el ceño.

—¿Un terapeuta?

—¿Por qué te sorprende tanto? Creo que sería una buena decisión.

—¿Cree que Stephen tiene…, bueno, ya sabe, un problema mental?

—Por supuesto que no, querida. Creo que simplemente está desorientado. De hecho, me temo que si un chico de su edad no lo *está* es que tiene un problema mental. Hacerse mayor es un proceso muy complejo, y en estos momentos Stephen está pasando por un momento muy difícil. Y, además, ha tenido la carga adicional de su enfermedad, algo a lo que no deben enfrentarse la mayoría de los adolescentes. No, Carmen, los hospitales psiquiátricos son para los enfermos mentales. Los terapeutas son para las personas que han debido enfrentarse a demasiados problemas en muy poco tiempo, para aquellos que deben resolver las situaciones que la vida nos depara a todos en un momento u otro. Los terapeutas son para *todo el mundo.* No, el hecho de que te sugiera visitar a un terapeuta no significa que crea que tu hijo tiene un problema mental. En absoluto.

Carmen no supo qué responder. No estaba de acuerdo con el padre Wheatley, y aquello le preocupaba aún más que la situación en la que se encontraba su hijo. De modo que se limitó a suspirar levemente en el auricular.

—¿Tienes un boli a mano, Carmen? Te voy a dar su nombre y su número de teléfono. Llámale, explícale el problema y concierta una cita para Stephen. Si quieres, puedes concertar una cita para toda la familia. Tú misma.

El padre Wheatley le dio el nombre y el número de teléfono del terapeuta, pero Carmen no los anotó.

◆ ◆ ◆

Stephen decidió trasladarse a la habitación que le habían asignado en un principio, aunque sólo se lo dijo a Michael. Primero, trasladó todas sus cosas a su nueva habitación y, después, con la ayuda de Michael, hizo lo propio con la cama.

—¿Seguro que quieres trasladarte aquí? –le preguntó Michael.

—Sí. ¿Por qué lo preguntas?

—Pensaba que no te gustaba esta habitación.

—Bueno, tampoco está tan mal.

Michael frunció el ceño.

—Al principio ni siquiera te gustaba *nuestra* habitación.

—Sí, bueno, supongo que era una tontería.

Michael continuó con el ceño fruncido. Observaba a su hermano con preocupación, las manos apoyadas en las caderas, los ojos entrecerrados.

—No hace mucho no te parecía una tontería. ¿Por qué has cambiado de opinión?

—Sólo quiero una habitación para mí solo. ¿Qué tiene eso de malo?

—¿Estás seguro de que estás bien, Stephen?

Stephen se puso a reír.

—¿Por qué lo preguntas?

—Porque últimamente has estado…, no sé, un poco raro.

Stephen volvió a reírse.

—Estás empezando a hablar como ellos. –Señaló hacia arriba con el pulgar, hacia sus padres en el piso superior.

—Sí, pero… ya casi nunca te veo. Siempre estás haciendo algo con Jason. Y siempre llevas camisetas y anillos raros, escuchas esa música y…

—Bueno, aún eres muy pequeño. Dentro de poco tú también escucharás esa música y te pondrás este tipo de camisetas porque te gustarán los grupos. Ya lo verás.

Lentamente, Michael dejó de fruncir el ceño y en sus labios apareció una tímida sonrisa.

—¿En serio? –preguntó.

—Te lo aseguro.

—Está bien –dijo Michael encogiéndose de hombros.

—Míralo de este modo: vuelves a tener tu habitación para ti solo.

—Sí, pero… me gustaba mucho cuando era *nuestra* habitación.

—Ya lo superarás –se rio Stephen.

◆ ◆ ◆

Aunque Carmen tenía todas las facturas mensuales esparcidas sobre la mesa del comedor, su atención estaba dirigida a una en particular. Carmen se dio cuenta de que Al, quien estaba sentado a un extremo de la mesa, justo a su izquierda, estaba mirando la factura de la luz, que ella ya había visto; vio cómo sus labios trazaban una línea recta y apretada, cómo abría cada vez más los ojos, cómo hundía los hombros por la conmoción, hasta que finalmente estalló:

—Maldita sea, ¿has *visto* esto?

Carmen se limitó a asentir.

—Esto es… quiero decir, me *cago* en todo, esto es ridículo. ¿Qué hemos estado haciendo? ¿Iluminando todo el vecindario?

Al miró a Carmen con la boca abierta, sosteniendo la factura delante de él mientras esperaba una respuesta.

—Hmmm, es posible que sea –dijo con tono vacilante– porque los chicos dejan las luces encendidas toda la noche.

—¿Todavía siguen haciéndolo? –preguntó en voz tan baja que Carmen casi no pudo oírle.

—Creo que sí.

Al se puso de pie y golpeó con fuerza la mesa con el puño. Carmen oyó cómo rechinaba los dientes. Se dio la vuelta y salió del comedor. Giró a la derecha en el pasillo y empezó a bajar la escalera.

Carmen se levantó y le siguió rápidamente, confiando en que su presencia evitara que perdiera demasiado los estribos.

—¿Stephen? –gritó mientras bajaba la escalera–. Stephen, ¿dónde…? ¿Qué demonios está pasando aquí abajo?

Carmen llegó al sótano a tiempo para escuchar cómo Stephen le explicaba que Michael le estaba ayudando a trasladar sus cosas a la otra habitación.

—Entonces, si no tienes miedo de dormir solo en una habitación, ¿por qué demonios has estado dejando las luces encendidas toda la noche? –rugió Al.

Stephen y Michael le miraron sin decir nada.

Al les mostró la factura.

—Mirad esto. Es la factura de la luz. ¿Podéis contar todos los números en el pequeño recuadro que hay en la parte inferior? ¿Sabéis qué significan? ¡Pues que habéis estado dejando las malditas luces encendidas toda la noche! ¡Eso es lo que significan!

Los chicos continuaron sin decir nada.

Al apartó la factura y la golpeó contra el muslo.

—¿Sabéis lo que voy a hacer? ¡Os voy a *enseñar* lo que voy a hacer!

Moviéndose como si tuviera muchísima prisa, primero entró en la habitación de Michael y después en la de Stephen y desenroscó las bombillas de todas las lámparas. Las dejó en una caja de cartón vacía que encontró en un rincón de la habitación de Stephen.

—Por favor, no lo hagas –dijo Michael en voz baja.

—No, ahora es demasiado tarde. Deberíais haber pensado en eso cuando dejabais las luces encendidas toda la noche y la factura de la luz se disparaba por las nubes. Deberíais haber pensado en eso *entonces*.

—Pero ¿cómo vamos a hacer los deberes? –preguntó Michael.

—Hacedlos en el piso de arriba. Bajad a vuestro cuarto cuando estéis listos para acostaros. –Con la caja debajo del brazo, Al se detuvo al pie de la escalera y miró a los dos chicos–. Os quedáis sin dinero para gastos y sin paga durante una temporada. Servirán para pagar esta maldita factura. –Se dio la vuelta y subió las escaleras con paso decidido.

—Bueno, chicos –dijo Carmen cruzando los brazos delante del pecho–, no sé qué deciros. Creo que acaba de aprobarse una nueva ley.

Michael suspiró y agachó la cabeza.

Stephen se quedó mirando a su madre fijamente. Hasta entonces no había dicho nada; se había limitado a mirar sin ningún tipo de expresión en el rostro, sin mostrar ningún sentimiento.

Carmen se encogió de hombros y dijo en voz baja:

—Deberías haber escuchado a vuestro padre desde el principio.

—Él no es nuestro padre –dijo Stephen en voz baja y uniforme, apenas abriendo los labios al hablar.

Sorprendida, Carmen giró la cabeza para mirarle. Stephen nunca había dicho algo así. Siempre había llamado a Al «papá», siempre lo había presentado a sus amigos como «papá».

—No hablas mucho –dijo Carmen con un suspiro–, pero cuando lo haces, sabes cómo ofender a la gente, ¿eh?

—Bueno –Stephen se encogió de hombros–, lo cierto es que no lo es.

—Creo que ya has dicho suficiente por hoy –dijo. Se dio la vuelta para subir las escaleras, pero entonces se detuvo y se volvió hacia Stephen–. Si él no es tu padre, me gustaría saber quién lo es. ¿Quién ha hecho todo lo que tenía que hacerse por vosotros todos estos años? ¿Quién te ha llevado a pescar? ¿Quién lo ha dejado *todo* para poder estar junto a la cama del hospital cuando estabas enfermo? ¿Y quién ha…?

—Eso no lo convierte en mi padre –repuso Stephen.

Aunque dijo aquello en un susurro, le hizo más daño que si la hubiera abofeteado.

Por un momento, Carmen había creído que tal vez había logrado atravesar su coraza, que por fin le estaba diciendo algo que le resultaría útil, que no olvidaría, que le obligaría a reflexionar.

Sin embargo, al fijarse en el rostro opaco e inexpresivo de su hijo, se dio cuenta de que se equivocaba.

Carmen se dio la vuelta y subió corriendo las escaleras. Esperaba que los chicos no se hubieran dado cuenta de que estaba llorando.

◆ ◆ ◆

—No tendrías que haber dicho eso –dijo Michael, enojado, cuando su madre se hubo marchado. Estaba al pie de las escaleras mirando a Stephen, quien se encontraba de pie en su habitación.

—¿El qué?

—Lo que has dicho sobre papá. Ha sido muy feo.

—Pero es verdad, ¿no? Es decir, aunque le llamemos papá, eso no le *convierte* en nuestro padre, ¿no crees?

Michael ladeó la cabeza y entrecerró los ojos mientras miraba a su hermano; hizo un gesto de disgusto con la comisura de la boca y sacudió lentamente la cabeza.

—¿Qué te pasa, Stephen? ¿Qué te ocurre?

Stephen echó la cabeza ligeramente hacia atrás mientras se reía.

—No lo sé. ¿Qué te pasa a ti?

Sin dejar de reír, Stephen alargó una mano y cerró las puertas francesas.

Michael siguió oyendo la risa ahogada de su hermano mientras veía a través del cristal cómo este se dejaba caer en la cama.

◆ ◆ ◆

Al estaba sumido en un sueño tranquilo y sin sueños, algo muy extraño últimamente, cuando se despertó sobresaltado. Al principio, creyó que era la cama otra vez, pero se equivocaba.

Al incorporarse, vio a Michael de pie al lado de la cama, a oscuras.

—Lo siento –dijo Michael en un susurro.

—¿Qué pasa?

—La luz está encendida. En mi habitación. Me ha despertado.

—Santo Dios, Mike, pues apágala. –Al volvió a recostarse, se dio la vuelta y se puso cómodo para volver a conciliar el sueño.

—Pero, papá, si has quitado todas las bombillas.

Al se quedó petrificado. De repente se puso alerta al recordar que, efectivamente, había quitado todas las bombillas del sótano aquella misma noche.

Volvió a mirar a Michael y le dijo en un susurro:

—¿Qué quieres decir con que la luz está encendida?

—Pues… que está encendida. Brillando.

—¿Has vuelto a poner la bombilla?

—No.

—Entonces, Stephen debe de…

—No, no. No hay bombilla.

Al se volvió hacia Carmen cuando ésta se movió e hizo un ruidito susurrante mientras dormía. Cuando estuvo seguro de que no iba a despertarse, apartó la colcha, bajó de la cama y se puso la bata. A continuación, siguió Michael hasta el pasillo.

Estaba seguro de que Michael había estado soñando. Estaba convencido de que no era más que eso. Se dijo a sí mismo que no era más que eso una y otra vez mientras seguía al chico.

Cuando empezó a bajar las escaleras, vio que había poca luz en el sótano.

—Está bien, Michael, ¿Qué has hecho? ¿Coger una de las bombillas del cajón de la cocina?

—¡No! –siseó Michael– ¡No hay ninguna *bombilla!*

Al se detuvo en mitad de la escalera. Sintió un hormigueo en la nuca y una tensión en el estómago, como si los testículos se le hubieran encogido en el interior del cuerpo.

Michael continuó bajando las escaleras hasta que se dio cuenta de que su padre no le estaba siguiendo. Se detuvo y echó la vista atrás.

—¿Vienes?

Cuando finalmente habló, Al lo hizo con voz seca y ronca:

—Sí, sí…, ya voy.

Continuó bajando las escaleras, pero entonces mucho más despacio, agarrándose a la barandilla con una mano. Una vez abajo, se detuvo un buen rato en el charco de luz procedente de su izquierda antes de dar media vuelta para seguir a Michael hasta el dormitorio.

—¿Lo ves? –dijo Michael un poco grogui– ¿Ves a lo que me refería? Al se dio la vuelta.

La respiración se le quedó atascada en la garganta como si fuera una piedra.

Un portalámparas vacío brillaba con una intensa luz blanquecina que obligó a Al a entrecerrar los ojos. Sin embargo, no era una luz normal. Había algo muy extraño en ella, algo profundamente antinatural.

Al se quedó mirando la luz fijamente, moviendo la boca abierta ligeramente como si tuviera la intención de hablar. Sin embargo, no dijo nada, y continuó contemplando la deslumbrante perversidad de aquella luz entre blanca y grisácea.

Entonces la luz se apagó, dejándolos en la más completa oscuridad.

Al cerró la boca, respiró hondo y dejó escapar el aire lentamente.

—¿Ves a lo que me refiero? –volvió a susurrar Michael.

Al permaneció un rato en silencio porque sabía que su voz le delataría. Confiaba en que Michael no se hubiera dado cuenta de la expresión de su rostro cuando había entrado en la habitación.

—¿Qué hay que ver? –soltó.

—La luz. Hace un momento estaba…

—Está completamente oscuro, maldita sea. ¿A qué luz te refieres?

La tenue luz de la luna que se filtraba a través de la ventana relucía en los incrédulos ojos de Michael, que los tenía abiertos como platos. No dijo nada.

—¿Qué diablos te pasa? Me despiertas a media noche para… ve… vete a la cama, maldita sea, vete a la cama *ahora* mismo.

Al se alejó de Michael y subió la escalera apresuradamente mientras apretaba los puños para evitar que le temblaran las manos.

De nuevo en el dormitorio, se quitó la bata y se sentó al borde de la cama.

Pero volvió a levantarse inmediatamente y se dio la vuelta para echar un vistazo a la cama.

Estaba vibrando.

Sin ser consciente de ello, empezó a hacer unos ruidos con la garganta. Miró a Carmen y esperó, rezó, para que no se despertara mientras se alejaba de la cama, se inclinaba para coger el batín y salía del dormitorio a toda prisa.

En la cocina, encendió la luz y abrió una botella de cerveza. Se tomó la mitad antes de darse cuenta de que tenía las mejillas llenas de lágrimas y de que estaba sollozando en voz baja.

◆ ◆ ◆

—Tenías razón, ¿sabes? –susurró la voz.

Stephen estaba tumbado en la cama, a oscuras, solo en su habitación, completamente despierto.

—*No* es tu padre, ¿a qué no?

Stephen meneó la cabeza lentamente sobre la almohada.

—No cree nada de lo que le cuentas. No confía en ti. No te tiene ningún respeto. ¿No es así, Stephen?

Este volvió a negar con la cabeza.

—¿No es así?

—No –susurró Stephen.

—Nunca hará nada por ti, ¿verdad?

—No.

—Sólo impedirá que sigas haciéndote mayor, ¿no es así?

—Sí.

—Sólo impedirá que te conviertas en la persona en la que te he prometido que vas a convertirte, ¿verdad?

—Sí.

—Y tú no quieres eso, ¿no es así?

—No.

—¿Y por qué?

—Porque… tú me lo has dicho.

—¿Y quién soy yo, Stephen? ¿Quién soy yo para decirte algo así?

—Mi padre. Eres mi padre.

—¿Quién soy, Stephen?

—Tú… eres Dios.

Exacto, Stephen. Exacto, hijo mío…

Catorce

El invierno da paso a la primavera

A medida que la temperatura en el exterior de la casa de los Snedeker aumentaba gradualmente y el gris invernal daba paso a regañadientes a las dispersas manchas verdes, la temperatura en el interior de la casa descendía de forma constante y el estado de ánimo se debilitaba.

Cada vez era más normal que la única conversación que tuviera lugar en la casa saliera del aparato de televisión, el cual estaba constantemente encendido. Ya nadie hablaba mucho. Sólo comían juntos a la mesa del comedor los fines de semana, y a veces ni siquiera eso. Solían hacerlo con el plato en el regazo o en bandejas frente a la tele.

No es que estuvieran enfadados los unos con los otros; ése no era el problema. En realidad, parecía como si sólo les preocuparan sus propios pensamientos silenciosos, como si estuvieran demasiado ocupados dándole vueltas a las cosas que les perturbaban, analizándolas detenidamente, carcomiéndolos.

Aunque Stephanie y Peter eran las dos únicas personas de la casa que seguían mostrándose alegres y comportándose como era habitual en ellos, también se dieron cuenta del cambio que se había producido en la atmósfera de la casa y se mostraron un poco preocupados por él. También parecieron darse cuenta de que era mejor no preguntarle a nadie qué ocurría y pasar la mayor parte del tiempo juntos, jugando y hablando.

Michael estaba casi todo el día fuera de casa, con sus amigos. Aunque solía pasar mucho tiempo en casa con Stephen, ya casi nunca hacían cosas juntos.

Stephen estaba siempre solo. Cuando estaba en casa, se pasaba el día en el sótano, los chirridos eléctricos del *heavy metal* amortiguados por las puertas francesas cerradas con pestillo. A veces le oían reír, solo en su habitación…

♦ ♦ ♦

«¿Cómo ha pasado? –se preguntó un día Carmen–. ¿Cuándo empezó todo? ¿Cuándo nos volvimos así?».

Se sentó a la mesa en la galería interior a fumar un cigarrillo e intentó identificar el momento en el que su familia había empezado a cambiar. Evidentemente, había sido un cambio muy sutil, pero, al fin y al cabo, un cambio definitivo. El frío se había posado sobre su casa, sobre su familia, y ella no podía hacer nada por evitarlo. Y aquello hacía que se sintiera casi tan impotente como se había sentido cuando le dijeron que Stephen tenía cáncer.

Stephen…

A veces tenía la extraña sensación de *echarle de menos,* como si estuviera de viaje o algo así. Tenía la impresión de que se había marchado y había sido reemplazado por un extraño que deambulaba por la casa ignorándolos a todos, sonriendo sin motivo aparente, a veces murmurando cosas ininteligibles, a veces riendo y siempre vestido con aquellas horribles camisetas con calaveras, demonios y símbolos religiosos profanos en el pecho. Incluso *parecía* un extraño; llevaba el cabello más largo, no parecía importarle lo más mínimo su apariencia y, aunque no podía precisar el cambio específico que se había producido en ellos, incluso sus ojos ya no le resultaban familiares.

—¿No crees que deberíamos hacer algo con Stephen? –le había preguntado a Al hacía unas noches mientras se preparaban para meterse en la cama.

—¿Hacer *qué*? Es decir, ¿qué podemos hacer? Ya es suficientemente mayor para saber cómo debe comportarse. Sabe perfectamente lo que está haciendo, así que, ¿qué podemos hacer nosotros?

Al también había cambiado; últimamente estaba más reservado de lo habitual.

Sin embargo, cuando decía algo, parecía como si estuviera a punto de perder los estribos, soltaba todas las palabras juntas como si intentara sacárselas de encima antes de que le explotaran dentro. También estaba bebiendo más, y aquella noche el aliento le olía especialmente a cerveza.

—Bueno, lo que quiero decir es que –le dijo– tal vez *no* sepa lo que está haciendo.

—Se ha vuelto raro, pero no estúpido.

—No, quiero decir que…, bueno, el padre Wheatley sugirió que tal vez, hmm…, tal vez Stephen debería ir a terapia.

Al soltó un par de risotadas agudas y frías.

—¿Terapia? ¿Sabes lo que cuesta eso? ¿Una *hora?*

—Pero si le ocurre algo malo, podría merecer la pena.

—Yo ya sé lo que le ocurre: es ese maldito chico con el que se pasa todo el día. Pero *tú* crees que es bueno que tenga amigos, que eso le ayudará. No. No creo que merezca la pena contratar a alguien para hacer el trabajo que debería hacer su familia.

—Bueno, pues hasta el momento no hemos sido capaces de hacer nuestro trabajo.

—Ah, claro, y supongo que piensas que es culpa mía, ¿no?

—Yo no he dicho eso. Simplemente estoy preocupada por él. Le ocurre algo malo, y sigo pensando que deberíamos hacer algo al respecto. Mamá dice que está pasando por una etapa, pero últimamente ella no ha pasado tanto tiempo con él como nosotros. Y no creo que simplemente esté pasando por una etapa, se comporta de un modo demasiado extraño, ya ni siquiera es la misma persona, y no creo…

—Bueno, espero que sea una etapa –dijo Al antes de darse la vuelta y darle la espalda–. Y si lo es, será mejor que se le pase rápido, porque si no, voy a hacer que se le pase a patadas.

Aquella noche, Carmen estuvo despierta durante mucho rato, dándole vueltas a la situación en la que se encontraba Stephen.

Y en ese momento volvía a darle vueltas una vez más.

Pero Stephen no era su única preocupación…

También estaban las voces.

Nunca eran lo suficientemente fuertes como para estar completamente segura de que realmente las había oído y no eran un simple producto de su imaginación. Aunque tampoco era capaz de identificarlas del todo, siempre le resultaban familiares.

A veces susurraban su nombre. A veces se reían de ella. En otras ocasiones, le parecía oír a un niño pequeño llamándola desde algún lugar de la casa pese a saber que estaba sola. Otras veces, los murmullos parecían enojados y amenazantes. Todavía seguía pensando que también veía cosas de vez en cuando, cosas que revoloteaban a su alrededor rápidamente y que desaparecían en cuanto se daba la vuelta para mirarlas. Una vez, entró apresuradamente en el dormitorio para coger algo del tocador y, por un instante, tuvo el convencimiento de haber visto una forma –habría jurado que era un hombre, pero no estaba segura– sentada a los pies de la cama; sin embargo, al detenerse y darse la vuelta, la figura había desaparecido.

Nuevamente, se dijo a sí misma que a lo mejor había sido Willy que correteaba por la casa o una ardilla que chillaba en el patio trasero o los niños que jugaban en el vecindario o incluso su propia imaginación perturbada, la cual últimamente estaba más activa que nunca ante la posibilidad de que Stephen *necesitara* terapia o que *realmente* tuviera algún problema mental, ante la posibilidad de que su relación con Al no se recuperara nunca o que éste siguiera bebiendo hasta el punto de convertirse en un problema de verdad y él mismo se volviera un extraño para ella, tal y como le había pasado ya con Stephen.

Y en mitad de todo aquel torbellino, Carmen no podía dejar de pensar en lo que había dicho Stephen el día que llegaron a la casa:

«Mamá, hemos de irnos de esta casa. Hay algo maligno aquí…, algo maligno…, algo maligno…, maligno…».

Carmen necesitaba hablar con alguien. Había intentado hablar con Al, pero no había funcionado. Antes podía hablar con Stephen de casi cualquier cosa, pero esos días parecían muy lejanos. Por supuesto, siempre podía hablar con Tanya, *siempre y cuando* lograra retenerla el tiempo suficiente para mantener una conversación.

Desde que se había marchado precipitadamente de su casa aquella noche unos meses atrás, aparentemente Tanya siempre estaba muy ocupada y nunca tenía tiempo suficiente para poder charlar tranquilamente con ella. Al principio, Carmen se había sentido un poco herida. Con el paso de los días, empezó a enojarse; no entendía por qué, de repente, recibía un trato tan frío por parte de su amiga. Aunque, en parte, era culpa suya, por no obligarla a quedar para hablar. Pero no lo había hecho porque tenía miedo de hablar con Tanya. Justo antes de marcharse de su casa, le había parecido entender que había visto algo en la casa y que no se encontraba cómoda en ella. Carmen echaba de menos los ratos que pasaban juntas, las conversaciones que tenían…, pero no quería oír la explicación de Tanya sobre aquellas últimas palabras antes de marcharse apresuradamente.

Se levantó del escritorio y fue a la sala de estar. Peter estaba en su habitación durmiendo la siesta y los otros chicos estaban aún en la escuela. Se quedó de pie en la sala de estar un momento, observando la casa de Tanya a través de la ventana.

«¿Qué podría pasar? —se preguntó—. ¿Qué podría haberle dicho que fuera tan horrible?».

Tras comprobar que Peter seguía durmiendo plácidamente, Carmen fue hasta la casa de Tanya.

En cuanto esta abrió la puerta, Carmen le dijo:

—De acuerdo, sentémonos y hablemos.

—Ah, hola, Carm. Vaya, me has pillado en un mal momento. Estaba a punto de…

—En serio, Tanya. Tenemos que hablar. *Necesito* hablar contigo. Por favor.

Tanya, de pie en la puerta de entrada, se mordisqueó la uña del dedo pulgar.

—¿Ocurre algo?

—Eso es lo que me gustaría saber. Un día sales corriendo de mi casa como si estuviera en llamas y apenas hemos hablado desde entonces. Dímelo tú, ¿qué pasa? ¿Qué ocurrió?

Tanya dejó escapar un suspiro y le dirigió a Carmen una sonrisa triste.

—Sí, supongo que tenemos que hablar. Pasa.

Se sentaron en la mesita de la cocina y Tanya sirvió café. El bebé estaba durmiendo en la sala de estar y en el pequeño transistor que había sobre la mesa sonaba un programa de entrevistas.

La charla intranscendente duró unos cuantos minutos y, pasado ese tiempo, Carmen le preguntó qué había pasado exactamente el día que se marchó de su casa tan repentinamente.

—No he dicho nada porque…, bueno, porque sabía que pensarías que era una estupidez –dijo Tanya en tono vacilante.

—¿No has dicho nada sobre qué? Si sirve para entender por qué te marchaste de aquel modo y sin dar ninguna explicación, no me importa lo estúpido que suene, quiero oírlo.

—Bueno, tu casa…, me sentí muy incómoda en ella. No quise decir nada porque…, bueno, por lo que tus hijos llevaban algún tiempo contándote, sabía lo preocupada que estabas y…

—Dijiste que no dejabas de ver cosas.

—Sí. Por el rabillo del ojo, como si alguien o algo pasara por el otro extremo de la habitación o de la casa. Pero no había nadie. Y me sentí…, no me sentí cómoda, eso es todo.

—Entonces, ¿crees que la casa realmente está…?

—No, en absoluto, ése es exactamente el motivo por el que no quería decirte nada. Sabía que pensarías que yo creía que la casa estaba embrujada, pero no es así, ¿de acuerdo? Creo que…, bueno, sólo creo que…

Cuando Tanya se quedó pensativa, Carmen le preguntó:

—¿Qué *crees,* Tanya?

Esta se rio nerviosamente.

—Bueno, no estoy segura. Probablemente fue sólo, ya sabes, lo que me dijiste cuando me contaste lo que te habían dicho los chicos, y la historia de la casa…, saber lo que era antes…, eso es todo, estoy *segura* de que sólo es eso.

Carmen reflexionó unos instantes sobre las palabras de su amiga, dio un sorbo al café y encendió un cigarrillo.

—Si eso es todo –dijo–, entonces, ¿por qué has dejado de venir a mi casa? ¿Por qué has estado evitándome?

—Bueno, como te he dicho, estaba avergonzada. Y no quiero molestarte con el bebé y…

—Sabes que el bebé no me molesta.

—La casa me incomoda, Carmen –dijo Tanya con un suspiro–. Eso es todo. Es estúpido. Es infantil. Pero sé lo que era antes y no dejo de pensar en las cosas que pasaban entonces… y no me siento cómoda.

—Tienes miedo de mi casa.

La risa repentina de Tanya sonó bastante forzada. Llevó la taza de café al fregadero y la enjuagó.

—Lo tienes –dijo Carmen, siguiéndola–. Le tienes miedo.

—Carmen, por favor, déjalo estar.

—Bueno, ¿y si te dijera que a veces yo me siento igual? ¿Y si te dijera que a veces veo cosas? ¿O que a veces oigo voces? ¿O que…?

Tanya se dio la vuelta de repente y la interrumpió:

—No hablas en serio, ¿verdad?

—Hablo completamente en serio. A veces creo que estoy perdiendo la cabeza. Y Stephen…, bueno, según tú, está pasando por una etapa, pero es una etapa que empezó justo después de que nos mudáramos a esa casa.

Tanya entrecerró los ojos y dijo en voz baja:

—¿De verdad oyes voces?

Carmen asintió.

—Entonces, ¿*crees* que la casa está, ya sabes, embrujada?

—Todavía no me he atrevido a utilizar esa palabra y no estoy segura de querer hacerlo. Pero te mentiría si te dijera que no se me ha pasado por la cabeza.

—¿Qué dice Al de todo esto?

Carmen se encogió de hombros.

—No hemos hablado de ello. No sé lo que piensa, ni si tiene alguna opinión al respecto. Tengo la sensación de que pensaría que estoy loca. Y ya hemos hablado de buscarle un terapeuta a Stephen, así que…, uno en la familia es suficiente, muchas gracias.

Tanya se apoyó en la encimera que separaba la cocina del comedor.

—Entonces ¿qué vas a hacer?

—¿Qué *quieres* que haga? No puedo hablar con Al, y lo último que necesitan los niños es que su madre les diga que la casa está embrujada. Ya han escuchado suficientes historias de Stephen. Pero tenía que contárselo a alguien. Por eso he venido a verte. Sienta bien…, bueno, soltarlo todo.

—Yo también me siento un poco mejor –se rio Tanya–. Al menos ahora sé que no estaba imaginándome cosas.

Carmen encendió otro cigarrillo.

—No lo sé. Tal vez todo sea producto de nuestra *imaginación*. Las cosas no nos han ido muy bien últimamente, de eso no cabe duda. Creo que todos estamos un poco tensos. Yo la primera. Y, como has dicho, la casa tiene un pasado bastante extraño. Sólo eso ya es espeluznante.

Se quedaron un rato en silencio. Las voces resonaron a través de la fantasmal estática de la emisora de radio.

De repente, Tanya empezó a tamborilear con los dedos sobre la mesa con decisión.

—¿Alguna vez has escuchado este programa? –le preguntó a Carmen señalando el aparato de radio.

Carmen meneó la cabeza.

—Creo que no.

—Es uno de mis programas de entrevistas favorito porque casi siempre traen a unos invitados muy interesantes. Invitados realmente *extraños,* ya me entiendes. Y, justo el otro día, entrevistaron a una pareja que creo que podría ayudarte.

—¿Qué? –se rio Carmen–. ¿Cómo podrían ayudarme?

—Son ese matrimonio, ya sabes, los Warren. Son, bueno, supongo que podríamos llamarlos cazafantasmas. Aunque de verdad, no esas tonterías que hace Bill Murray –dijo poniéndose a reír.

—Estás de coña, ¿no?

—No, no, en serio. No es la primera vez que oigo hablar de ellos. Leí un artículo que… –Chasqueó los dedos y se levantó–. De hecho…

Salió de la cocina y Carmen la oyó moverse de un lado a otro de la sala de estar. Cuando volvió a la cocina, vio que estaba ojeando rápidamente las páginas de una revista. Una vez que estuvo sentada, encontró lo que estaba buscando, dobló la revista por la mitad y la dejó caer sobre la mesa.

—Aquí están –dijo, señalando una fotografía.

Carmen, haciendo un gesto con la comisura de la boca que denotaba una divertida incredulidad, cogió la revista y estudió al hombre y a la mujer que aparecían en la página.

—¿Estas personas? ¿Quieres decir que estas personas son cazafantasmas? –preguntó mientras se reía– Pero si parecen muy normales.

—*Son* normales. Deberías escucharlos. Son completamente normales. Agradables, inteligentes, para *nada* unos locos.

El hombre y la mujer de la fotografía sonreían abiertamente a la cámara.

Ambos debían de rondar la sesentena, el hombre era fornido y con un poderoso pecho, tenía el pelo canoso y llevaba gafas de montura metálica, y la mujer tenía unos ojos relucientes y el cabello oscuro recogido en un moño. Parecían agradables, cariñosos, como un par de abuelos considerados. En el pie de página podía leerse lo siguiente: «Los demonólogos Ed y Lorraine Warren residen en Connecticut, pero viajan continuamente para dar conferencias y continuar con sus investigaciones».

—Puedes quedártela, si quieres –dijo Tanya–. Es un artículo muy interesante. Hablan de todas las señales de las infestaciones, ya sabes, cambios repentinos de temperatura, cosas que se mueven solas por la casa o que desaparecen, luces intermitentes, creo que las llaman «luces fantasmales», y todo ese tipo de cosas. Dicen que normalmente los niños y los animales son los primeros en darse cuenta porque son muy sensibles a ese tipo de cosas. También relatan algunos de los casos en los que han trabajado y, además…

—¿Los niños y los animales? –la interrumpió Carmen.

—¿Eh? Ah, sí. Perciben esas cosas mucho mejor que los adultos. –Carmen frunció el ceño y se miró la mano que tenía apoyada sobre la mesa–. Niños y animales. –Pensó en Stephen asegurándole desde el principio que en la casa pasaba algo malo…

—El perro –susurró para sí.

—¿Cómo? ¿Qué perro?

—Eh, hmm, sólo… ¿Recuerdas a ese perro que se pasó varias noches ladrando sin parar?

—Ah, ¿tú también lo oíste? Vaya, pensaba que iba a volverme loca. ¿Por qué?

—Al final, Al recorrió el vecindario hace unas cuantas semanas hasta dar con el dueño y le dijo que lo encerrara por las noches. Pero, antes de eso, se pasaba la noche ladrando delante de nuestra casa. Todas las noches. Se colocaba en la esquina delantera, la que da a este lado, y ladraba como si quisiera atacar la pared.

Tanya ladeó la cabeza y frunció el ceño.

—¿En serio?

—Sí. Sólo me despertó un par de veces, casi siempre duermo como un tronco, así que sólo lo vi un par de veces. Pero a Al supongo que lo despertó todas las noches. Me dijo que siempre estaba en el mismo sitio, ladrando… a la casa.

Tanya miró pensativamente a Carmen durante un rato con expresión preocupada. Luego le dio unos golpecitos con el dedo a la fotografía de los Warren y dijo:

—Creo que deberías llamarlos.

—¿Llamarlos? ¿Por qué? O sea, ¿qué podría decirles? Sólo estaba —se rio— haciendo un comentario.

—¿Qué puedes perder? Viven muy cerca de aquí, en Monroe. Tienen un museo en su casa, donde también dan conferencias y clases sobre demonología y…, bueno, todo está aquí, en el artículo. Quédatelo y léelo. Al menos podrías pedirles su opinión sobre la situación que estáis viviendo.

Carmen volvió a reírse.

—¿Sabes qué haría Al si supiera que he llamado a un par de cazafantasmas para contarles que nuestra casa podría estar embrujada? Se pondría hecho una furia.

—No tiene por qué saberlo, ¿no?

Carmen echó un vistazo a una columna del artículo mientras se lo pensaba.

—No, creo que no es buena idea. Estoy segura de que todo esto sólo…, bueno, últimamente he estado muy estresada y… es un problema mío, Tanya, bueno, un problema nuestro. Desde hace un tiempo las cosas están bastante tensas entre nosotros, eso es todo.

—¿Os pasa algo?

—No, nada importante. Al menos eso creo.

—Bueno, al menos llévate la revista y lee el artículo.

—Sí, claro. Parece muy interesante.

◆ ◆ ◆

Carmen se llevó la revista a casa, pero, en lugar de leerla, la dejó sobre una pila de revistas que había bajo la mesita de la sala de estar.

Sin embargo, no la olvidó. No del todo…

♦ ♦ ♦

Carmen no era la única que le había estado dando muchas vueltas a lo que había dicho Stephen el día que llegaron a la casa.

Las palabras de su hijo le perseguían y le obsesionaban del mismo modo en que el fantasma de una víctima de asesinato es capaz de perseguir a su asesino: con persistencia cruel y testaruda.

Empezó a beber más. Aunque era consciente de ello y no le gustaba, no sabía qué más podía hacer. Por las noches no dormía bien y por la mañana le costaba levantarse. Le costaba mucho mantener la atención en el trabajo durante el día y, cuando llegaba a casa por la tarde, estaba demasiado nervioso y agotado como para mantener una conversación, por muy trivial que ésta fuera. Por tanto, le parecía que tomarse unas cuantas cervezas era la mejor solución.

Todo por culpa de una música fantasmal que oía por las noches, un maldito perro que no dejaba de ladrar (al menos, hasta hacía un par de semanas), una cama que vibraba y el convencimiento de Stephen de que la casa era maligna, además del hecho de conocer el pasado de la casa.

Y, por supuesto, también estaba el inquietante cambio que había experimentado Stephen. A Al ya ni siquiera le gustaba mirarle a los ojos; trasmitían la frialdad de un extraño con malas intenciones y conseguían erizarle el vello de la nuca.

Sin embargo, el problema no eran sólo sus ojos. El sonido de su risa que subía por las escaleras cuando estaba solo en su habitación era desconcertante, como sus silenciosos murmullos mientras caminaba por el pasillo. Ya ni siquiera pasaba tanto tiempo con Jason como antes, y eso que habían sido inseparables. Jason todavía venía a casa y bajaban juntos al sótano para escuchar aquella música horrible. A veces, Al los pillaba cruzando una mirada o un susurro y tenía la sensación de que ambos compartían un secreto malsano.

Una tarde, mientras la familia al completo estaba viendo la tele en la sala de estar, Stephen los sorprendió a todos al unirse a ellos. Se sentó en el suelo en un rincón detrás de ellos y dobló las rodillas delante del pecho.

Nadie le dijo nada. Se limitaron a intercambiar miradas rápidas y sorprendidas y volvieron a centrar su atención en la pantalla.

Entonces Stephen empezó a murmurar en voz baja.

Aunque al principio le ignoraron, y Al tuvo que hacer un gran esfuerzo para conseguirlo, Stephen continuó murmurando.

Las palabras eran ininteligibles y su voz, un zumbido grave y gutural puntuado de vez en cuando por una leve risita. En todo momento, sus ojos permanecieron fijos en la pantalla del televisor.

La mano derecha de Al empezó a apretar más y más la botella de cerveza hasta que…

—¿Podrías dejar de hacer esos malditos ruiditos? –le gritó Al–. ¿Qué *demonios* te pasa? ¡Te comportas como una persona demente, como una persona enferma! ¡Cállate de una vez o lárgate a tu maldita habitación!

Todo el mundo se puso rígido ante los gritos de Al. Sin embargo, Stephen se limitó a permanecer sentado unos momentos más, mirando la tele y murmurando para sí mismo. Entonces, se puso de pie y dijo en voz baja:

—Está bien. –Salió de la habitación sin mirar a nadie y, al pasar junto a Al, sus labios esbozaron una sonrisa gélida.

Le oyeron bajar la escalera…, sus pasos y su risa casi silenciosa.

Al odiaba los murmullos de Stephen, como también odiaba sus propios gritos, pero no sabía qué hacer para evitarlo y no tenía ni idea de cuál era su origen. Era muy extraño. Antes su familia siempre había estado muy tranquila y feliz.

Confiaba en que aquella etapa pasara, que quedara atrás definitivamente y las cosas volvieran a ser como siempre habían sido.

Hasta entonces, haría todo lo posible por ignorarlo.

◆ ◆ ◆

El día que Carmen habló con Tanya sobre la casa, Al llegó del trabajo como solía hacerlo últimamente: consumido. Sólo tenía ganas de disfrutar de una buena cena y de relajarse con unas cuantas cervezas.

Sin embargo, no le esperaba nada de todo eso.

Cuando entró por la puerta principal, oyó los sollozos de Carmen. Entró en el comedor y la encontró sentada en una de las sillas que hacían juego con la mesa, aunque estaba girada hacia la puerta de la cocina. Estaba inclinada hacia delante, con los codos sobre los muslos, el mentón apoyado en las palmas de las manos y los dedos sobre las mejillas mientras miraba en dirección a la cocina y sollozaba.

—¿Carm?

Ésta se enderezó y soltó un grito asustado.

—¿Qué pasa? –preguntó Al, incapaz de ocultar su disgusto.

Intentando recuperar el aliento, Carmen se secó los ojos y después señaló hacia la cocina. Trató de decir algo, pero sólo logró volver a sollozar.

Al se dirigió hasta la puerta y miró el interior de la cocina. El suelo estaba lleno de fragmentos blancos de vajilla, esparcidos sobre un enorme charco de un líquido seco, de aspecto pegajoso y de color granate y entre gruesos pedazos de una sustancia difícil de identificar que parecía haberse arrastrado por el linóleo.

—¿Qué ha pasado? –preguntó Al.

—Willy. Estaba fuera y yo no lo sabía. Se ha s… subido a la encimera y ha tirado la botella de zumo y la cacerola.

Al suspiró y la rodeó con sus brazos.

—Vale, ¿y por qué estás tan afectada? Tampoco es para tanto, ¿no? O sea, es sólo… bueno, es sólo un suelo sucio, ¿no? Podemos limpiarlo.

Carmen levantó lentamente la cabeza para mirarlo. Tenía la boca crispada hacia abajo y apretaba con fuerza los labios.

—Vale, ¡entonces límpialo *tú!* –gritó– ¡Pasa *tú* el mocho por el maldito suelo! ¡Ya verás lo que *pasa!*

Al dio un paso atrás con la boca abierta.

—¿Q… qué?

—¡El suelo! Adelante, ponte a fregar y verás qué… ¡No, no! ¡Mejor te lo enseño yo! –Se levantó de golpe–. ¡Observa, no te pierdas detalle! –Se alejó de la silla y salió del comedor.

Al se quedó junto a la silla con semblante confundido. ¿La demencia de Stephen era contagiosa? ¿Qué le estaba *pasando* a su familia?

Unos minutos después, Carmen regresó con la fregona y un cubo lleno de agua. Se quitó los zapatos y se agachó para enrollarse las perneras de los pantalones.

—Ahora mira –dijo.

Al, quien aún parecía que le hubieran dado un bofetón sin razón aparente, observó cómo Carmen empezaba a fregar el suelo de linóleo rojo de la cocina.

Michael, que había oído los gritos de su madre, se unió a él.

Poco después, también llegaron Stephanie y Peter.

Todos miraron a Carmen mientras esta fregaba el suelo. Vieron cómo la fregona se teñía de un color oscuro y cómo sus pies descalzos chapoteaban sobre un líquido de un tono entre marrón y rojizo que empezó a acumularse rápidamente en el suelo de linóleo.

Y olieron el tufo a cobre.

Carmen seguía llorando y, de vez en cuando, tenía que detenerse para enjuagarse las lágrimas con el dorso de la mano. Al cabo de un rato, se detuvo y se volvió hacia Al, ignorando completamente la presencia de los niños.

—¿Ves esto? –le gritó–. ¡Pues *esto* es lo que me pasa cada vez que tengo que fregar este maldito suelo! ¡Por eso estoy cabreada! ¡Dame una explicación! ¿Qué demonios es *esto?*

Al contempló boquiabierto la sustancia rojiza durante unos instantes y, después, avanzó hasta Carmen y le apoyó una mano en el hombro.

—Arrancaré el linóleo –dijo–. Cambiaremos el suelo. El dueño del piso pagará la reforma. Es muy viejo, eso es todo. Ese líquido debe de salir cuando se moja. Cambiaremos el suelo y no volverá a pasar.

Al le apretó el hombro y esbozó una sonrisa un poco forzada.

Carmen le miró como si estuviera sorprendida.

—¿En serio? –le preguntó.

—Sí, claro, no hay problema. Simplemente arrancaremos el maldito linóleo. Es muy viejo, eso es todo. O sea, piénsalo fríamente. ¿Cuántos años tiene esta casa?

Volvió a esbozar otra sonrisa, y esta vez casi resultó creíble.

—Llamaremos a Lawson para decírselo y lo haré este mismo fin de semana –dijo–. Eso es todo, cariño. De verdad.

Carmen le miró fijamente.

—¿Lo dices en serio?

—Por supuesto.

Carmen encogió el hombro, aliviada. Entonces se acercó más a él y Al la abrazó.

—¿Qué le pasa al suelo, mami? –preguntó Stephanie.

—Nada, que es muy viejo, cariño –respondió Al–. Y cuando se pasa el mocho, el agua disuelve el color. Casi parece…

—Sangre –dijo Michael con el miedo tiñéndole la voz.

—Sí –se rio Al–. Es verdad que casi parece sangre.

—Pero ¿y ese olor? –preguntó Carmen.

Al se encogió de hombros.

—Es del linóleo, eso es todo. –Se volvió hacia Carmen–. ¿Quieres que lo limpie yo, cariño? No me importa.

—¿De verdad?

—Claro. Aunque antes tengo que ir al baño. –Le dio un beso en la parte superior de la cabeza y, conteniendo la respiración todo el rato, salió del comedor, recorrió el pasillo y se metió en el cuarto de baño. Cerró la puerta, corrió el pestillo y se llevó una mano temblorosa a la frente. Le dolía mucho la cabeza, le *palpitaba*, y notaba el corazón latiéndole en la garganta.

Había perdido la calma. Y la confianza que había mostrado ante Carmen no sólo había desaparecido con ella, sino que la había impostado desde el primer momento.

Se había agarrado desesperadamente a la teoría que le había dado a Carmen para explicar lo que le ocurría al suelo y, para su sorpresa, había funcionado. El único problema era que él mismo no se la creía.

—Dios todopoderoso –se dijo mientras respiraba entrecortadamente y se deslizaba por la puerta hasta quedar sentado en el suelo del baño–, ¿qué está pasando?

193

Quince

Invitados en la casa

Una tarde de domingo del mes de junio, un par de semanas después de que terminara el curso escolar, Carmen recibió una llamada de su hermana Meagan desde Alabama.

Michael y Stephanie estaban jugando en la calle y Peter estaba en el patio trasero con Al, quien estaba intentando encender la barbacoa para hacer hamburguesas.

Stephen, como siempre, estaba en su habitación del sótano.

Meagan tenía diabetes y últimamente había estado muy enferma. Además, ella y su marido estaban inmersos en un proceso de separación un tanto difícil en el que solían discutir a gritos, lanzarse amenazas y desenterrar viejas ofensas que habría sido mejor discutir en privado y en voz baja que delante de sus dos hijas. De modo que la llamó para pedirle si podía quedarse con las chicas, Mary y Laura, hasta que mejorase la situación.

—Bueno, yo, hmm, claro, no creo que… ¿Puedo devolverte la llamada en unos minutos? Creo que primero tendría que hablarlo con Al. Te llamaré en cuanto hable con él, ¿de acuerdo?

Cuando Carmen colgó, la puerta principal se abrió y Michael entró en casa sudando copiosamente y sin aliento. Le hizo un gesto con la mano al pasar y se encaminó hacia la escalera.

Carmen salió al patio trasero y le contó a Al la conversación que había mantenido con su hermana.

—¿En serio? –dijo Al cuando hubo terminado–. Bueno, si necesita ayuda con las niñas, claro. Ningún problema. ¿Cuánto tiempo te ha dicho que sería?

—No me lo ha dicho.

—Bueno –Al se encogió de hombros–, está bien. Claro, dile que nos las manden.

—Gracias, cariño. –Carmen volvió a entrar en casa, descolgó el teléfono y, cuando estaba marcando el número de su hermana, oyó…

—¡Ahhh!

El grito de Michael fue tan penetrante que Carmen dejó caer el auricular.

—¡Ven, mamá! ¡Ven *ahora* mismo!

Carmen corrió por el pasillo en dirección a las escaleras.

—¿Qué ocurre? –gritó mientras empezaba a bajar por ellas– ¿Qué ha pasado?

Michael estaba al pie de las escaleras, señalando hacia su habitación con la boca abierta mientras daba pequeños saltitos en el suelo y haciendo señas con los brazos para que Carmen se acercara rápidamente.

—¡Date prisa, *date prisa!* –gritaba.

Una vez abajo, Carmen se detuvo al lado de Michael, dirigió la mirada hacia la habitación y…

No vio nada.

Miró fijamente, esperando que sucediera algo, cualquier cosa, que pudiera explicar el comportamiento de Michael. Pero no pasó nada.

—Michael, ¿qué te *pasa?* –le regañó.

—¡Hace un segundo estaba ahí! ¡Ha recorrido toda la habitación por encima del estante!

—¿Quién era? ¿*Quién* ha recorrido la habitación?

—Él… estaba… había un… un –Mientras tartamudeaba, Michael señaló en dirección al dormitorio. La mano le temblaba por la ansiedad.

—De acuerdo, Michael, cálmate. ¿Qué ocurre? –La voz de Carmen se quebró al darse cuenta de que el comportamiento de Michael la estaba incomodando.

—¡Era un niño, mamá! ¡Un niño pequeño! Era… era negro y llevaba un pijama, un pijama de Superman, rojo y azul, y ha recorrido la habitación desde ese extremo del estante hasta *ese* otro, y después ha… desaparecido.

—¿A dónde ha ido?

El cuerpo de Michael se relajó repentinamente, como si toda el nerviosismo que le embargaba se le hubiera agotado de golpe. Se giró hacia su madre lentamente y bajó la cabeza, súbitamente avergonzado.

—Ha desaparecido por… la pared –murmuró.

Carmen recorrió la habitación con la mirada en silencio durante unos instantes. No sabía qué decir ni qué hacer. ¿Cómo iba a explicarles aquel tipo cosas a Mary y Laura? ¿Qué podría decirles? Y peor aún, ¿qué le dirían ellas a su madre cuando volvieran a casa?

El sonido de una risa ahogada detrás de ellos hizo que perdiera el hilo de sus pensamientos.

Al darse la vuelta, vio a Stephen de pie al otro lado de las puertas francesas, las cuales estaban ligeramente abiertas. Sólo llevaba puestos unos calzoncillos que necesitaban un lavado urgente y unos auriculares unidos a un cable que se extendía hasta el pequeño estéreo que tenía junto a su cama. Al parecer, se había dibujado algo en el pecho, una especie de estrella con un círculo que la envolvía.

Se estaba riendo de ellos.

—¿Has hecho algo que ha asustado a tu hermano, Stephen? –le preguntó Carmen en tono enojado.

Volvió a reírse.

—*Yo* no he hecho nada.

—¿Lo has visto? –le preguntó Michael con un aire de esperanza en la voz.

Stephen levantó las manos con las palmas hacia afuera y dio un par de pasos atrás mientras se reía entre dientes.

—¡Eh, ni hablar! Yo no pienso transgredir las normas. Si recuerdas, no debemos hablar de eso. Nada de fantasmas, nada de voces. Si no hacemos lo que nos dicen, nos gritan.

—Vale, si has visto algo, *quiero* que me lo cuentes, Stephen –insistió Carmen.

Stephen volvió a reírse mientras negaba con la cabeza.

—Ni de coña. –Alargó una mano y cerró las puertas; dio media vuelta y regresó a su cama.

Carmen se apartó de la puerta y se pasó una mano por el pelo al tiempo que soltaba:

—¡*Mierda!* –Y dirigiéndose a Michael–: Lo siento mucho, cielo. Ahora mismo no tengo tiempo para esto, he de llamar a la tía Meagan. –Subió las escaleras mientras trataba de ignorar el suspiro apesadumbrado de Michael.

Rápidamente, volvió a centrar toda su atención en sus sobrinas. Las chicas pensarían que todos estaban locos. ¿Debería advertirles antes? Si conocían de antemano las historias que explicaban los chicos, si les contaba lo que había sido la casa en el pasado, ¿vendrían igualmente… o preferirían quedarse con algún otro miembro de la familia durante un tiempo?

«Eso no es lo que te preocupa y lo sabes –murmuró su voz interior–. No te preocupa que piensen que estás loca o lo que puedan contarle a su madre, ¿verdad? No, claro que no. Entonces, ¿qué es lo que te preocupa, Carmen? ¿Qué es?».

Cuando cogió el teléfono, supo exactamente qué era lo que más le preocupaba.

Le preocupaba que las chicas no estuvieran a salvo en la casa.

Michael entró en la habitación de Stephen y se detuvo al lado de la cama. Stephen estaba tumbado en ella, escuchando música, con los ojos cerrados y las manos entrelazadas detrás de la cabeza. El sonido amortiguado de la música que salía de los auriculares le recordó a un enjambre de pequeños insectos.

Se inclinó para sacudirle un pie.

Stephen abrió los ojos y se lo quedó mirando, pero en un primer momento no se quitó los auriculares.

—Lo has visto, ¿verdad? –le preguntó Michael.

Molesto, Stephen se quitó los auriculares de las orejas.

—¿Qué?

—Te he preguntado si lo has visto. Al fantasma. Ese niño pequeño negro con el pijama de Superman.

—¿Cómo sabes que era un fantasma? –preguntó Stephen con una sonrisa astuta.

—¿Tú no crees que lo fuera? –Michael estudió el rostro de su hermano, su expresión burlona y sagaz–. *Sabes* perfectamente lo que era, ¿verdad? Tú lo sabes todo. ¿Me equivoco?

Stephen se rio, volvió a ponerse los auriculares, cerró los ojos y empezó a mover el pie al ritmo de la música.

Michael se alejó lentamente de la cama y salió de la habitación de Stephen, cerrando las puertas francesas detrás de él. De repente, no se encontraba muy bien, por lo que subió las escaleras muy despacio, tratando de no pensar en su hermano ni en lo que fuera que estuviera ocultándole ni en lo que fuera que Stephen pudiera saber…

◆ ◆ ◆

Mary y Laura llegaron tres días después. Al fue al aeropuerto, las recogió y las llevó a casa para agasajarlas con una de las célebres comidas de Carmen.

Mary tenía doce años y era una niña tranquila con el cabello de un rubio casi dorado y una cara dulce y perfecta. La última vez que Carmen la había visto tenía siete años, por lo que le costó reconocerla.

Sin embargo, a sus diecisiete años, Laura había experimentado cambios aún más sorprendentes. Se había convertido en una joven alta y hermosa con una figura esbelta y bien formada y un cabello rubio oscuro que le caía sobre los hombros.

Las chicas dejaron las maletas en la habitación de Stephanie. Durante su estancia, Stephanie dormiría en la habitación de Peter y éste compartiría la habitación con Michael.

Durante la abundante comida que había preparado Carmen, charlaron un buen rato. Si bien Mary era callada y tímida, Laura apenas dejaba de hablar. Era una chica animada y bulliciosa, y la casa resonaba con su risa.

Sin embargo, las risas no tardarían mucho en desvanecerse.

♦ ♦ ♦

Mientras todo el mundo comía y charlaba animadamente en el piso superior, Stephen estaba sentado en su cama con las piernas cruzadas al estilo indio. Llevaba puestos unos vaqueros cortados y en su regazo tenía apoyado un bloc de dibujo grande. Estaba escuchando música *heavy metal* a través de los auriculares mientras dibujaba en el bloc con un rotulador negro.

El volumen de la música era ensordecedor, incluso demasiado alto para el propio Stephen, pero así era como le gustaba escucharla…, así era cómo la necesitaba. La ponía tan alta por un motivo.

Durante los últimos meses la voz le hablaba cada vez con más frecuencia. Al principio se asustaba al oírla, pero actualmente, a lo sumo, le producía una cierta inquietud.

A veces, mientras la voz le hablaba, veía imágenes en su mente; imágenes desagradables y violentas que lo acosaban y le obsesionaban hasta que las pasaba a papel, hasta que trazaba crudos bocetos de aquellas imágenes borrosas que circulaban por delante de sus ojos. Los dibujos eran tan desagradables como las cosas que le decía la voz…, cosas malas, diabólicas. Había estado escuchando la música con los auriculares a un volumen ensordecedor con la esperanza de amortiguar la voz todo lo posible, aunque entonces en realidad ya no le importaba. Sólo de vez en cuando sentía un escalofrío cuando la escuchaba, cuando oía las cosas que le pedía que hiciera. Al fin y al cabo, ¿por qué debería tener miedo? Como le había dicho al principio, y tantas otras veces desde entonces, Stephen estaba escuchando la voz de Dios…

Mientras arañaba el bloc con el rotulador, la música evitaba que escuchara las voces risueñas procedentes del piso superior, hasta que…

—Stephen.

Fue tan repentina e inesperada, tan clara pese a la estridencia de la música, que Stephen movió la mano bruscamente, trazando con el rotulador una línea irregular sobre el papel. Stephen levantó la cabeza.

—Stephen, están aquí –le dijo la voz.

«¿Quién?», preguntó en silencio, en su mente. Había descubierto que no era necesario hablarle en voz alta a la voz, ya que ésta podía oír sus pensamientos.

—Tus primas. Tus hermosas primas. Hace un tiempo que no las ves, por eso no sabes lo adorables que son, pero… lo son, Stephen. Tan jóvenes y con una piel tan suave. Deben de tener un tacto taaaan bueno…, deben de tener un sabor taaaan delicioso…

Mientras el cantante gritaba en los auriculares, respaldado por el chirrido de las guitarras y el atronador retumbar de la batería, Stephen oyó como la voz se reía suavemente, aquella risa fría, gélida que recordaba al sonido de piedras mojadas chocando entre sí.

—Creo que deberías ir a ver a tus primas, Stephen –le dijo la voz.

«Vale».

Stephen dejó sobre la cama el bloc de dibujo y el rotulador, se quitó los auriculares y se puso de pie rápidamente. Ya no dudaba ni un instante cuando la voz le pedía que hiciera algo.

—No, no. Ahora no, Stephen.

Volvió a sentarse lentamente en la cama. Y esperó.

La música estridente que salía de los auriculares le recordó la grabación de una masacre.

—Más tarde –dijo la voz–. Ya te diré cuándo. Quizá durante la noche. Si no es esta noche, cualquier otra.

—¿Stephen?

La voz de su madre le sobresaltó; ni siquiera la había oído bajar las escaleras ni abrir las puertas francesas. Levantó la cabeza para mirar en su dirección.

—¿Qué estás haciendo?

—Nada… Dibujando.

—Las chicas están aquí. Estamos comiendo todos. ¿Quieres venir a verlas y comer con nosotros? –Parecía cautelosa. Últimamente, siempre le hablaba en un tono muy cauteloso.

—Eh, no. No, no. –Se recostó en la cama, entrelazó las manos detrás de la cabeza y se la quedó mirando fijamente.

—¿No tienes hambre?

—No.

Carmen frunció el ceño, se acercó a la cama y se arrodilló con una sola pierna.

—Stephen, escúchame –le dijo en voz baja. De modo vacilante, casi como si no se atreviera a hacerlo, alargó la mano y la posó suavemente sobre la de su hijo–. No estoy segura de lo que te pasa. Ya no eres el mismo, y creo que lo sabes tan bien como yo. Sigo confiando en que…, bueno, si te preocupa algo, vengas a hablar conmigo y me lo cuentes. Pero me preocupa que…, bueno, no puedo dejar de pensar que tal vez, hmm…, que tal vez el cáncer…

—¿Se haya reproducido? –la interrumpió Stephen con una leve sonrisa.

Carmen asintió.

Stephen empezó a reír.

—No te preocupes por eso. No va a pasar. –Y volvió a reírse.

—¿Qué quieres decir?

—Mis amigos no permitirán que pase.

Carmen abrió mucho los ojos, enarcando las cejas.

—¿Qué amigos? ¿A quién te refieres?

—A los amigos que tengo en la casa. Ah, es verdad –Se llevó una mano a la boca y se rio a través de los dedos–. No quieres que hable de ellos. Tú no crees en ellos. Pero no pasa nada, mamá. Ellos sí creen en mí. Y no permitirán que vuelva a ponerme enfermo.

Carmen se puso de pie lentamente mientras flexionaba las mandíbulas al apretar y aflojar los dientes. Miró a Stephen como si, ante sus propios ojos, hubiera sido reemplazado por alguien a quien jamás hubiera visto antes. Por un instante, dio la impresión de estar a punto de decir algo, pero entonces sus ojos se fijaron en el bloc abierto, en el dibujo que había estado haciendo Stephen.

Los ojos de Stephen siguieron su mirada hasta la figura de la página.

Era un hombre con bigote y cabello oscuro, vestido con una camisa a cuadros. Se parecía bastante a su padrastro, a Al. Unas gotas de sangre negra manaban del enorme anzuelo clavado en el cuello del hombre.

Stephen sonrió a su madre mientras ésta se volvía lentamente hacia él con una gélida mirada de sorpresa en el rostro.

Finalmente, dio media vuelta y salió de la habitación.

Stephen empezó a reír mientras oía los pasos de su madre en la escalera. También oyó como la voz se reía con él.

DIECISÉIS

LAURA

Carmen se había estado preguntando cuándo iba a suceder. Parecía pasarle a todo el mundo, por tanto, ¿por qué no iba a pasarle también a las chicas? Lo que no había imaginado es que pasaría tan pronto.

Fue durante la mañana después de su llegada. Al se había ido a trabajar unas horas antes, todos habían desayunado y Laura había ayudado a Carmen a fregar los platos. Mary se había sentado en el sofá delante de la tele para ver una telenovela que nunca se perdía y los chicos estaban fuera. Carmen y Laura se sentaron a la mesa del comedor con dos vasos altos llenos de té helado.

Mientras recogían la cocina habían estado conversando, pero Laura se había mostrado extrañamente silenciosa. El día anterior, Carmen había pensado que parecía imposible que la chica se calmara. Pero ahora *estaba* tranquila, incluso tenía el ceño un poco fruncido, como si estuviera preocupaba por algo.

—¿Qué tal has dormido? –le preguntó Carmen.

—Eh… –Laura se encogió de hombros.

—Sé que a veces es difícil dormir en un lugar extraño. Cuesta un poco acostumbrarse a otra cama.

Laura asintió con la cabeza.

Unos instantes después, Carmen insistió:

—No has dormido bien, ¿verdad?

Las facciones de Laura se tensaron mientras se lo pensaba un momento.

—Tía Carmen, hay algo… –Respiró hondo y dejó escapar un suspiro.

—¿Sí?

—No me gusta esta casa.

Ahora fue Carmen la que soltó un suspiro. Sólo habían pasado veinticuatro horas y ya…

—¿Qué es lo que no te gusta?

—Bueno, mamá me dijo que antes era una…

—Ojalá no te lo hubiera contado.

—Ah, pero eso no me importa, de verdad. Es otra cosa. Anoche, en la cama, me sentí como si…, hmm…, bueno, como si no estuviera sola en la habitación.

—Estabas con Mary.

—No, no me refiero a eso. Sentí como si hubiera otra persona en la habitación. Alguien… creo que alguien no dejaba de moverse por todas partes. En la oscuridad.

—¿Y?

—Bueno, no había nadie, por supuesto. Pero daba esa sensación.

Carmen pensó un instante antes de hablar. Podría decirle a Laura lo mismo que le había dicho a Tanya, pero ¿por qué abrir esa caja de Pandora? Laura ni siquiera *parecía* creérselo del todo.

—Cielo, me temo que estás en una casa bastante extraña –dijo Carmen finalmente–. Al menos, ahora mismo lo es. Sabes lo de la enfermedad de Stephen, pero…, bueno, las cosas han estado un poco tensas desde entonces. –Le contó brevemente a Laura los cambios que había experimentado Stephen desde que cayera enfermo y las teorías que habían barajado sobre su posible causa: la propia enfermedad, el tratamiento y los fármacos, la mudanza y, tal vez, también la relación que mantenía con Jason, y el estrés que su transformación había provocado en toda la familia.

También le habló de los sentimientos que la casa despertaba en Stephen; según éste, la casa era maligna y estaba embrujada, poseída por algo o alguien. Finalmente, le reveló cómo todo aquello había afectado a los otros chicos y frustrado a Carmen y Al hasta el punto de hacerles perder los nervios.

Sin embargo, no le dijo nada de sus propias experiencias con la casa, sobre todo porque ella misma estaba intentando olvidarlas.

—Me parece que lo que estás captando –le dijo Carmen–, es la tensión que hay en la casa. Eso es todo.

—Entonces, Stephen también cree que la casa está embrujada, ¿no?

Carmen no pudo contener un pequeño estremecimiento.

—Y tú…, ¿qué crees tú?

Laura se encogió de hombros.

—Bueno, no estoy segura. Lo que sí sé es que anoche sentí algo raro. Y no *era* tensión precisamente, tía Carmen. Era…, bueno, algo malo. Oscuro. Es difícil de explicar. Pero, si he de serte sincera, no me siento cómoda aquí ahora mismo.

Carmen cerró los ojos un instante y meditó sobre qué respuesta podía darle a la chica. Un repentino estremecimiento producido por el miedo le recorrió todo el cuerpo. Tener otra persona en la casa que insistía en que ésta estaba embrujada sólo ayudaría a empeorar las cosas.

—Laura, te pido que no le cuentes a nadie lo que piensas acerca de la casa. Por favor, no les digas nada a los niños. Y, especialmente, no le digas nada a Al. Está harto de todo esto. Sería la gota que colma el vaso.

Laura aceptó no decir nada.

—Pero sigo estando un poco nerviosa… Al estar aquí, quiero decir.

—Es sólo la novedad, nada más que eso. Ya te acostumbrarás. –Carmen esbozó una sonrisa forzada que no consiguió que resultara demasiado convincente.

Diecisiete

El invierno da paso a la primavera II

Al cabo de poco tiempo, las chicas empezaron a comportarse como si estuvieran viviendo en su propia casa. A la segunda semana de su llegada, ya se sentían lo suficientemente cómodas como para circular por la casa sin prestar demasiada atención a su aspecto o cogiendo cosas de la nevera sin pedir permiso. Se convirtieron en dos miembros más de la familia con tanta facilidad que los demás se olvidaron rápidamente de que en realidad eran invitadas.

Sin embargo, por muy cómodas que se sintieran, Laura nunca pudo relajarse del todo. Siempre tenía la sensación de que algo dentro de ella la incomodaba y hacía que siempre estuviera tensa y ansiosa, nerviosa y, a veces, incluso ligeramente mareada. Sin embargo, no *era* nada que estuviera dentro de ella. Laura sabía perfectamente qué era lo que provocaba que se sintiera así.

La casa.

Lo peor de todo era que no podía precisar qué era exactamente lo que la incomodaba. Era sólo una sensación.

A veces era una sensación de frialdad, un escalofrío en los huesos que le recorría todo el cuerpo, desde lo más *profundo* de su organismo, y que luego desaparecía rápidamente mientras recorría el pasillo o entraba en otra habitación. En otras ocasiones, tenía la sensación de que la estaban observando mientras se desvestía o se duchaba; un par de veces, de hecho, tuvo que salir de la ducha antes de tiempo por culpa de la abrumadora y casi sofocante sensación de que había alguien más en el baño y que estaba a punto de rasgar la cortina de la ducha y reírse de ella, aunque cuando echaba un vistazo siempre estaba sola.

A veces creía que alguien la seguía por la casa o, y eso era aún peor, que alguien pasaba por su lado rozándola en el umbral de una puerta o en el pasillo. Sin embargo, nunca pudo demostrar que aquella sensación estuviera justificada. Nunca había nadie cerca que pudiera provocarla; por mucho que mirara, nunca veía, ni oía, nada que pudiera explicar aquella sensación. Al menos, todavía no…

Con el paso de los días y las semanas, Laura empezó a oír sonidos extraños. Al había llevado una pequeña cama plegable a la habitación de Stephanie y las chicas habían arrojado una moneda al aire para determinar quién se quedaba con la cama propiamente dicha; Laura había ganado.

A veces, a altas horas de la noche, mientras Mary dormía profundamente, a Laura le parecía oír pasos alrededor de su cama en la oscuridad. Eran pasos ligeros, cautelosos, que apenas rozaban el suelo de madera mientras avanzaban por uno de los costados de la cama, después por los pies de ésta y, finalmente, por el otro lado antes de volver a dar otra vez una vuelta completa.

La segunda noche que sucedió, Laura despertó a su hermana.

—Mary. ¡Mary! ¡Despierta, Mary!

—¿Eh? ¿Hmmm? ¿Quééé? *¿Quepasa?* –dijo Mary al cabo de un momento.

—¡Escucha! –murmuró Laura.

—¿El qué?

—¡Tú *escucha!*

Silencio.

—¿Qué tengo que escuchar? –preguntó Mary, aturdida.

—¿No oyes nada?

—No.

—¿No oyes… pasos?

—Hmmm…, venga, Laura, tranquilízate. Estaba dormida. –Volvió a darse la vuelta e ignoró a su hermana.

Otras veces, le parecía oír a alguien caminando por el exterior de la casa. Aunque no tenía ningún sentido, aunque Laura *sabía* que era imposible, le parecía oír a alguien caminando alrededor de la casa una y otra vez durante toda la noche.

A veces, cuando estaba sentada sola en una habitación, en el sofá de la sala de estar, por ejemplo, leyendo un libro, tenía la impresión de que una voz le susurraba palabras ininteligibles desde un rincón oscuro de ésta.

Después de la reacción de la tía Carmen a sus primeros comentarios sobre la casa, no se atrevía a decirle nada más. Y después de lo que ésta le había dicho sobre el tío Al, evidentemente tampoco le apetecía contárselo a él.

De modo que se lo guardó para sí. No dejaba de intentar convencerse a sí misma de que no era más que un producto de su imaginación…, aunque, en el fondo, sabía que no era así.

No tendría que pasar mucho tiempo para comprender que no se equivocaba.

◆ ◆ ◆

Un día, a última hora de la noche, mientras Stephen dormía plácidamente, algo que no era habitual en él, la voz le dijo bruscamente:

—¡Stephen! ¡Es hora de levantarse! ¡Ahora!

Stephen abrió los ojos de par en par y se sentó de golpe en la cama con la espalda rígida y los puños apretados. A pesar de que un momento antes había estado profundamente dormido y de que hacía mucho tiempo que no lo hacía tan plácidamente, se despertó al instante.

—Levántate, Stephen –le ordenó la voz–. Ha llegado el momento de las visitas.

Stephen supo de inmediato lo que significaba aquello. Apartó las sábanas y bajó de la cama, salió de la habitación y atravesó la de Michael haciendo todo lo posible por no despertar ni a éste ni a Peter. Una vez en el piso superior, cruzó la sala de estar, recorrió el pasillo y, con sumo cuidado, abrió la puerta de la habitación de Stephanie. En cuanto fue capaz de asomar la cabeza en su interior, esperó unos instantes para comprobar que no había interrumpido el sueño de Laura y Mary.

Cuando estuvo seguro de no haberlo hecho, entró en la habitación y cerró la puerta silenciosamente a su espalda.

La pálida y tenue luz de la luna, que se filtraba por la ventana situada en el otro extremo, iluminaba toda la habitación. Stephen aprovechó la circunstancia para maniobrar entre la cama y el plegatín.

Observó dormir a las chicas durante un buen rato. Paseó la mirada de la una a la otra lentamente, acariciando con los ojos sus indefensos rostros, contemplándolas mientras soñaban.

Mientras las observaba, notó cómo crecía lentamente un impulso dentro de él, un impulso que no podía seguir ignorando. Finalmente, de pie en la oscuridad teñida por la luz de la luna, se rindió a él.

Posó la mirada en Laura, la cual estaba tumbada de espaldas y mirando hacia el otro lado de la cama, se agachó y, con mucho cuidado, puso una mano sobre su hombro para comprobar cuál era su reacción.

No ocurrió nada.

Bajó la mano hasta colocarla en la parte superior de su brazo.

Aún nada. Laura continuó respirando de forma lenta y regular.

Stephen movió la mano hasta situarla encima de su pecho.

—Es agradable, ¿verdad? –le susurró la voz.

«Maravilloso», pensó Stephen distraídamente. Es una sensación maravillosa.

—Te gustaría tocar más cosas, ¿verdad? ¿Te gustaría *hacer* más cosas?

«Sí, me encantaría».

—Pero ella es demasiado mayor. Se defendería. Sólo serviría para meterte en problemas. Necesitas a alguien más pequeño. Alguien más joven.

«Tienes razón. No quiero meterme en problemas».

—Date la vuelta –dijo la voz al tiempo que se echaba a reír.

Stephen obedeció y se dio la vuelta para mirar a Mary.

Más pequeña. Más joven. Evidentemente incapaz de defenderse.

Stephen sonrió y posó una mano, primero en el hombro de la niña y, luego, sobre su brazo.

—Eso está mejor –susurró la voz…

◆ ◆ ◆

Dos días después, cuando Carmen llegó a casa con el asiento trasero del coche lleno de comestibles, se encontró a Laura y Mary en el porche delantero. Carmen se fijó sobre todo en Mary; estaba sollozando incontrolablemente.

Carmen detuvo el coche en el camino de entrada, apagó el motor y corrió hacia al porche.

—¿Qué pasa? ¿Qué ocurre? –preguntó con la preocupación tiñendo su voz. No había visto a las chicas en aquel estado desde que habían llegado a Connecticut.

Laura rodeó a su hermana con el brazo.

—Tía Carm, ha ocurrido algo terrible. Es posible que te cueste creerlo, pero si no nos crees, no sé qué vamos a hacer.

Carmen se sentó junto a Laura y le dijo:

—No te preocupes, tú cuéntamelo, por favor. Te creeré.

Laura tardó un buen rato en decidirse, pero finalmente dijo:

—Stephen, hmm…, ha abusado de Mary.

Carmen se las quedó mirando con semblante aturdido. En lo más profundo de su ser, inmediatamente después de oírlo, supo que Laura le estaba diciendo la verdad. Ni siquiera le sorprendió. Era la conclusión natural al extraño comportamiento de Stephen de los últimos meses.

—¿Cuándo? –preguntó.

—Esta tarde –respondió Laura–. Después de que te marcharas. No…, hmm…, llegó demasiado lejos, ya sabes a lo que me refiero. Le pillé en seguida.

—Vale –dijo Carmen, y entonces soltó el aire al darse cuenta de que, repentinamente y por algún motivo, se había quedado sin aliento–. De acuerdo, vale…, hmm…, yo me encargo. Ahora mismo. ¿Dónde está Stephen?

—En su habitación –dijo Laura.

«Por supuesto», pensó Carmen mientras se levantaba y entraba en casa. Bajó las escaleras y encontró a Stephen, como siempre, sentado al borde de la cama, con los auriculares puestos y dibujando en su bloc.

Carmen le quitó los auriculares de un tirón.

—¿Qué demonios te ha pasado por la cabeza? –le preguntó enojada.

—¿Cuándo?

211

—Hoy. Con Mary. *¡Sabes* perfectamente de qué estoy hablando!

Stephen no dijo nada. Sus labios se curvaron hacia arriba para esbozar una sonrisa y se puso a reír.

—Está bien, de acuerdo, esto ya pasa de castaño oscuro. Lo hemos intentado todo, Dios sabe que lo hemos intentado, pero nada parece funcionar. Sigues sin cambiar; o, mejor dicho, sólo vas a peor. De *esta* no pasa, Stephen. –Dio media vuelta, salió de la habitación, subió las escaleras y se dirigió directamente al teléfono.

Carmen llamó a la policía.

◆ ◆ ◆

La policía se llevó a Stephen aquella misma tarde. Al ser interrogado, confesó que había estado acariciando a las chicas mientras éstas dormían y que había intentado, sin conseguirlo, mantener relaciones sexuales con su prima de doce años. Poco después, pasó a custodia del centro de detención de menores, donde posteriormente sería entrevistado por un psiquiatra.

◆ ◆ ◆

Mientras tanto, en casa, a Carmen le remordía la culpa. Al no tardaría en llegar y a Carmen le preocupaba que se pusiera furioso; aunque, por otro lado, también tenía la sospecha de que iba a ponerse muy contento, y aquello hacía que se sintiera aún peor. Sin embargo, sólo había hecho lo que había creído que era lo mejor.

Se habían enfrentado a los desagradables cambios que había sufrido Stephen durante más tiempo del necesario. Era obvio que dichos cambios habían llegado demasiado lejos y que tenían que hacer algo al respecto. Aquello, al menos, haría que encontrara ayuda.

Cuando Al llegó a casa, no se puso furioso, pero tampoco se puso contento; simplemente le dijo a Carmen que había hecho lo correcto, que tal vez aquello terminaría siendo algo positivo, la patada en el culo que Stephen necesitaba.

No obstante, al final resultó que Stephen necesitaba mucho más que aquello. El psiquiatra que había hablado con Stephen les llamó para decirles que, según su opinión, Stephen tenía esquizofrenia, es decir, que estaba totalmente aislado de la realidad, y que necesitaba, por lo menos, de un período de observación de sesenta días en un hospital psiquiátrico adecuado. Les sugirió Spring Haven. Les recomendó, sin embargo, que Stephen pasara la noche en el centro de detención para menores. No creía que la familia estuviera a salvo con Stephen en la misma casa durante toda la noche.

Estaban destrozados. Tal y como sospechaban, su hijo tenía una enfermedad mental. ¿Qué habían hecho mal? Todos los padres cometen errores en la educación de sus hijos, pero ¿qué errores habían cometido ellos para que a su hijo le pasara aquello?

Se preguntaban cómo podían haber sido tan insensibles. Desde hacía tiempo insistía en que oía voces y veía cosas y su única reacción había sido enfadarse con él, cuando, en realidad, el auténtico problema era que sufría una grave enfermedad mental que no podía evitar ni comprender.

La culpa y la tristeza pesaban sobre ellos como una losa cuando, al día siguiente, fueron a recoger a Stephen y después lo acompañaron al hospital psiquiátrico Spring Haven para proceder a su ingreso.

El hospital estaba situado en un hermoso edificio que contaba con varias zonas ajardinadas donde numerosos y colosales robles proporcionaban abundante sombra. Una valla alta y sólida rodeaba el extenso terreno y tanto los pacientes como el personal sanitario paseaban plácidamente por encima de la hierba.

Stephen no abrió la boca en toda la mañana. Ignoró sus disculpas, sus propuestas de ayuda y sus ruegos para que hablara con ellos. Permaneció completamente silencioso hasta el momento en el que lo dejaron en el hospital. Entonces los miró, les sonrió sombríamente con unos ojos inexpresivos y dijo en voz baja:

—Ahora que no puede hablar conmigo, vendrá a por vosotros. A por todos vosotros.

Al y Carmen se marcharon, entristecidos por aquel comentario, convencidos de que se trataba simplemente de otro más de los muchos síntomas de su enfermedad.

Por desgracia para ellos, para sus hijos y para las dos sobrinas de Carmen, estaban muy equivocados.

Dieciocho

Cazadores de fantasmas

En una casa pequeña y modesta de Litchfield, Connecticut, aproximadamente en el mismo momento en el que Al y Carmen Snedeker dejaban a su hijo mayor en el hospital psiquiátrico Spring Haven, una mujer de cuarenta y dos años llamada Florence Mack flotaba varios centímetros por encima de la silla en la que, momentos antes, había estado firmemente sentada. Su cuerpo seguía en la misma posición, completamente tenso, y tenía el rostro muy pálido. La mujer miraba a las personas que había a su alrededor con ojos aterrorizados.

Entre aquellas personas estaba su marido de cuarenta y ocho años, Dale, y su hija de veintiuno, Sophie. Además, también había una mujer alta y de aspecto elegante de pie junto a un hombre corpulento, ambos de unos sesenta años: Lorraine y Ed Warren.

Durante unos instantes, los cuatro observaron la escena que se desarrollaba ante sus ojos sorprendidos y horrorizados, pero entonces Ed dio un paso al frente, le hizo un gesto con la mano a Dale y le dijo:

—Bájala de ahí. —Cuando Dale se acercó a su esposa para alejarla de la silla, Ed levantó la mano derecha y, con una voz atronadora que rebotó en las paredes de la casa como el golpe de un martillo, exclamó—: ¡En el nombre de Jesucristo, te ordeno que dejes en paz a estas personas y regreses al lugar del que has salido!

Una fotografía enmarcada que estaba colgada en la pared cayó al suelo.

Dos hileras de cacharritos de porcelana expuestos en un pequeño estante salieron despedidos por una mano invisible que los hizo volar por los aires y los arrojó contra la otra pared. Los añicos de porcelana se esparcieron por el suelo y sobre una mesita auxiliar.

Dale Mack abrazó a su mujer y la mantuvo pegada a él mientras la acompañaba a través de la habitación.

Un aparador de roble con unas puertas de cristal y estantes repletos de figuras de porcelana se sacudió como si la tierra se moviera debajo de ella.

Las cuatro sillas que había alrededor de la mesa del comedor se deslizaron de repente y de forma simultánea mientras el cristal de una de las ventanas próximas se sacudía violentamente.

Ed giró sobre sí mismo para observar todos los incidentes mientras éstos se producían. Lorraine sostenía una pequeña grabadora con la mano derecha para recopilar todos los sonidos que se producían a su alrededor.

En mitad de todo aquel caos, Ed levantó la mano derecha una vez más y repitió con la misma voz atronadora, aunque en esta ocasión más fuerte y con mayor firmeza:

—¡En el nombre de Jesucristo, te ordeno que dejes en paz a estas personas y regreses al lugar del que has salido!

El traqueteo y los temblores continuaron unos segundos más, y entonces…

Se hizo el silencio en la casa.

Todos se quedaron inmóviles durante unos instantes. Entonces, Ed se dio la vuelta, miró a los Mack con una sonrisa cautelosa pero reconfortante y dijo:

—Creo que ya está.

—Ya está por ahora –dijo el señor Mack con voz cansada mientras seguía rodeando firmemente los hombros de su mujer–. Esto, señor y señora Warren, cuando hablamos con ustedes por teléfono, esto es exactamente a lo que nos referíamos. Ocurre continuamente.

Ed se volvió a Lorraine y le preguntó:

—¿Has captado algo?

216

Lorraine se llevó una mano al pecho y suspiró profundamente.

—Estoy segura de que es obra de un espíritu maligno, Ed. No es un *poltergeist,* como pensábamos cuando nos contaron su historia. Se trata de un espíritu demoníaco, y sus intenciones son malignas y poderosas.

Ed señaló la grabadora con un gesto de la cabeza.

—¿Has podido grabarlo?

Lorraine asintió.

—Todavía está grabando.

Ed se acercó al matrimonio Mack y sonrió a la hija de éstos. La chica, que seguía tan horrorizada por lo que acababa de presenciar que aún estaba de pie junto a sus padres, lejos de la zona donde se habían producido todos los incidentes paranormales, tenía la espalda rígida, los ojos muy abiertos y se tapaba la boca con ambas manos.

—Me gustaría hacerles algunas preguntas –dijo Ed en voz baja–. ¿Por qué no vamos a la sala de estar, nos sentamos y tratamos de relajarnos?

Lorraine los siguió mientras entraban en la habitación contigua y tomaban asiento. Ella se sentó junto a Ed en el sofá y dejó la grabadora sobre la mesita auxiliar.

—Creo que lo primero que debemos saber es lo siguiente –empezó Ed con sus grandes manos entrelazadas–. Señora Mack, ¿casi todos los incidentes se producen a su alrededor?

Florence abrió la boca, pero no pudo hablar. Se limitó a asentir con la cabeza.

Su marido intervino:

—Sí, no tenemos ninguna duda de eso. De hecho, siempre ha sido así. Ella siempre está involucrada de algún modo u otro. Y nunca ha resultado herida. –El matrimonio estaba sentado en un sofá de dos plazas. Dale posó suavemente una mano en la rodilla de su mujer, la miró y le preguntó–: Es verdad, ¿no? O sea, nunca me has dicho que te haya pasado algo.

Florence negó con la cabeza y, por fin, habló con voz ronca:

—No. Nunca. Sólo… me da miedo. Me aterroriza.

—Por supuesto que sí –dijo Ed–. Es *comprensible.* Pero si nunca te ha hecho daño, significa que llevamos la delantera. Sólo quería saber si te presta más atención a ti que a los demás. Hmmm…, decidme, ¿alguien de la familia es aficionado al ocultismo? Tablas *ouija*, cartas del tarot, demonología, ese tipo de cosas.

La señora Mack sacudió la cabeza con firmeza.

—No, nadie ha probado nada de eso en toda su vida.

Sophie también negaba con la cabeza; Ed se volvió hacia ella con aire inquisitivo.

—No. Aunque ya no viva aquí, o sea, soy hija única, así que estoy bastante segura. Nunca he probado ninguna de esas cosas y, hasta donde sé, tampoco lo han hecho mis padres. Bueno, ¿por qué iban a hacerlo? Siempre hemos sido una familia cristiana, no nos gusta probar ese tipo de cosas.

—Está bien –dijo Ed mientras asentía–, me alegra oír eso. Otra pregunta, y, por favor, no os ofendáis ni os lo toméis a mal. Es algo que debemos saber en nuestra profesión, una simple medida de precaución, y espero que respondáis con sinceridad. ¿Alguno de vosotros toma drogas o bebe mucho?

—Oh, no, para nada –dijo Dale.

—Ni siquiera de joven hice nada de eso –añadió Sophie.

Ed asintió pensativo y volvió a mirar a Dale y Florence.

—¿Cuánto tiempo lleváis viviendo solos en la casa?

—Casi tres años.

Otro asentimiento. Ed se volvió hacia Lorraine y le preguntó:

—¿Quieres echarle un vistazo a la casa?

—Bueno, claro, pero es una casa muy pequeña. No sé si es necesario. Ya hemos visto bastante.

—Sí, es verdad. Señor y señora Mack, vamos a enviar a un equipo de investigadores de inmediato para que pasen algún tiempo en la casa. Si no tienen ningún inconveniente, se quedarán aquí todo el día y toda la noche, para grabar todo lo que suceda. Nosotros volveremos en un par de días con una cámara de vídeo para hacerles una extensa entrevista y así tener todos los datos que necesitamos desde que empezaron los incidentes. Es decir, recopilaremos toda la información que ya nos han contado y mucha otra. Queremos grabarlo todo, y me refiero a *todo*.

—No tenemos ningún inconveniente, en absoluto –aseguró Dale.

—Perfecto. El siguiente paso consiste en que un miembro del clero visite la casa. ¿Son personas religiosas?

—Bueno, siempre hemos sido católicos, pero… llevamos muchos años sin practicar.

—¿Les parece bien que traigamos aquí a un sacerdote?

—Por supuesto que sí.

—Porque me temo que vamos a necesitar un exorcismo.

—¿Puede contarnos algo más? –preguntó Dale–. ¿Por qué está obsesionado con mi mujer? Al parecer, ella es el centro de todo. Siempre ocurren cosas cuando ella está cerca. Ésta no ha sido la primera vez que flota de ese modo. No terminamos de entenderlo.

—Si les soy sincero, aún no lo sé. Pero creo que, después de hacerles algunas preguntas más, podremos hacernos una idea aproximada de lo que ocurre.

Ed estaba siendo diplomático. Sabía por experiencia que, cuando sucedía algo así, siempre había una razón. A pesar de lo que le habían asegurado, tenía la sospecha de que habían estado involucrados en algún tipo de actividad paranormal. Tal vez la señora Mack, por cuenta propia y sin que su marido lo supiera, había estado consultando una *ouija* o a un médium, o había acudido a sesiones espiritistas para contactar con algún pariente o amigo fallecido. Sin embargo, no quería decir nada en aquel momento porque, según su experiencia, tales acusaciones sólo servían para enojar a la gente, incluso si eran ciertas; sobre todo cuando lo eran.

Se marcharon de casa de los Mack con sonrisas y apretones de manos (aunque la señora Mack aún estaba bastante conmocionada, distante y silenciosa, y no se levantó del sofá de dos plazas) y fueron a una cafetería próxima para compartir lo que habían descubierto.

La cafetería estaba muy concurrida y había mucho ruido a su alrededor, de modo que se vieron obligados a hablar más alto de lo habitual para poder oírse.

—Creo que Mike es la mejor opción –dijo Lorraine–. Creo que deberíamos decidirnos por él. Tiene experiencia en situaciones similares y creo que podría desenvolverse bastante bien.

—Sí, probablemente es una buena idea. –Dio un sorbo a su café antes de continuar–: Entonces, crees que se trata de un espíritu demoníaco, ¿no?

—Exacto. Y lo más probable es que esté en la casa por un motivo.

—¿Quieres decir que lo han convocado?

Lorraine asintió.

—Sí. Aunque aún no sabemos cómo. Está centrado en la mujer, por lo que intuyo que probablemente tenga que ver con algo que está haciendo ella. Pero siempre pasa lo mismo, ¿no? Aunque la familia ni siquiera se dé cuenta de nada.

Ed asintió y dejó escapar un suspiro pesado y fatigoso. El día había sido muy largo, la semana estaba siendo muy larga, y estaban cansados.

—¿Quieres comer algo? –preguntó Ed.

—Sí, estoy hambrienta. Pero, recuerda, nada de carne roja. Dijiste que ibas a comer menos.

—Lo sé, lo sé. Y tú vas a matarme, eso es lo que vas a hacer –murmuró Ed.

Cogieron la carta y la examinaron en el confortable silencio propio de las parejas que llevan muchos años casadas.

◆ ◆ ◆

Cuando Ed tenía cinco años, su familia se mudó al último piso de una casa que compartían con otra familia en la calle Jane, en Bridgeport, Connecticut. Estaba situada justo delante de la iglesia de San Juan, la iglesia a la que habían ido sus abuelos y a la que su familia empezó a ir desde entonces.

La casa de la calle Jane fue el punto de partida de lo que llegaría a convertirse en el principal interés de la vida de Ed Warren, una apasionada vocación que terminaría por llevarle a lugares de lo más extraños y a mostrarle cosas realmente aterradoras. A una edad tan temprana, aquella casa le cambiaría la vida para siempre.

La casa de la calle Jane estaba infestada.

En varias ocasiones, todos los miembros de la familia –Ed, su hermana gemela, su hermano o sus padres– habían sido testigos de la aparición de una anciana de aspecto muy poco amistoso.

El padre de Ed era agente de policía y un hombre severo pero razonable. Para evitar que sus hijos se asustaran, intentó convencerlos de que debía de haber una explicación lógica a lo que habían estado viendo. Sin embargo, todos sabían perfectamente qué era.

Todos los domingos, los abuelos de Ed venían a casa para desayunar con ellos, y los sonidos del abuelo al subir la escalera se convirtieron en algo muy familiar para él: los trabajosos pasos, el golpe del bastón, los resoplidos y jadeos.

Cuando el abuelo murió algunos años después, la abuela, como es comprensible, se quedó muy afectada y la madre de Ed la visitaba a menudo para asegurarse de que estaba bien. Un día, su madre se marchó más tarde de lo habitual y no fue hasta altas horas de la noche, cuando los niños estaban a punto de irse a la cama, cuando oyeron cómo se abría la puerta de la calle. Creyendo que se trataba por fin de su madre, Ed salió de su habitación y encendió la luz para que ésta no se cayera por las escaleras. Cuando estaba a punto de regresar a su habitación, comprendió que la persona que subía por la escalera no era su madre. En absoluto. Distinguió el arrastrar de pasos, los golpes de un bastón, resoplidos y jadeos…

Pese a llevar muerto algún tiempo, quien estaba subiendo los escalones era su abuelo. Ed oyó cómo entraba en la cocina y caminaba en círculos por ella durante un rato. Por aquel tiempo, Lorraine asistía a una escuela católica y se esforzaba por ocultar ante las monjas una habilidad que había descubierto que poseía hacía muy poco, a la edad de nueve años. Lorraine veía luces de colores alrededor de las personas. Colores que reseguían el contorno de sus cuerpos. Aunque éstos eran muy hermosos, Lorraine no sabía qué significaban, si es que significaban algo.

Sus hermanas la disuadían constantemente de sacar a colación el tema de los colores. Le aseguraban que su problema era que tenía una imaginación demasiada vívida. Por tanto, aprendió rápidamente a guardarse para ella su habilidad para ver colores en la gente. Aunque eso no impedía que continuara viéndolos.

Lorraine no conocía a nadie que pudiera darle una repuesta. No descubrió hasta mucho más tarde que lo que en realidad estaba viendo era el aura humana, y que, al ser una persona clarividente, era capaz de ver y sentir muchas otras cosas que quedaban fuera del alcance de la mayoría de la gente.

Ed y Lorraine se conocieron cuando ambos tenían dieciséis años. Se sintieron atraídos de inmediato. Lorraine suele decir a sus amigos que «Ed es el único hombre con el que he salido».

Después de casarse, Ed se licenció en Bellas Artes y, en un Chevy de 1933 que había comprado por quince dólares, viajaron por todo el país mientras vendían sus pinturas aquí y allá. No obstante, cada vez que se enteraban por el periódico o por los rumores del boca a boca de la existencia de una casa infestada, conducían hasta el lugar y Ed dibujaba la casa. Después, Lorraine llamaba a la puerta con la pintura bajo el brazo y decía: «Mi marido tiene la extraña costumbre de pintar casas embrujadas. Aquí está la pintura de la suya. Nos gustaría que se quedasen con ella». Aquella estrategia casi siempre les permitía entrar en la casa, donde entrevistaban a las personas que vivían en ella para obtener una información más directa y precisa sobre la infestación.

Al cabo del tiempo, gracias a todas sus investigaciones, las cuales, con el paso de los años, cada vez se volvieron más y más exhaustivas, Ed y Lorraine empezaron a desarrollar teorías propias sobre el funcionamiento de las infestaciones, los motivos que las provocan y sus desencadenantes. Aunque leyeron innumerables obras especializadas en el tema, como Lorraine comentó en mitad de una de sus investigaciones: «¡Parece como si todos estos tipos estuvieran leyendo los mismos libros que *nosotros!*». Por tanto, decidieron no depender de los trabajos regurgitados y endogámicos que solían leer cuando fundaron lo que llegaría a convertirse en la Sociedad de Investigación Psíquica de Nueva Inglaterra; se basaron exclusivamente en su propia experiencia, en las cosas que habían presenciado. Con el paso de los años, se acabaron escribiendo libros sobre ellos. Y, posteriormente, incluso se produjeron películas. Empezaron a impartir clases sobre lo que habían aprendido, convirtiendo a sus estudiantes en investigadores. Dieron conferencias en universidades sobre sus experiencias y sobre lo que habían aprendido de ellas. Ed había convertido la experiencia en una casa embrujada durante su infancia en el trabajo de toda una vida, y Lorraine se unió a él para poner en práctica una habilidad que, de niña, nadie se había tomado en serio.

◆ ◆ ◆

Y en ese momento estaban en una cafetería ruidosa y concurrida de Litchfield, Connecticut, esperando a que les trajeran lo que habían pedido para almorzar.

En algún lugar de la cafetería empezaron a sonar los impacientes timbrazos de un teléfono.

Lorraine se apartó de la mesa y se levantó.

Ed se echó a reír y dijo:

—Eh, eh, ¿qué haces?

Lorraine se detuvo, abrió la boca y se llevó una mano al pecho.

—Oh, Dios mío. Me estaba levantando para coger el teléfono. –Se tapó la boca con una mano y volvió a sentarse.

Ed soltó una risotada profunda y resonante; todo su cuerpo se estremecía al tiempo que sacudía la cabeza.

—Madre mía, Lorraine. Eso ha estado muy bien, de verdad.

Ella también empezó a reír y dijo:

—Bueno, el teléfono de casa no deja de sonar en todo el día. Tengo la sensación de que, cada vez que me doy la vuelta, voy a tener que contestar.

—Lo sé, lo sé –dijo Ed mientras seguía riendo–, pero ¿en una *cafetería?* ¿Sabes lo que significa eso, Lorraine? ¿Lo sabes? Que necesitamos unas vacaciones. Las necesitamos urgentemente, porque los últimos meses no hemos hecho más que trabajar.

—Pues acabamos de aceptar otro caso.

—Tengo la sensación de que éste se resolverá rápido. No creo que la Iglesia tarde mucho en reconocer que hace falta un exorcismo. Lo que ocurre en esa casa es bastante obvio. Pero, en cuanto terminemos con éste, nos tomamos unas pequeñas vacaciones. Necesitamos un descanso.

Pasarían varios meses antes de que el caso llegara a su fin y se llevara a cabo un agotador exorcismo sancionado por la Iglesia, lo que sirvió para librar a la familia Mack de los demonios que la atormentaban en su propio hogar.

Pero, por supuesto, Ed y Lorraine aún no conocían a los Snedeker ni las cosas que habían estado ocurriendo en su hogar.

Las vacaciones que, según Ed, el matrimonio Warren necesitaban urgentemente tendrían que esperar algún tiempo.

DIECINUEVE

SE CIERNE LA OSCURIDAD

Pese a que Al y Carmen Snedeker estaban tristes tanto por lo que Stephen le había hecho a su prima como por su ingreso en el hospital psiquiátrico, pensaron que, entonces que su hijo se había marchado, la atmósfera de la casa no tardaría en mejorar. El ambiente había estado tan tenso y cargado de hostilidad durante tanto tiempo que esperaban ansiosos un alivio o, al menos, que la vida recuperara parte de la normalidad perdida. Estaban seguros de que sus hijos más pequeños estarían más relajados sin las historias de fantasmas y apariciones de Stephen y, como consecuencia de ello, Laura y Mary también se sentirían más relajadas.

Pero se equivocaban.

Durante las semanas siguientes, los insignificantes y extraños incidentes que se habían estado produciendo esporádicamente en la casa –los ruidos, las imágenes fugaces de algo que corría a toda velocidad de una habitación a otra, los cambios repentinos de temperatura y la inexplicable sensación de ser observado o de un miedo primordial y apremiante– se intensificaron, empezaron a suceder con más asiduidad y cada vez eran más graves, hasta el punto que los incidentes siguieron siendo extraños pero dejaron de ser insignificantes.

De hecho, antes de que se llevaran a Stephen de casa, los problemas apenas habían empezado.

Fuera cual fuese la presencia que acechaba la casa de los Snedeker, no perdió mucho tiempo en darse a conocer al resto de la familia.

La noche después de que Stephen se marchara, Al estaba viendo la tele mientras se tomaba una cerveza y Peter y Stephanie estaban sentados en el suelo jugando al Telesketch. Michael estaba en su habitación haciendo los deberes y las chicas, Laura y Mary, ayudando a Carmen a recoger la cocina.

Desde el incidente con Stephen, Carmen había hecho un esfuerzo por prestarle una especial atención a Mary; se había asegurado de que no sufriera ningún problema físico, le había pedido disculpas en innumerables ocasiones y le había dicho que recurriera a ella si necesitaba hablar con alguien sobre lo que había ocurrido. Mary, sin embargo, le había dicho que no quería quedarse más en aquella casa. Carmen lo entendió perfectamente y llamó a su otra hermana, que también vivía en Connecticut, para preguntarle si no le importaría quedarse con Mary durante una temporada; su hermana le respondió que estaría encantada y que recogería a Mary por la mañana.

Todo el mundo continuó con lo que estaba haciendo; los niños siguieron riendo en voz baja en el suelo de la sala de estar para no molestar a su padre mientras éste veía una vieja película bélica en blanco y negro, y Carmen y las chicas rieron y charlaron en la cocina con el ruido de fondo que hacía el agua al caer sobre el fregadero y de los platos al chocar entre sí.

Al se terminó la cerveza justo cuando un corte publicitario interrumpió momentáneamente la película. Se levantó del sillón, fue a la cocina, tiró la botella vacía a la basura y abrió el frigorífico para coger otra.

Su mano se detuvo de repente antes de alcanzar el segundo estante del frigorífico porque, en ese instante, toda la casa se sacudió con un golpe potente y ensordecedor.

Todo el mundo se quedó en silencio, inmóvil, petrificados en la posición en la que habían estado un segundo antes.

Y entonces volvió a suceder. Los cristales de las ventanas vibraron. Las botellas tintinearon y chocaron entre sí en el interior del frigorífico.

Volvió a ocurrir una tercera vez y, después… nada.

Se oyeron unos pasos subiendo rápidamente las escaleras y Michael gritó:

—¡Papá! *¡Papá!* –Iba en calcetines y se detuvo tras deslizarse sobre el suelo de la cocina.

Stephanie llegó poco después; llevaba a Peter cogido de la mano, los dos con los ojos muy abiertos.

—¿Qué ha sido *eso,* papá? –preguntó Michael con voz ronca.

—No lo sé, pero podéis estar seguros de que voy a averiguarlo. ¿Un terremoto, quizá? –preguntó, volviéndose hacia Carmen.

—No lo creo. Parecía una especie de explosión.

—Sí, es verdad. Voy a echar un vistazo. –Mientras salía de la habitación, miró nuevamente a Carmen y, señalando el techo con el dedo pulgar, le preguntó–: ¿Están los Vanowen en casa?

—No, no están en la ciudad, ¿recuerdas? Estarán fuera tres días. Volverán mañana por la noche.

—Entonces, ¿no hay nadie en el piso de arriba?

—No ha venido de arriba, Al. Ha sonado como si viniera de abajo, de la propia casa.

—Mierda –refunfuñó mientras salía de la habitación.

Los demás no se movieron; se quedaron donde estaban mientras cruzaban miradas nerviosas y aprensivas.

Al recorrió toda la casa, incluso el sótano. Comprobó todas las ventanas, miró detrás de todas las puertas, revisó frenéticamente todas las habitaciones en busca de posibles daños, incluso olisqueó el aire para detectar olor a humo, gas o electricidad. Pero no encontró nada.

Desconcertado, volvió a la cocina, donde todos estaban aún reunidos, un poco más relajados, pero aún bastante confundidos.

—¿Has encontrado algo? –le preguntó Carmen en voz baja y un poco nerviosa.

—No. No he visto nada. –Al se sintió avergonzado al tener que reconocer su fracaso. Los tres estruendos que habían oído habían sido muy fuertes, y no procedían del vecindario sino del interior de su propia casa.

El hecho de que no hubiera encontrado nada significaba que el incidente quedaba fuera de su control, y sabía que los demás confiaban en que él les daría una respuesta; pero no tenía ninguna. Últimamente habían estado sucediendo demasiadas cosas en la casa sobre las que no tenía control alguno.

—Pero si ha sido justo aquí –insistió Michael–, en la casa.

Empezó a sonar el teléfono.

—Yo lo cojo –dijo Carmen. Fue hasta la sala de estar, se dejó caer en el sofá y levantó el auricular–. ¿Diga?

—¿Carmen? Soy Tanya.

Carmen se inclinó hacia delante y se animó repentinamente.

—¿Lo has oído?

—¿El qué?

—Los ruidos. Ha habido tres. Han sido muy fuertes, casi como explosiones. ¿Los has oído? ¿Por eso me llamas…?

—No, no he oído nada. Te llamo porque…, bueno, sé que va a parecerte un poco raro, pero he mirado por la ventana por casualidad y… ¿sabes que hay una mujer de aspecto extraño caminando por la habitación del piso superior?

Carmen se quedó con la boca abierta un momento.

—¿Cómo?

—En serio, no es ninguna broma. La he visto perfectamente. Hay una mujer ahí arriba; es de color verde y brilla mucho. La he visto caminando de un lado a otro delante de la ventana. Parece…, hmm…, muy preocupada. Enfadada, tal vez.

Carmen recordó súbitamente todos los incidentes extraños y aterradores que habían tenido lugar en la casa durante todo aquel año y los ojos se le llenaron de lágrimas.

—Por favor, Tanya, por favor…, dime que es una broma, dime que no hablas en serio.

—¿Crees que te llamaría para gastarte una broma como ésta? –le preguntó su amiga con tono incrédulo.

—No. No, sé que no serías capaz. Espera un momento, por favor. No cuelgues. –Carmen dejó el auricular sobre la mesita y corrió hasta la cocina–. Al, Tanya está al teléfono. Dice que hay alguien en el piso de arriba, caminando por la habitación frente a la ventana.

Al frunció el ceño.

—¿Qué?

—Hmm, ven conmigo un segundo. –Carmen lo condujo hasta el pasillo y le susurró–: Tanya dice que hay una mujer de color verde, y que brilla.

Al puso los ojos en blanco.

—Carmen, por favor…

—No, en serio. No es ninguna broma. *¡Piénsalo* bien, Al! –susurró–. Piensa en todo lo que ha estado pasando en la casa. No tenemos forma de explicarlo, ¿verdad?

Al se quedó pensativo unos instantes y, entonces, meneó la cabeza.

—No, es verdad, no podemos explicarlo. –Cogió la mano de su mujer, le dio un ligero apretón y añadió–: Saldré para echar un vistazo al piso de arriba, a ver si puedo verla. Porque ya sabes que han dejado la puerta cerrada…

—Sí, lo sé. Ve a echar un vistazo. Corre.

Al salió de la casa mientras Carmen regresaba a la sala para coger el teléfono.

—¿Tanya? Al está saliendo ahora mismo para comprobarlo.

—No, la mujer ha desparecido. He estado todo el rato mirando por la ventana, para asegurarme. Ya no está. No la veo.

—¿En serio? ¿Ya no está?

—No, ya no la veo. Ya hace un rato que no se acerca a la ventana.

Carmen dejó escapar un suspiro.

—Está bien. Tengo que colgar, Tanya. Voy a decírselo a Al.

—Espera un segundo, Carmen. ¿Recuerdas la revista que te enseñé? ¿La que te llevaste a casa? Había un artículo sobre aquel matrimonio, los Warren, Ed y Lorraine Warren, ¿lo recuerdas? Creo que deberías llamarles. *En serio.* Está pasando algo muy extraño en vuestra casa y creo que necesitáis su ayuda.

—Sí, claro…, me lo pensaré. Gracias por llamar.

Carmen colgó y fue a buscar a Al rápidamente. Lo encontró a cierta distancia de la casa, en un lateral, más cerca de la de Tanya. Estaba mirando hacia arriba.

—Tanya dice que ya no está –le dijo Carmen acercándose a él.

—*¿Qué?*

—Dice que la mujer ha desaparecido. No ha vuelto a verla desde hace unos minutos.

—Bueno, entonces lo más probable es que se lo haya imaginado todo –dijo Al en tono enojado.

—Al, sabes que eso no es verdad. Está pasando algo muy extraño en nuestra casa.

—Mierda, has escuchado demasiadas historias de Stephen. Está enfermo, Carmen. Ahora lo sabes. Está muy enfermo, y las cosas que, según él, veía y oía sólo eran síntomas de la enfermedad. Eso es todo, te lo aseguro.

—Oh, venga, Al. ¿Me estás diciendo que tienes una explicación para todas las cosas que han pasado en la casa? ¿Que no has pasado miedo con ninguno de los incidentes que hemos estado viviendo? ¡Porque a mí no me cuesta admitir que me he cagado de miedo con la mayoría! O sea, ¿qué acaba de *pasar* hace un momento? ¿Qué ha sido ese ruido? ¿Por qué se han sacudido las ventanas? ¿Qué ha sido *eso*?

Los labios de Al se crisparon en una mueca airada y Carmen le oyó rechinar los dientes.

—Mira, no quiero escuchar ninguna tontería más, ¿de acuerdo? ¡No quiero escucharlo! Todo lo que sucede en esta casa tiene una explicación, ¿me entiendes? ¡No empieces a hablar como tu maldito hijo chiflado!

Al dio media vuelta y la dejó allí de pie, a oscuras, sola. Carmen echó otro vistazo a la ventana del piso superior, pero no vio nada. Entonces ella también volvió a entrar en casa.

Durante la hora siguiente, todo el mundo, uno detrás del otro, aún desconcertados y bastante nerviosos, decidieron irse a la cama.

Carmen bajó al sótano con Michael y Peter, donde, ese mismo día, Al había trasladado la cama de Stephen a la habitación de Michael. Aunque ninguno de los dos dijo nada, Carmen sabía que estaban preocupados por los estallidos que habían oído aquella noche, y deseó con todas sus fuerzas que no hubieran oído nada de la reluciente mujer de color verde en la ventana del piso superior; sólo haría que se asustaran todavía más. Como tenía miedo de que no quisieran dormir en el sótano, hizo todo lo posible para que se sintieran cómodos; no quería que empezaran de nuevo con aquella historia.

Una vez estuvieron acostados, Carmen encendió la radio que había en la mesita de noche entre las dos camas para que se durmieran con un poco de música y les dio un beso de buenas noches. A continuación, volvió al piso de arriba y comprobó que Laura y Mary estuvieran bien.

Laura estaba sentada en la cama y llevaba puesta una camiseta gris que le quedaba tres tallas grandes. Estaba leyendo la Biblia a la luz de la lámpara de la mesita de noche. Mary estaba acurrucada de costado, un simple bulto debajo de las sábanas.

—¿Está dormida? –susurró Carmen.

Laura negó con la cabeza.

—No creo. Pero… –Miró a su hermana–… me parece que no quiere hablar con nadie.

—Ah. Bueno, ¿y cómo estás tú?

La chica se encogió de hombros y dudó unos instantes antes de contestar.

—Tía Carmen, ¿recuerdas lo que te dije sobre la casa? ¿Sobre… cómo me hace sentir?

«Ya estamos», pensó Carmen.

—Sí, claro que lo recuerdo. Y crees que los ruidos de esta noche confirman tus sensaciones.

Laura asintió.

—Además, he oído lo que le decías al tío Al sobre esa mujer del piso de arriba. Tía Carm, creo que aquí pasa algo muy extraño. En esta casa. Incluso si… no me crees.

—Bueno, Laura. –Se sentó al borde de la cama y acarició el brazo de su sobrina–. Aunque no me guste admitirlo, estoy empezando a pensar que tal vez tengas razón. –Con un gesto de la cabeza, señaló la Biblia que la chica mantenía abierta sobre su regazo–. Pero eso te ayudará. Eso siempre ayuda.

—Lo sé –dijo Laura.

Antes de marcharse, Carmen se acercó al catre donde Mary estaba acurrucada, inmóvil y silenciosa, y posó suavemente una mano sobre su hombro.

—¿Estás dormida, cielo?

Mary sacudió la cabeza sin despegarla de la almohada.

—¿Te encuentras bien?

La chica asintió del mismo modo.

—¿Estás segura?

Mary se giró y miró a Carmen.

—¿Estás enfadada conmigo porque me quiero ir, tía Carmen?

—¡Por supuesto que no! Lo entiendo perfectamente. Si estuviera en tu lugar, seguramente yo también me querría ir. Haremos una cosa. Intenta descansar todo lo que puedas esta noche; la tía Lacey vendrá a buscarte por la mañana, ¿de acuerdo?

La chica asintió y volvió a darse la vuelta.

Carmen se despidió de Laura con un gesto de la mano al salir de la habitación y fue a la de Peter, donde estaba durmiendo Stephanie. Las luces estaban encendidas y Stephanie estaba sentada en la cama.

—No tengo sueño, mamá –le dijo.

—Bueno, ¿te gustaría leer un libro? ¿O colorear? Puedes escuchar un poco de música, siempre y cuando no la pongas muy fuerte. ¿Quieres que encienda la radio?

—Eh…, creo que voy a colorear un poco.

—Muy bien, cielo. Hazlo.

Cuando salió de la habitación de Stephanie, ella también sintió la necesidad de acostarse. Estaba más preocupada por todos los demás que por asegurarse de descansar unas cuantas horas seguidas.

Cuando entró en su dormitorio, vio que Al ya estaba dormido. Eso hizo que sintiera mejor. Después del incidente con la mujer de color verde del piso de arriba, estaba más que segura de que aquella noche no iba a poder mantener una conversación tranquila con su marido.

Carmen se desvistió, se cepilló los dientes y se puso el camisón. Entonces se metió silenciosamente en la cama, haciendo todo lo posible por no despertar a Al.

◆ ◆ ◆

Mientras Laura leía el salmo veintitrés, pues le resultaba el más alentador y reconfortante de toda la Biblia, tuvo la sensación de que algo se deslizaba por entre sus piernas desnudas bajo las sábanas. Frunció el ceño y dio varias patadas, se detuvo…, esperó… y no volvió a sentir nada más. Continuó leyendo.

Entonces volvió a suceder. Algo se deslizó por su pierna izquierda hasta el muslo y Laura empezó a dar patadas.

La sensación desapareció.

Se le puso la piel de gallina. No parecía ser la sacudida de un nervio ni tampoco un insecto.

Parecían dedos.

Cuando pasó otra vez, empezó en la parte superior del muslo y subió rápidamente.

Laura jadeó ostensiblemente al sentir cómo unos dedos le agarraban las piernas con una gran determinación.

Se incorporó sobre la cama y apartó las sábanas.

No vio nada, sólo sus piernas; las tenía un poco separadas y no dejaban de temblarle.

Volvió a notar unos dedos entre los muslos, palpándola y, un segundo después, entrando en ella pese a que, por mucho que mirara, era incapaz de ver nada.

Laura bajó de un salto de la cama, llevándose con ella las mantas y la sábana. Registró la cama minuciosamente, revisó cada centímetro de colchón, rebuscó entre los pliegues de la sábana y de las mantas, pero no encontró nada. Ni el más mínimo indicio de que hubiera algo en la cama.

Se planteó la posibilidad de despertar a la tía Carmen, pero ¿de qué iba a servir? No tenía ninguna prueba de que algo la había tocado. Si se lo contaba a alguien, pensaría que se había quedado dormida y lo había soñado. Además, le daba mucha vergüenza hablar de ello.

Por tanto, Laura puso las almohadas en el suelo, extendió las mantas y se tumbó al lado de la cama.

Le costó mucho conciliar el sueño y, cuando lo hizo, tuvo algunas pesadillas bastante desagradables.

◆ ◆ ◆

Stephanie estaba coloreando los dibujos de su libro para colorear cuando vio cómo algo se movía silenciosa y fluidamente a través de su habitación.

En un primer momento sólo percibió un movimiento impreciso por el rabillo del ojo, pero al levantar la vista del libro, distinguió una masa informe que se parecía mucho a una sombra oscura… salvo por el hecho de que atravesó la pared y cruzó la habitación justo por el medio. Se trataba de una sombra sin ninguna luz que la proyectara, oscura pero transparente, con una forma globular que cambiaba continuamente a medida que se movía, como si fuera líquida. Atravesó la puerta de la habitación sin ningún impedimento, sin producir sonido alguno, y desapareció.

Aunque Stephanie no mostró reacción alguna, notó cómo el corazón le latía aceleradamente.

Se planteó la posibilidad de despertar a alguien y decirle…, pero ¿qué iba a conseguir con eso? Stephen había intentado contárselo a sus padres durante mucho tiempo y no le habían hecho caso. ¿Por qué iban a hacerle caso a ella?

Encendió la radio que había sobre la mesita de noche, se acurrucó debajo de las mantas, con el corazón todavía latiéndole en la garganta, y continuó coloreando el libro.

◆ ◆ ◆

Michael estaba tumbado en la cama, escuchando la lenta y regular respiración de su hermano, deseando poder dormir tan profundamente como parecía estar haciéndolo él.

Había dejado encendida una lamparita nocturna en un rincón de la habitación porque aquella noche no le apetecía estar a oscuras.

Estaba observando las sombras del techo cuando oyó por primera vez los susurros. Aunque no entendía qué decían las voces susurrantes ni podía localizar la fuente de los susurros, supo de inmediato que no se lo estaba imaginando.

Con los ojos muy abiertos, recorrió con la mirada toda la habitación mientras permanecía rígido en la cama.

Los susurros parecían apremiantes; primero hablaba una voz, después otra, como si estuvieran compartiendo secretos de una gran importancia.

Durante unos instantes no miró hacia ningún lado; se limitó a escuchar. Las voces se detuvieron.

Se preguntó si debería subir para despertar a sus padres, pero entonces recordó cómo se habían tomado las historias de Stephen y decidió no hacerlo. De modo que se quedó tumbado en la cama, incapaz de conciliar el sueño, esperando que se reanudaran los susurros.

Entonces Peter empezó a gritar como si estuviera agonizando, retorciéndose en la cama como si estuviera sufriendo un dolor intolerable.

◆ ◆ ◆

Carmen se incorporó sobre la cama, sobresaltada por los gritos de su hijo.

Alargó una mano y sacudió a Al para despertarle.

—Al, despierta –susurró–. ¡Venga, despierta!

Pero éste ni siquiera se movió.

—¡Al, levántate!

Nada.

Carmen se detuvo para escuchar. Los gritos se habían detenido, pero oyó unas voces débiles y apagadas. Se levantó y bajó las escaleras, donde se encontró a Michael y a Peter hablando.

—¿Qué pasa, cielo? –le preguntó mientras corría hasta la cama de Peter.

Éste la miró con los ojos hinchados, las mejillas llenas de lágrimas, y le dijo:

—¡Me han picado! ¡Algo me ha picado! ¡Parecían abejas! ¡Como cuando me picó aquella abeja!

—¿Estabas soñando, cielo?

—¡No, no! ¡No estaba soñando!

Carmen apartó las mantas y le desabrochó la parte superior del pijama para examinarle el cuerpo. No vio nada. Ninguna marca ni roncha.

—No veo nada, Peter –le dijo en voz baja.

—¡Pero me ha picado algo! –gritó el niño– ¡Algo me ha picado varias veces!

—No veo nada, cielo. Quizá sólo ha sido un sueño.

Peter entornó los ojos, hizo una mueca con los labios y empezó a llorar.

—Lo siento, cariño, pero no veo nada.

Las lágrimas corrían por sus mejillas mientras Peter seguía llorando en silencio.

—¿Quieres que me quede aquí contigo hasta que vuelvas a dormirte?

El niño asintió en silencio.

—De acuerdo. Te prometo que no me marcharé hasta estar segura de que estás dormido, ¿vale?

Otro asentimiento.

Carmen miró a Michael y vio que estaba sentado en el borde de la cama, observando la escena con cara de preocupación.

—Me quedaré aquí un rato –le susurró.

—Vale –dijo Michael con un asentimiento antes de volver a meterse en la cama–. Porque, mamá, lo creas o no, en esta casa pasa algo muy raro… y me quedaré dormido antes si sé que tú estás aquí.

Carmen sonrió y asintió.

—Está bien, cariño –le susurró. Pero, en el fondo de su ser, las palabras de Michael hicieron que se sintiera tan fría como el hielo.

◆ ◆ ◆

Carmen se despertó repentinamente a las cinco de la mañana y no pudo volver a dormirse. La casa estaba en silencio; no había sucedido nada que perturbara su sueño.

Se levantó, se puso la bata, fue a la cocina y preparó un poco de té. Revisó la pila de revistas en la sala de estar hasta encontrar la que le había dado Tanya. La abrió por el artículo sobre Ed y Lorraine Warren y lo leyó detenidamente mientras bebía té en la mesa del comedor.

Más tarde, un poco antes de que se levantara todo el mundo, volvió a la cocina para preparar un abundante desayuno. Como de costumbre, no pasó mucho tiempo antes de que el aroma de los huevos, el beicon y el café impregnara toda la casa y, uno a uno, con ojos soñolientos y profusos bostezos, toda la familia siguiera los dictados de su estómago y se sentara alrededor de la mesa del comedor.

Sin embargo, nadie abrió la boca. Nadie se dio los buenos días; ni siquiera se saludó con un murmullo somnoliento. Incluso Peter, que solía ser el miembro más bullicioso de la familia a aquella hora de la mañana, guardaba silencio.

Una nube oscura e invisible se cernió sobre la mesa mientras todos comían en silencio. La tensión aumentó a medida que los tenedores y cuchillos repiqueteaban contra los platos y las mandíbulas masticaban el desayuno con la boca cerrada y los labios apretados.

Finalmente, Carmen dejó el tenedor sobre la mesa, tragó lo que tenía en la boca y entrelazó las manos debajo de la barbilla, con los codos apoyados en el borde de la mesa. Paseó la lengua de un lado a otro entre el labio superior y los dientes frontales para ganar algo de tiempo y, al cabo de unos momentos, dijo:

—Sabéis, desde anoche, he estado pensando…

—Sí, lo sé, y no quiero oírlo –la cortó Al en voz baja y sin levantar la vista del plato.

—No, por favor, dame un segundo, ¿vale? –Se aclaró la garganta–. He estado pensando que, tal vez, hmmm, tal vez nos precipitamos un poco al… bueno, al castigar a Stephen de ese modo…, al descartar totalmente lo que contaba sobre la casa… Tal vez sea cierto que aquí pasa algo, ya sabes, algo raro.

—Sí, no me equivocaba –dijo Al en un tono de voz mucho más severo–. *Eso* era exactamente lo que no quería escuchar. Y no quiero oír nada *más*, ¿entiendes? Todo eso es una absoluta tontería. Stephen estaba enfermo, *está* enfermo, y ahora lo están tratando. Lo único que pasa es que nos asustó con sus historias, eso es todo.

—Entonces, ¿cómo explicas los ruidos de anoche? –le preguntó Carmen.

—No lo sé, pero lo descubriré. Tiene que haber una explicación.

Con las manos en el regazo y sin levantar la cabeza del plato, Laura dijo casi en un susurro:

—He vuelto… a notar algo… que me tocaba… las piernas y… y… –De repente, contuvo el aliento y cerró los ojos unos instantes. Entonces levantó la cabeza y los miró–. Era una mano. Que me tocaba. Como lo haría un hombre, aunque… bruscamente y… y como si estuviera enfadado.

—Anoche vi algo que se movía por mi habitación –intervino Stephanie mientras masticaba una loncha de beicon. Habló con tono despreocupado, como sólo es capaz de hacerlo un niño al hablar de un incidente tan extraño–. Era como… una sombra. Una gran mancha oscura. No hizo ningún ruido. Entró en la habitación atravesando la pared y se marchó a través de la puerta.

Enojado, Al dejó caer el tenedor sobre el plato y dejó de masticar. Recorrió con la mirada a todos y cada uno de los que estaban sentados alrededor de la mesa.

—Mirad, no estoy de humor para esto, ¿vale? –susurró con cierta vacilación–. Esta mañana estoy medio dormido, como si me hubieran drogado, así que… dejadlo estar, ¿de acuerdo? –Volvió a coger el tenedor y continuó comiendo.

—¿Por eso anoche no pude despertarte, Al? –le preguntó Carmen.

—¿Qué?

—Anoche, cuando Peter empezó a gritar, intenté despertarte, pero no moviste ni un músculo.

Peter me dijo que algo le había picado.

—¡Me hizo mucho daño, papá! –intervino Peter–. ¡Como si me hubiera picado una abeja! ¡Me picaron por todas partes!

—¡Estabas soñando! –gritó Al, haciendo que Peter se estremeciera y se callara.

—Yo oí susurros en la habitación –dijo Michael tímidamente–. Voces que susurraban desde algún lugar cercano.

Esta vez, Al tiró el tenedor, se apartó de la mesa y dejó la servilleta junto al plato bruscamente.

—¡Maldita sea! –espetó–. Me voy a trabajar.

Se marchó del comedor sin despedirse de nadie y, al cabo de un rato, le oyeron salir de la casa dando un sonoro portazo.

Poco después, todos continuaron comiendo, momento que aprovechó Carmen para decir en voz muy baja:

—No os preocupéis, chicos. Yo os creo. Y, más pronto que tarde, vuestro padre también lo hará.

◆ ◆ ◆

No volvió a ocurrir nada hasta la tarde, como si la presencia que se había instalado en la casa sólo saliera a última hora del día, cuando la luz del sol era reemplazada por las sombras largas y oscuras y la luna se abría paso en el cielo.

Acababan de cenar y Carmen estaba recogiendo la mesa, donde Al aún estaba sentado mientras se tomaba una cerveza y leía el periódico.

Stephanie y Peter estaban viendo la tele en la sala de estar y Michael, como era habitual en él, estaba en su cuarto haciendo los deberes.

Mary ya se había marchado a casa de la tía Lacey, donde se quedaría una temporada.

Y Laura estaba en el baño. Había colgado la bata detrás de la puerta y estaba de pie frente al espejo, en sostén y bragas, cepillándose cuidadosamente el cabello.

Desde donde estaba, podía oír el sonido de la tele y las voces de los niños en la sala de estar. Oyó la voz amortiguada de la tía Carmen diciendo algo en el comedor.

Entonces, mientras se pasaba el cepillo por el pelo una y otra vez, notó cómo algo tiraba de la cinta del sujetador desde atrás, como si alguien intentara hacer restallar el cierre contra su espalda. Sin embargo, cuando se miró en el espejo, evidentemente no vio a nadie detrás de ella. Se dio la vuelta, pero no había nadie más en el baño.

Se quedó unos segundos inmóvil, con el ceño fruncido. De repente, sentía mucho frío. Al cabo de unos momentos, continuó cepillándose el cabello.

Una mano tosca se deslizó por entre sus piernas y le apretó la parte interior del muslo.

Laura jadeó y gritó:

—¡Eh! –Se dio la vuelta y se alejó rápidamente de la mano, o lo que *parecía* una mano. Sin embargo, ésta continuó manoseándola con unos gruesos dedos que trataban de forzar la tela de sus bragas y abrirse paso por la goma que rodeaba la parte superior de sus muslos.

Otra mano se deslizó por su estómago en dirección a los senos, estrujándolos tosca, dolorosamente, y después doblando los dedos por debajo del sujetador y tironeando de él.

—¡Ayudadme, por favor! ¡Dios mío, ayuda! –gritó Laura mientras se precipitaba hacia la puerta del cuarto de baño. Giró el pomo de la puerta y tiró de él. Sin embargo, sólo se abrió unos centímetros, como si alguien empujara la puerta con fuerza desde el otro lado. El pomo se deslizó de entre sus dedos y la puerta se cerró de golpe.

—¡Tía Carmen! –chilló Laura al notar que le arrancaban las bragas y que el sostén se soltaba y caía al suelo– ¡Que alguien me ayude! ¡Tío Al, por favor, *ayúdame!*

Al dejó que el periódico se deslizara sobre la mesa del comedor, junto a la botella de cerveza, mientras Carmen dejaba caer una cacerola en el fregadero. Ambos corrieron hasta el cuarto de baño.

—¡¿Qué te pasa?! ¿Qué ocurre? –gritó Al mientras avanzaba apresuradamente por el pasillo.

Peter y Stephanie salieron como torbellinos de la sala de estar y Michael subió las escaleras de dos en dos mientras Al intentaba abrir la puerta del baño. Pero no había forma.

—Laura, ¿estás bien? –le preguntó–. Apártate de la puerta, voy a…

—¡No estoy en la puerta! –gritó Laura con voz entrecortada y sollozante–. ¡Ayúdame, ayúdame, por el amor de Dios, ayúdame!

Al dio unos cuantos pasos atrás y, a continuación, se precipitó hacia adelante, golpeando con el hombro la puerta del baño al tiempo que soltaba un fuerte gruñido. No sirvió de nada. Antes de que pudiera volver a intentarlo, los estallidos empezaron de nuevo, sacudiendo las ventanas y haciendo temblar los cuadros de las paredes. Esta vez fueron seguidos, sin ninguna pausa entre uno y otro; se produjeron una, otra y otra vez más. El ruido era ensordecedor, tan fuerte y penetrante que sintieron las detonaciones en los huesos.

Todas las luces de la casa empezaron a encenderse y apagarse simultáneamente.

—¡Mami! –gritó Peter mientras se pegaba a Carmen y le abrazaba las piernas.

Stephanie hizo lo mismo en su otro costado y gritó:

—¿Qué está pasando?

Michael se limitó a acurrucarse contra la pared, con los ojos muy abiertos y los puños apretados.

—No sé qué está pasando, cielo –gritó Carmen rodeando con sus brazos a Stephanie y Peter–. Pero no os pasará nada. ¡Os lo prometo!

Al volvió a abalanzarse contra la puerta. Y otra vez más. Sin embargo, de repente soltó un grito de dolor, se dobló sobre sí mismo agarrándose el vientre y se desplomó en el suelo. Carmen cayó de rodillas junto a él mientras soltaba un grito ahogado.

—Al, ¿qué te ocurre?

—¡Me han apuñalado! –exclamó éste con voz ronca y los dientes apretados–. ¡Dios mío, me han *apuñalado!*

Carmen le cogió ambos manos y, suavemente, se las apartó de la barriga; esperaba ver sangre, una herida o alguna señal de apuñalamiento. Pero no vio absolutamente nada.

Los golpes atronadores continuaban y las luces seguían encendiéndose y apagándose de forma intermitente.

Dentro del baño, Laura seguía gritando.

—Estás bien, Al –dijo Carmen inclinándose sobre él–. No te han apuñalado. No tienes ninguna herida.

Carmen notó cómo Al, aún pegado a ella, se relajaba momentáneamente. Entonces, moviéndose con cautela, se levantó y volvió a agarrar el pomo de la puerta…

Todo se detuvo.

Los golpes cesaron.

Las luces se apagaron, sumiendo la casa en la penumbra.

Y la puerta del baño se abrió lentamente.

—Oh, Dios mío –suspiró Carmen al tiempo que corría hacia el interior del cuarto de baño.

Laura estaba tendida en la encimera, desnuda, con las piernas abiertas, un brazo colgando por el borde de ésta.

—Dios santo, Laura, ¿qué te ha pasado?

Sus hombros se sacudían mientras sollozaba en silencio.

—Manos –susurró–. Manos… por todo mi cuerpo…, me han arrancado la ropa interior…, me han manoseado…

—¿De quién eran las manos?

Laura meneó la cabeza.

—Sólo… las notaba.

—Voy a llamar a la policía –dijo Al desde el pasillo.

Carmen se dio la vuelta, salió del baño y dijo con un siseo enojado:

—¿La policía? ¿Qué va a hacer la policía? ¿A quién va a arrestar? ¿A un fantasma? ¿Aún crees que todo esto tiene una maldita explicación, Al? Porque si lo crees, entonces el que está como una cabra eres tú. No necesitamos a la policía. Necesitamos a un cura, y vamos a conseguir uno.

Se produjo otro golpe potente y atronador y, acto seguido, una voz que parecía rezumar de cada uno de los centímetros de oscuridad que los rodeaba declaró con tono gutural y áspero:

—*No puede ayudarte nadie. Eres mía.*

Veinte

Una bendición escéptica

Lo primero que hizo Carmen por la mañana fue llamar al padre Wheatley. Había dormido muy poco y, aunque no había pasado nada más durante lo que quedaba de noche después de que regresara la luz, Carmen seguía estando muy nerviosa, como si todo hubiera sucedido hacía sólo unos minutos. De modo que le costó bastante darle al padre Wheatley una explicación coherente de la situación en la que se encontraban. No dejó de tartamudear y atropellarse mientras trataba de hacerle entender que algo sobrenatural y maligno había invadido su casa y que su hijo Stephen, quien ahora estaba en un hospital psiquiátrico porque oía voces y se comportaba de un modo muy extraño, había intentado alertarles de ello desde hacía tiempo. Por tanto, el padre Wheatley tuvo dificultades para encontrar algo de sentido a su relato.

Lo que sí estaba bastante claro, sin embargo, es que *algo* no iba bien en la casa, aunque todavía no estaba seguro de qué era. Le prometió que iría a visitarlos en cuanto tuviera un rato libre, probablemente en una hora, dos a lo sumo.

Al se marchó a trabajar a regañadientes; no quería dejar solos a Carmen, Laura y Peter. A Carmen también le hubiera gustado que se quedara, pero ambos sabían que no podía permitirse perder ni siquiera un día de trabajo.

243

Stephanie y Michael salieron para esperar el autobús, ambos callados y tensos, y, hasta que éste se detuvo junto a la acera para recogerlos, permanecieron muy juntos, girándose continuamente para echar una ojeada a la casa.

Mientras esperaba a que llegara el padre Wheatley, Carmen no se separó en ningún momento de Peter. Laura también se mantuvo siempre cerca de ella. Lo último que quería era volver a quedarse sola.

Estaban sentadas en el sofá, Peter arrodillado delante de ellas jugando con su consola Merlin, cuando Carmen dijo en voz baja:

—Laura, sabes que, si quieres, puedes ir a casa de tu tía Lacey, con Mary, ¿verdad?

Laura frunció el ceño y sacudió la cabeza lentamente.

—No, creo que no. No me siento tan cómoda con la tía Lacey como contigo y con el tío Al. Además, quiero ayudaros.

Su respuesta sorprendió a Carmen.

—Incluso con… ¿todo esto?

—Bueno… –Laura se encogió de hombros.

—Sólo quiero que sepas que, si decides marcharte, no nos opondremos. Es totalmente comprensible, de verdad. ¿Nos lo dirás?

Laura asintió.

—Claro que os lo diré.

Cuando llegó el padre Wheatley, Carmen tenía la puerta de la calle abierta incluso antes de que éste subiera por el caminito. Le condujo ansiosamente hasta la sala de estar y le invitó a sentarse en el sillón reclinable de Al mientras no dejaba de susurrarle:

—Me alegro tanto de que haya venido, padre. No sabe hasta qué punto le necesitamos. Me alegra *tanto* que esté aquí.

Una vez que estuvieron instalados en la sala de estar, el padre Wheatley le preguntó:

—Dígame, ¿cuál es el problema exactamente?

Carmen se lo contó. Todo. Las palabras brotaron de ella fluidamente y sin interrupción porque llevaba demasiado tiempo conteniéndolas.

Sin embargo, a medida que hablaba, se dio cuenta de cómo se transformaba gradualmente la expresión en el rostro del padre Wheatley, y supo de inmediato lo que eso denotaba: incredulidad.

Cuando terminó de hablar, se quedó unos instantes en silencio con la esperanza de obtener una respuesta positiva, aunque en realidad no la esperaba.

El padre Wheatley, que se había ido inclinando hacia adelante en el sillón mientras la escuchaba, volvió a recostarse en él con un suspiro y su ceño se relajó. Esbozó una sonrisa con la mitad de la boca y dijo en voz baja:

—Carmen, voy a decirle lo primero que me viene a la cabeza. Su familia ha tenido que superar muchas cosas. La grave enfermedad de Stephen, como usted misma ha dicho, ha ejercido una gran presión sobre todos ustedes. —Y entonces añadió rápidamente—: Por favor, no me malinterprete, no estoy diciendo que todo esto sea producto de su imaginación ni nada de eso; creo que es perfectamente comprensible. El estrés puede provocar en las personas…, bueno, las cosas más increíbles, y lo digo por experiencia, tanto la mía propia como la de los feligreses que han acudido a mí en busca de ayuda, como lo ha hecho usted.

Después de ver la transformación de su rostro, de sus ojos, a Carmen no le sorprendió aquella respuesta. Incluso estaba preparada para ella.

—De acuerdo, padre –dijo–, si todo esto responde sólo al estrés y la tensión provocados por la enfermedad de Stephen, y no estoy diciendo que no haya relación, sólo estoy…, hmm…, sólo estoy… –Cerró los ojos y pensó un momento sobre lo que acababa de decir–. Sí, sí que *creo* que no hay relación, porque *sé* que no la hay. ¿Y Laura? Ella no estaba aquí cuando Stephen estaba enfermo. No vivió nada de ese estrés, absolutamente nada. ¿Y qué hay de mi vecina, quien ni siquiera quiere entrar en casa? Fue ella la que me llamó para avisarme de que había una mujer de color verde y que brillaba en la ventana del piso de arriba. Nosotros no la vimos, ¡pero ella sí! Y ella no ha experimentado el estrés y la tensión provocados por la enfermedad de Stephen.

—Pero supongo que conoce la historia de la casa.

—Bueno…, sí, pero ella no…

—Eso es muy importante. Ya ve, Carmen, la muerte es algo nos asusta a todos. Incluso a aquéllos de nosotros a los que sabemos que no debería hacerlo. Antes, esta casa estaba completamente dedicada a… la muerte. –Y se encogió de hombros–. Parece algo perfectamente natural que cualquiera que conozca su historia tenga miedo de lo que solía representar.

Tras dejar escapar un suspiro abatido, Carmen se inclinó hacia adelante y enterró la cara entre las manos.

—No me cree –murmuró sin levantar la cabeza.

Tras haber permanecido en silencio todo el rato, Laura decidió que era el momento de hablar:

—Padre, no quiero ser irrespetuosa, pero…, por favor, escuche. La tía Carmen no está loca. Ocurre algo en esta casa que nada tiene que ver con el estrés, la tensión o el cáncer de Stephen. Hay algo…, bueno, no quiero inmiscuirme en su trabajo ni nada de eso y, como he dicho, no pretendo faltarle al respeto, pero… hay algo *maligno y enfermizo* en esta casa. Algo que quiere hacernos daño. Así que, *por favor*, padre, no nos dé la espalda.

El padre Wheatley echó la cabeza hacia atrás y se frotó con un dedo la barbilla justo debajo del labio inferior, una y otra vez, pensativamente, mientras miraba fijamente el techo. Entonces, se incorporó sobre el sillón, cruzó las manos sobre las rodillas y preguntó:

—¿Se sentiría mejor si bendijera la casa?

Carmen levantó la cabeza de entre las manos mientras trataba de contener las lágrimas que luchaban por desbordarse, y dijo:

—Oh, sí, padre, por favor. ¿De verdad que lo haría?

—Por supuesto –dijo, poniéndose de pie–. Lo haré encantado. Sólo tengo que ir un momento a mi coche para coger la cartera.

Aprovechando que el padre Wheatley no estaba, Carmen se recostó en el sofá y dijo:

—No me cree. Piensa que estoy loca.

—Bueno, tampoco importa mucho lo que crea, mientras bendiga la casa, ¿verdad? –dijo Laura–. O sea, eso *tiene* que servir de algo, ¿no? Y quizá…, bueno, quizá vea algo mientras lo hace. U oiga o perciba algo.

Carmen, con los ojos cansados, negó con la cabeza justo cuando el padre Wheatley volvió a entrar en la casa.

Se quedaron sentadas en el sofá, con la cabeza inclinada reverentemente, mientras él bendecía la sala de estar, rociando agua bendita de una botella y recitando la bendición. Cuando el padre Wheatley recorrió toda la casa, bendiciendo una habitación tras otra, ellas también se quedaron en la sala de estar.

Mientras oían la voz amortiguada del sacerdote en otras partes de la casa, Laura puso una mano sobre la de Carmen y le susurró:

—No te preocupes, tía Carm, esto probablemente lo cambie todo. En serio. –Tímidamente, agregó–: Debes tener fe en Dios, eso es todo.

Carmen sabía que su sobrina tenía razón. Era un insulto a Dios que continuara teniendo dudas y sintiéndose aterrorizada. Debía tener fe en que la bendición resolviera sus problemas, que pusiera fin a los extraños incidentes que habían tenido lugar en ella.

Sin embargo, no podía quitarse de la cabeza la evidente incredulidad del padre Wheatley. Si sólo estaba bendiciendo la casa para contentarla, si en realidad no lo hacía *convencido,* ¿cómo iba a tener algún efecto la bendición?

Cuando el padre Wheatley hubo terminado, regresó a la sala de estar con una amplia sonrisa pintada en el rostro.

—Bueno, ya está. Espero que sirva de algo.

«¡¿Espero que sirva de algo?!», pensó Carmen. Sus peores temores se vieron confirmados; sólo lo había hecho para apaciguarla.

El padre Wheatley alargó una mano.

—Pero si me permite hacerle una sugerencia, creo que debería considerar la posibilidad de buscar a algún tipo de consejero. Para toda la familia, quiero decir. Han pasado por experiencias muy traumáticas. –Esbozó una sonrisa que pretendía ser reconfortante–. Creo que les iría muy bien.

Laura apretó la mano de Carmen y apartó la mirada del sacerdote; Carmen inclinó la cabeza con la esperanza de que el padre Wheatley no viera la duda en sus ojos.

Después de que el sacerdote se hubiera marchado, Laura dijo:

—No parecía muy convencido, ¿no crees?

Carmen meneó la cabeza.

—Ya, bueno, es un sacerdote, ¿no? Espero que al menos las bendiciones sirvan de algo.

Carmen guardó silencio unos instantes y, luego, de un modo casi imperceptible, sacudió la cabeza muy lentamente. Después de ver la duda reflejada en los ojos del padre Wheatley, la expresión de incredulidad pintada en su rostro, de repente comprendió cómo debía de haberse sentido Stephen, cómo ellos debían de haberle hecho sentir, siempre que trataba de convencerlos de que había algo maligno en la casa.

Veintiuno

Ataques físicos

La mañana que el padre Wheatley fue a visitarlos, Carmen había estado demasiado nerviosa para fregar los platos del desayuno, por lo que los había apilado cuidadosamente en el fregadero y les había dado un enjuague superficial. Después de que se marchara, se puso una camisa holgada y unos vaqueros, fue a la cocina y se puso a fregarlos. Laura se había ofrecido a ayudarle, pero Carmen le había dicho:

—No, no, quédate aquí y ve la tele o haz otra cosa.

Quería estar un rato sola, pensar en las cosas que le había hecho y dicho a Stephen, las cosas que *todos* le habían hecho y dicho.

Estaba de pie en el fregadero, fregando los platos, cuando notó un pellizco en la espalda. Se rio entre dientes y, sosteniendo un plato con la mano mojada y llena de jabón, se dio la vuelta y dijo:

—Para, Peter. –Entonces miró hacia abajo, esperando ver a su hijo. Pero no había nadie.

Se quedó mirando el espacio vacío en el suelo un momento y luego notó otro pellizco.

Hubo un tercer pellizco y, después, sintió el roce de unos dedos. *Supo* que eran dedos porque Al le había hecho lo mismo antes, aunque juguetonamente; le había deslizado los dedos por entre las piernas y había ido subiendo.

El plato que sostenía le resbaló de la mano y se hizo añicos contra el borde de la encimera.

Laura llegó corriendo a la cocina y exclamó:

—¡Tía Carm! ¿Qué ha pasado?

—Yo…, yo…, hmm, bueno, he notado…

La mano volvió a deslizarse por entre sus piernas, tocándole con unos dedos muy fuertes. Carmen soltó un gruñido y se apartó de un salto para alejarse de ellos.

—Ahora te acosa a *ti*, ¿verdad? –gritó Laura–. Como me acosaba a *mí* anoche.

—Vuelve a la sala de estar, Laura. Por favor.

Aunque dudó unos instantes, Laura la obedeció. Mientras se marchaba, miró por encima del hombro, preocupada.

Aún con las manos mojadas y con espuma casi hasta los codos, Carmen salió de la cocina y corrió por el pasillo hasta su habitación, cerró la puerta de un portazo y la aseguró con llave. Seguidamente, apoyó la espalda un momento contra la puerta, tratando de recuperar el aliento.

El corazón parecía estar a punto de salírsele del pecho.

Tenía la nuca fría.

Recostada contra la puerta, volvió a notar los extraños tocamientos.

Carmen se lanzó hacia adelante con un grito ahogado, no quería que Laura la oyera, y se estiró en la cama. La mano la siguió, no la abandonó en ningún momento, sus gruesos dedos manoseándola a ciegas.

Trató de incorporarse, pero, de repente, había más manos en su cuerpo, presionándole los brazos, los hombros y las piernas contra el colchón mientras uno de los dedos la penetraba con dureza, bruscamente.

Carmen no pudo contener un grito de dolor. Sin embargo, ahí no terminó todo.

Algo más largo y grueso que un dedo, algo que incluso palpitaba, se introdujo por su recto.

Todo el cuerpo de Carmen se puso rígido.

La entidad entró y salió de ella furiosamente, desgarrándola.

—Oh, por favor –dijo Carmen entrecortadamente.

Alguien llamó a la puerta.

—¿Tía Carmen? ¿Estás bien?

—¡Por favor, Jesús! ¡En el nombre de Jesucristo! *¡Para!* ¡En el nombre de Jesús!

La puerta del dormitorio se abrió y, súbitamente, todo se detuvo. Las manos la soltaron, la cosa gruesa y palpitante salió de su cuerpo y Carmen se quedó tendida en la cama, temblando y sollozando incontrolablemente.

Laura se agachó a su lado y le rodeó los hombros con un brazo.

—Tía Carmen –le preguntó–, ¿qué pasa? ¿Qué ha ocurrido?

Carmen no pudo articular palabra. No podía darle una explicación a Laura. Se limitó a sacudir la cabeza mientras trataba de recuperar el aliento y la capacidad del habla.

—No…, no…, no…, no lo sé, Laura. Algo me ha atacado. Alguna cosa… –Frunció los labios y estrujó la almohada con ambas manos mientras trataba de encontrar la palabra adecuada–. Algo…, hmm…, ¡me ha hecho daño! –exclamó con voz temblorosa por la incredulidad.

Cuando Laura habló, parecía estar a punto de ponerse a llorar:

—Oh, Dios mío, lo sabía. *Sabía* que era eso. Oh, Santo Dios, todavía está aquí, la bendición no ha funcionado. Oh, Dios mío, tía Carm, ¿qué vamos a hacer?

Carmen se dio cuenta de que lo que más deseaba en aquel momento era alejarse de la cama, por lo que bajó de un salto del colchón. Un instante después, estaba de pie al lado de Laura.

—Bueno, al menos por un rato –dijo Carmen–, vamos a largarnos de aquí, tú, yo y Peter. Pero primero…, hmm…, me gustaría darme una ducha.

Carmen se sentía sucia, *repugnante.* Fue todo un alivio cuando se metió bajo el chorro de agua caliente.

Se cubrió el cuerpo con espuma de jabón y se frotó con fuerza con una esponja con la esperanza de deshacerse de la sucia sensación de haber sido violada.

Después de frotarse el cuerpo durante varios minutos, sin dejar de llorar en silencio, avanzó para colocarse debajo del chorro de agua y enjuagarse, pero la cortina de la ducha se movió y, pese a no poder ver nada desde el interior de la ducha, supo que ya no estaba sola.

De repente, un sonido desconocido se unió al de la ducha, se enredó con él y, seguidamente, empezó a separarse hasta dar forma a una voz profunda, áspera y resonante:

—Quiero retozar en la cama con mis dos juguetes favoritos… tú y Laura. Quiero *follaros*. ¡Quicro follaros hasta quc *gritéééis!*

Entonces la voz soltó una risotada larga y cruel y empezó el ataque.

Las manos le aferraron los hombros por detrás, la obligaron a girarse y la lanzaron con fuerza contra los húmedos azulejos. Carmen empezó a llorar, pero la entidad le golpeó los labios contra la pared. La risa continuaba cuando algo se estrelló contra ella con fuerza… y se apartó… volvió a estrellarse una vez más… y otra y otra y otra vez más…

Unas manos le estrujaron los pechos con fuerza, le pellizcaron los pezones hasta que el dolor le atravesó el pecho, le subió por el cuello y le bajó por el abdomen.

Y, pese a todo, seguía sin haber nadie con ella en el baño…

Carmen levantó la cara de los azulejos, cogió todo el aire que pudo, junto con el húmedo vaho de la ducha, y gritó con todas sus fuerzas.

Pero el ataque continuó: los golpes en el interior de su cuerpo, la dolorosa opresión y los pellizcos en los senos…

Entonces, la puerta del baño se abrió y Laura gritó:

—Tía Carmen, estoy aquí, ¿qué pasa? ¿qué ocurre? ¿qué tienes?

El ataque se detuvo.

Carmen se dio cuenta de que estaba apoyada en la pared, el cuerpo cubierto de espuma que el agua de la ducha empezaba a llevarse hacia el fondo de la bañera. Se apartó de la pared, las manos le resbalaron en los azulejos, se dio la vuelta y descorrió la cortina.

—Estaba aquí –dijo entre sollozos y con la voz ronca–. Me… me ha vuelto a atacar, me ha sod… me ha hecho lo mismo que antes.

El agua de la ducha se llevó sus lágrimas y Carmen cruzó los brazos sobre los pechos mientras sollozaba.

—¡Sal de ahí ahora mismo! –gritó Laura–. ¡Por favor, sal de ahí para que podamos irnos!

Carmen asintió.

—Ahora mismo. Ya voy. Dame un minuto. Ve a buscar a Peter por mí, ¿vale? Asegúrate de que está bien.

Se enjuagó rápidamente, salió de la ducha y empezó a secarse furiosamente, sin importarle si tenía el pelo seco o no. Con Laura y Peter a su lado, se vistió rápidamente, cogió un par de juguetes de Peter y salieron de la casa sin saber a dónde iban…

◆ ◆ ◆

Después de circular un buen rato por la ciudad, fueron a un centro comercial próximo donde se tomaron un helado, dejaron que Peter montara en una pequeña nave espacial mecánica por veinticinco centavos y vieron unos cuantos escaparates. No dejaron de moverse, de distraer la atención, para evitar pensar en lo que había sucedido en la casa.

Tras varias horas intentando perderse en la seguridad y el anonimato que representaba la multitud de compradores, Carmen se dio cuenta de que era muy tarde y decidió que, por mucho que le aterrorizara regresar a casa, tenía que hacerlo para que cuando Stephanie y Michael volvieran de la escuela no se encontraran la casa vacía, o al menos una que lo *parecía*.

Compraron algunas cosas para la cena sin perder demasiado tiempo y se marcharon del centro comercial.

Cuando llegaron a casa, subieron los escalones del porche y se quedaron delante de la puerta… observándola. Con una torpeza producida por los nervios, Carmen sacó las llaves del bolso, encontró la adecuada, la deslizó lentamente en la cerradura, la hizo girar y entraron.

No había nada fuera de lugar. Nada inusual esperándolas.

Con la bolsa de la compra debajo del brazo, Carmen se volvió hacia Laura y le dijo:

—¿Qué te parece si entramos, empezamos a hacer la cena, nos tomamos nuestro tiempo, nos divertimos un poco y nos olvidamos de todo?

Laura miraba a su alrededor con los ojos muy abiertos mientras avanzaba con precaución por el pasillo. Asintió y le respondió:

—Sí, claro.

Y eso es lo que hicieron. Descargaron los comestibles en la cocina y empezaron a preparar la cena.

Stephanie fue la primera en llegar. No le dijeron nada; se limitaron a no perderla de vista.

Cuando llegó Michael, le preguntó a Carmen si podía ir a casa de un amigo que vivía cerca hasta la hora de la cena y ella aceptó encantada; se sintió aliviada de poder mantenerlo alejado de la casa.

Cuando llegó Al, la cena ya estaba casi lista y no había pasado nada más. Carmen le dio un beso cuando entró y antes de que fuera a darse una ducha.

Se sentía culpable, tanto como si le hubiera sido infiel. Tenía la sensación de que debía contarle lo que había pasado, pero ¿cómo podía hacerlo? ¿Qué iba a decirle? ¿Cuál sería *su* reacción? Tal vez pensara que estaba loca, como Stephen, se enfadara y no quisiera volver a acercarse a ella.

Incluso podría abandonarla. Al fin y al cabo, si creía que todo era producto de su imaginación, si pensaba que se estaba *imaginando* cosas, cosas como aquéllas, tal vez pensara que algo no terminaba de funcionar entre ellos.

Decidió que no se lo contaría; al menos, resistiría el impulso de contárselo tanto como fuera posible.

◆ ◆ ◆

La cena transcurrió en silencio. Las conversaciones fueron escasas y sólo se oyeron los sonidos habituales: tenedores tintineando al chocar con los platos y los ruidos propios de personas masticando y bebiendo.

Cuando hubieron terminado, Carmen y Laura fueron a la cocina a fregar los platos y discutieron en susurros sobre si Carmen debería contarle a Al lo que había ocurrido o no y sobre lo que iban a hacer. Laura le recomendó que se lo dijera; era sólo cuestión de tiempo que a él también le pasara algo similar. ¿Qué haría entonces cuando ocurriera? Insistió en que tenía derecho a saberlo.

Por mucho que le costara admitirlo, Carmen pensaba que Laura tenía razón.

Después de la cena, Al se sentó en su sillón para ver la tele y tomarse su habitual cerveza. Cuando terminaron de recoger los platos, Carmen se acurrucó a su lado en el sillón y posó una mano sobre su brazo.

—¿Podemos hablar? –le preguntó en voz baja.

—Claro –respondió él con un asentimiento.

—Hmmm… ¿en el dormitorio?

Al frunció el ceño ligeramente.

—¿Te encuentras bien?

—Bueno… Hablemos primero, ¿vale?

Fueron al dormitorio, se sentaron al borde de la cama y, con voz nerviosa y vacilante, Carmen le contó todo lo que había sucedido aquel día.

La expresión de Al cambió una y otra vez mientras ella hablaba. Pasó de la cómica incredulidad a una seria preocupación y, por último, a la ira y la conmoción más absoluta.

—Hablas en serio, ¿verdad? –susurró al cabo de un rato.

—Sí, hablo en serio. ¿Crees que podría bromear con algo así?

—No…, no lo sé, pero…, bueno, ¿desde cuándo te ha estado pasando?

—Sólo hoy. ¿Por qué? O sea, ¿por qué me preguntas algo así?

—Bueno, me preguntaba si…, o sea, pensaba que tal vez…

De repente, Al se puso a llorar y enterró el rostro en las manos de su mujer. Los sollozos hacían que se le sacudieran los hombros.

Carmen se quedó perpleja. Se lo quedó mirando unos instantes y luego se inclinó hacia adelante, le rodeó los hombros con el brazo y lo sostuvo pegado a ella.

—Al, ¿qué te ocurre? ¿Te pasa algo?

A través de las lágrimas y los sollozos, Al consiguió decir:

—Tenía miedo de contártelo… pero a mí también me han estado pasando cosas.

Ella se aferró a sus hombros.

—¿Qué tipo de cosas?

—Oh, sólo… música y voces y… ¡sólo ese tipo de *cosas!* He estado intentando convencerme a mí mismo de que no era nada. No quería pensar que… eso…

Una noche, después de quitar todas las bombillas de las lámparas del sótano, Michael me despertó y me dijo que su lámpara estaba encendida a pesar de que no había bombilla en el portalámparas y…, bueno, bajé y estaba…, estaba *fulgurando,* Carmen, la luz estaba *encen-*

dida, ¡pero no había bombilla! No había nada excepto… ¡excepto la *luz* que salía de esa cosa!

—¿Por qué no me lo *contaste,* cariño?

—Porque no quería *reconocer* lo que había visto. Pero hay… más. Música que viene de abajo. Voces, como las de una fiesta. En la madrugada. Y la cama… vibra sola.

—Me dijiste que era por culpa del frigorífico del piso de arriba.

—Te mentí. Porque no quería que lo supieras. Pero sabía lo que ocurría en realidad. La cama vibra sola. No tiene nada que ver con el piso de arriba. Hay…, hmm…, sí, aquí pasa algo. A esta casa le pasa algo; hay algo maligno *en* esta casa.

Carmen esperó durante un buen rato y, entonces, se inclinó sobre él, con el brazo aún alrededor de sus hombros, y le susurró al oído:

—Stephen intentó avisarnos y ahora… está en un hospital psiquiátrico.

Al negó con la cabeza.

—No, no, creo que lo de Stephen es distinto. Realmente creo que le pasa algo raro. Ha cambiado. Se ha vuelto… *hostil.* Era algo más que eso, estoy convencido.

—Vale, tal vez tengas razón. Pero *estaba* intentando contarnos que había algo extraño en la casa.

Al se mordió los labios y dijo entre más lágrimas:

—¿Crees que no lo sé? ¿Crees que eso no me corroe por dentro?

Carmen asintió.

—Ahora lo sabemos los dos. ¿Qué vamos a hacer al respecto?

—No tenemos dinero para mudarnos a otro lugar, eso está claro. Al menos, por el momento.

—Vale, entonces, ¿qué podemos hacer?

Al sacudió la cabeza; las lágrimas centelleaban en sus mejillas.

—No lo sé, cariño. Lo cierto es que no tengo ni idea.

Veintidós

Una prisión sin rejas

Durante aquel invierno, que pasó lenta y tortuosamente, los incidentes en el hogar de la familia Snedeker se hicieron cada vez más habituales y las tensiones aumentaron. El estado ánimo de los habitantes de la casa pareció volverse más oscuro, como el clima en el exterior de esta, y empeoró progresivamente a medida que las nubes se tornaban más negras y llegaban las lluvias. Aún empeoró más cuando la nieve empezó a caer copiosamente, formando una masa espesa y congelada en los arcenes de las calles.

Todos los miembros de la familia se movían por la casa como si algo horrible fuera a suceder en cualquier momento; la mayoría de las veces, no se sentían decepcionados. Los objetos se movían como si tuvieran vida propia. En algún momento u otro, todo el mundo oía voces. Veían sombras que no pertenecían a este mundo. Por el rabillo del ojo, distinguían cosas que corrían hacia ellos. De forma inexplicable, había algunas partes de la casa que estaban más frías que otras.

Stephanie había vuelto a su habitación, que compartía con Laura, y Peter también se había instalado de nuevo en la suya. De modo que Michael volvió a quedarse sólo en su cuarto del sótano.

Un día, a última hora de la noche, Michael subió corriendo las escaleras mientras pedía ayuda a sus padres. Éstos se despertaron al instante y salieron apresuradamente al pasillo, donde le vieron corriendo hacia ellos, con los brazos abiertos y los ojos como platos.

—¡Mamá! ¡Mamá! ¡Ha vuelto! –gritó Michael, abalanzándose sobre Carmen y rodeándole la cintura con los brazos.

—Ssssh, Michael, ¿quién ha vuelto? –le preguntó mientras lo abrazaba.

—¡El hombre, el hombre que vimos Stephen y yo! ¡Ha vuelto esta noche!

—Venga, sólo ha sido un sueño, cielo. Sólo ha sido eso, un sueño.

Michael se apartó de ella mientras sacudía la cabeza.

—No –insistió–, no ha sido sólo un sueño. Ha sido algo *más,* o sea, yo ya estaba en la cama, ¡pero aún estaba despierto! ¡Y no podía moverme! ¡Estaba *paralizado!*

Carmen y Al se miraron durante unos instantes. Finalmente, Al se encogió de hombros de un modo casi imperceptible, como si quisiera decirle que no sabía qué podían hacer.

—¿Te gustaría dormir en otra habitación esta noche, cielo? –le preguntó Carmen.

Al cabo de unos momentos, Michael asintió.

—¿Puedo dormir en el sofá? –inquirió en voz baja.

—Claro, no hay problema. Te traeré sábanas y almohadas del armario del pasillo. –Se volvió hacia Al y le susurró–: Vuelve a la cama. Estaré allí en un minuto.

Cuando terminó de prepararle la cama a Michael en la sala de estar, Carmen lo acostó y le dio un beso.

—¿Mamá? Si vuelve ese señor… ¿puedo avisarte?

—Claro que puedes, cielo. Tú grita y estaré aquí en un segundo.

De vuelta en la cama, Al la miró a través de la oscuridad y le dijo en un susurro:

—Esto no va a detenerse, ¿verdad? En realidad, va a ir a peor, ¿no?

—No lo sé –le susurró ella.

—¿Qué vamos a hacer si empeora?

—No lo sé.

Al le cogió una mano entre las suyas. Aquella noche les costó mucho volver a conciliar el sueño.

♦ ♦ ♦

A partir de aquella noche, Michael durmió todas las noches en el sofá de la sala de estar. A diferencia de Stephen, sus padres no se opusieron y nadie protestó; de hecho, se mostraron bastante cooperativos. Una mañana, mientras Michael se preparaba para ir a la escuela, Carmen le propuso subir algunas cosas de su habitación y dejarlas en el armario del pasillo para que no tuviera que bajar al sótano cada día. Michael aceptó la oferta con entusiasmo y le dijo lo que necesitaba.

Carmen no bajó al sótano hasta primera hora de la tarde. Se pasó la mañana diciéndose a sí misma que tenía otras cosas que hacer en otras partes de la casa. Tardó varias horas en darse cuenta de que, sencillamente, no quería bajar. Sabía lo que había allí abajo…, material funerario…, elementos mortuorios…, cosas muertas…, cosas de las que prefería mantenerse alejada.

Además de eso, la mayoría de los extraños incidentes que se habían producido en la casa habían tenido lugar en el sótano; y aunque Stephen había intentado avisarlos, ellos no le habían hecho caso.

Pero se lo había prometido a Michael. Y *alguien* tenía que bajar a por sus cosas.

Finalmente, bajó. Se dijo a sí misma que no tenía que pasar de la habitación de Michael, que todas las cosas aterradoras estaban en lo más profundo del sótano y que, en realidad, no tenía nada de qué preocuparse.

Sin embargo, al bajar las escaleras, le sucedió algo por primera vez, algo que volvería a pasarle una y otra vez durante los meses siguientes.

Aquella primera vez, Carmen estaba recogiendo del suelo calcetines y ropa interior para ponerlos a lavar, cogiendo ropa del respaldo de las sillas y del armario para que Michael se la pusiera para ir la escuela, además de calcetines y ropa interior limpia de los cajones de la cómoda.

De repente, se quedó petrificada. Notó algo en el aire, como si éste estuviera transformándose o como si alguien o algo lo estuviera agitando… o como si algo lo estuviera atravesando rápidamente, acercándose a una gran velocidad.

De pie ante la cómoda de Michael, con las manos llenas de calcetines y ropa interior, Carmen soltó un grito ahogado al notar cómo algo la rodeaba, algo parecido a una sombra muy oscura y espesa como la melaza; la envolvió completamente, se la tragó, rodeó todo su cuerpo y la contuvo en un terror paralizante durante lo que le pareció una eternidad.

Y después se desvaneció. Carmen se desplomó en el suelo, se acurrucó en posición fetal e intentó recuperar el aliento. Cuando logró recuperarse un poco, miró su reloj.

Sólo habían pasado unos cuantos segundos… no una eternidad.

Se levantó, recogió apresuradamente la ropa de Michael y subió los peldaños de dos en dos; aún caminaba ligeramente encorvada y le costaba respirar.

—Tía Carmen, ¿qué te ocurre? –preguntó Laura mientras corría hacia ella por el pasillo.

Carmen decidió en ese momento que no le diría nada a su sobrina. Se enderezó, sonrió levemente y le dijo:

—Ah, son sólo esas malditas escaleras. Supongo que hacía demasiado tiempo que no las subía, por eso estoy agotada.

—Vale. Madre mía, me has dado un susto de muerte.

—No, no ha sido… nada.

Mientras recuperaba el aliento, guardó la ropa de Michael en el armario del pasillo, aliviada de que Laura no se hubiera dado cuenta de que le había mentido.

◆ ◆ ◆

En los días sucesivos, Stephanie gritó dos veces por la noche porque, según ella, la mancha oscura había vuelto a cruzar su habitación. Laura estaba dormida cuando ocurrió, por lo que no había visto nada, pero, después de la segunda vez, Stephanie dijo que no quería seguir durmiendo en su cuarto.

Carmen no sabía qué hacer con ella. Le preguntó a Laura si le importaría compartir la cama con Stephanie para que ésta se sintiera mejor, y Laura accedió encantada.

Aunque a Al cada vez le costaba más irse a trabajar y dejarlos solos, no tenía más opción. Últimamente se sentía muy débil e impotente. Estaba acostumbrado a ejercer *algún* tipo de control sobre los acontecimientos que rodeaban a su familia. Cuando Stephen enfermó gravemente, esa confianza empezó a desmoronarse. Y en ese momento… pasaba todo aquello. Tenía la sensación de haber perdido el control sobre todo lo que le rodeaba, sobre toda su familia. Algo que no podía ver y que no entendía se había hecho con el control.

Su hogar se había convertido en una especie de prisión. Por el momento, no tenían dinero suficiente para mudarse a otro lugar. No podían recoger sus cosas y ponerse a buscar otra casa. Tendrían que quedarse allí durante una buena temporada… con lo que fuera que también vivía con ellos.

Las semanas se convirtieron en meses; meses que transcurrieron lenta, pesadamente, bajo unas nubes recias y negras como el hollín. El invierno se hizo más frío, más hiriente.

Los niños lloraban por la noche.

La voz les habló a todos, a todas horas del día y de la noche; una voz salida de la nada.

A veces, el olor a carne podrida y, otras veces, a heces humanas, los asaltaba en cualquier parte de la casa, un hedor tan fuerte y penetrante que estaban seguros de que, si bajaban la vista a los pies, descubrirían que estaban sobre un montón de basura podrida y en descomposición. Pero nunca había nada en el suelo, y el olor sólo duraba unos instantes, un repugnante hedor que pasaba flotando como una brisa, que llegaba y desaparecía casi burlonamente.

En otras ocasiones, también había moscas. Moscas de verdad que zumbaban por la habitación, o que al menos parecían hacerlo, pero que nunca se quedaban mucho tiempo.

Una fría noche de invierno, se fundió un fusible y Al bajó al sótano para cambiarlo. Hacía tiempo que había vuelto a colocar todas las bombillas en su sitio, de modo que, cuando llegó al pie de las escaleras, encendió la luz.

Cuando accionó el interruptor, el globo de cristal opaco que cubría la lámpara continuó oscuro; la bombilla sólo emitió unas leves chispas eléctricas. Al se quedó mirando la lámpara con el ceño fruncido y la oscuridad que parecía envolver el cristal se movió… se retorció…

En el silencio reinante, Al oyó un leve zumbido que salía de la negrura, como si un insecto agitara las alas.

La negrura estaba compuesta de moscas; cientos, tal vez incluso miles, de moscas que envolvían el globo de cristal y formaban una masa trémula en la zona del techo junto a éste, sus alas zumbando mientras se arrastraban unas sobre las otras en montones negros y encrespados.

Al observó la escena durante un buen rato con la boca abierta. El asombro hizo que pasara de tener los ojos entornados a abrirlos completamente. Se quedó petrificado donde estaba, con el dedo aún pegado al interruptor de la luz.

Con un hilo de voz apenas audible, susurró lentamente:

—¿De dónde… demonios… *habéis* salido…?

De repente, todas las moscas remontaron el vuelo al unísono y se abalanzaron como un enjambre en dirección a su cara.

Al levantó los brazos para protegerse y dejó escapar un grito de horror estrangulado mientras apretaba con fuerza los dientes; cerró los ojos todo lo que pudo, sorprendido de no poder dar media vuelta y subir corriendo las escaleras. Se preparó para sentir las moscas por todo su cuerpo, notar la leve vibración de sus alas, el cosquilleo de sus movimientos. Sin embargo…

No sintió nada.

Muy lentamente, bajó los brazos y abrió los ojos.

Las moscas habían desaparecido. No las veía por ninguna parte. Ni las veía ni las oía.

Entonces oyó un ruido sordo y gutural. En un primer momento creyó que se trataba de un gemido, pero rápidamente se convirtió en una risa ronca y maliciosa. No salía de ningún lugar en concreto…, aunque parecía proceder de todas partes al mismo tiempo.

Al respiró profundamente, apretó la mandíbula, se santiguó y, tras una lucha interna y silenciosa, decidió olvidar lo que había creído oír, abrió las puertas francesas y se adentró en la habitación contigua. Se encaminó hacia la caja de fusibles, encendiendo todas las luces que se encontró en su camino. Al llegar, se detuvo un instante a comprobar detenidamente la lámpara del techo.

No vio ninguna mosca.

Se abrió paso a través del sótano hasta la caja de fusibles, la abrió y metió una mano en el bolsillo para sacar el fusible que había cogido del cajón de la cocina.

Fue entonces cuando notó el olor.

Al principio, olía a rosas; un olor intenso, dulce y floral. Al se quedó inmóvil, echó un lento vistazo a su alrededor y esbozó una tímida sonrisa. El olor a rosas era una buena señal; un signo de bendición, de paz y seguridad…, una señal de la mismísima Virgen María.

Se calmó y sus tensos músculos se relajaron lentamente. El aroma de las rosas había conseguido que se sintiera mucho mejor. De hecho, siguió oliendo a rosas mientras cambiaba el fusible.

Y, entonces, de repente, el olor se transformó. Para peor.

Al retrocedió al percibir en sus fosas nasales un hedor a carne descompuesta. Se tapó la nariz y la boca con una mano mientras una arcada le hacía doblarse por la mitad. Tosió mientras volvía a incorporarse, cerró la caja de fusibles, dio media vuelta y regresó rápidamente hacia la escalera.

El hedor estaba por todas partes.

Mientras lo atravesaba, se transformó. Pasó del olor a carne podrida al de una enorme alcantarilla abierta de la que brotara el insoportable hedor de excrementos en descomposición. El hedor llenó sus fosas nasales y se aferró a ellas, obstruyéndolas como si se tratara de una grasa espesa. Al atravesó el sótano apresuradamente, tapándose la cara con una mano. Sin embargo, en mitad de la habitación que solía ocupar Stephen, le fallaron las fuerzas y cayó de rodillas al suelo. El hedor espeso y empalagoso era tan abrumador que, literalmente, lo empujó al suelo entre lágrimas y náuseas.

Avanzó de rodillas unos cuantos metros tratando de alcanzar la escalera, pero poco después el olor se desvaneció.

Al se detuvo, todavía de rodillas en el suelo. Apartó la mano de la cara y, muy lentamente, levantó la cabeza, miró a su alrededor y olisqueó el aire. El olor había desaparecido.

Moviéndose rápidamente, se puso de pie, corrió hasta la escalera y huyó del sótano como una exhalación.

◆ ◆ ◆

Progresivamente, el invierno empezó a ceder. La nieve comenzó a derretirse y, de vez en cuando, el cielo azul asomaba por entre las nubes oscuras.

Al empezó a beber incluso más de lo habitual. A medida que los aterradores incidentes que se producían en la casa empeoraban, se sentía cada vez más débil e impotente, más indefenso ante… lo que fuera que había decidido acosarlos de aquel modo.

Carmen, por otro lado, se aferró a la fe con todas sus fuerzas. Rezaba cada vez más y siempre llevaba un rosario encima, además del crucifijo colgado al cuello.

No permitió que el hecho de que la bendición del padre Wheatley aparentemente no hubiera servido de nada afectara a su fe en lo más mínimo; se convenció a sí misma de que no tenía ninguna importancia y continuó rezando, rogándole a Dios que no abandonara a su familia, que protegiera la casa y a sus habitantes de las fuerzas malignas y sobrenaturales que la acosaban.

A veces conversaban hasta altas horas de la noche en la cama.

—Estás bebiendo mucho últimamente –le susurró Carmen una noche mientras estaban acurrucados muy juntos.

—¿Por qué te sorprende? –respondió Al en voz baja.

—No sé, ¿realmente tienes que hacerlo?

—¿Qué quieres que haga? Vale, quizá sea una excusa, pero, por Dios santo, últimamente he estado…, he estado…

—Ya lo sé. Lo sé, cariño. Han pasado muchas cosas…

—Han pasado muchas cosas jodidamente *aterradoras,* eso es lo que ha pasado.

—Pero, recuerda, seguimos teniendo a Dios de nuestro lado.

—Ah, ¿sí? Pues, dime, ¿dónde está?

—Está aquí, cariño. Si no lo estuviera, quizá ya nos hubiera hecho daño. Tal vez ya *no* estaríamos aquí.

Al se apartó de ella y dijo:

—Sí, lo sé, pero…

◆ ◆ ◆

Una tarde de verano, Laura tuvo una cita con un joven agradable, alto y musculoso que llegó para recogerla mientras Carmen estaba preparando la cena. Al le invitó a pasar y conversaron unos minutos, hasta que Laura estuvo lista para marcharse.

Michael había ido a casa de un amigo que vivía en la misma calle para pasar la noche, y Stephanie y Peter jugaban en silencio en el suelo de la sala de estar; ninguno de los niños pasaba ya mucho tiempo solo en su cuarto.

Cenaron en silencio, como todas las noches desde hacía algún tiempo, y lo hicieron en la sala de estar, frente a la televisión. A pesar del silencio que imperaba, la tensión se había rebajado ligeramente, y en la casa reinaba una cierta sensación de calma, como si las cosas estuvieran mejorando… al menos, por el momento.

Después de cenar, vieron un rato más la tele, Al se tomó unas cuantas cervezas más y Carmen una taza de té. Poco después, todos empezaron a circular hacia sus respectivas habitaciones. Los niños se mostraron reacios, y Carmen estaba esperando que éstos le preguntaran si podían dormir con ella y Al; decidió que, si se lo preguntaban, no podrían negarse porque ahora *sabían* que los niños tenían buenos motivos para estar asustados.

Pero no se lo pidieron. Peter tenía mucho sueño y se encaminó a su habitación arrastrando los pies y con los ojos medio cerrados. Stephanie le preguntó si podía quedarse despierta en la habitación hasta que Laura volviera a casa y Carmen le dijo que no había problema. Al fin y al cabo, era viernes por la noche y no tenía que ir a la escuela al día siguiente.

Al se fue a la cama primero y, después de darles a todos los besos de buenas noches, Carmen se unió a él.

—¿Me equivoco o esta noche las cosas parecen más tranquilas? –dijo Carmen.

—Sí. Es posible. Un poco, supongo. –Al era muy reacio a mostrarse optimista.

Se acurrucaron bajo las sábanas, pero estuvieron despiertos durante un buen rato. Ambos se mantenían alerta por si sucedía algo; o, mejor dicho, para *cuando* sucediera algo. Sin embargo, la habitación continuó en silencio, en calma, por lo que, finalmente, los dos se sumergieron en un sueño ligero…

Un grito despertó a Carmen a altas horas de la noche. Tardó unos instantes en entender qué estaba gritando la voz.

—¡Tía Carmen! Tía Carmen, por favor, ayúdame. ¡Por Dios! ¡Jesucristo, por favor, por favor, *ayúdame!*

Unos pasos apresurados resonaron por toda la casa.

De forma instintiva, Carmen cogió la Biblia de la mesita de noche. Encima de ésta estaba el rosario.

La puerta del dormitorio se abrió de golpe y Carmen se incorporó sobre la cama. Laura apareció en el umbral de la puerta, su figura levemente recortada por la luz del pasillo. Llevaba puesto su habitual camisón largo.

—¡Tía Carmen! –gritó–. ¡Tía Carmen!

Carmen bajó de la cama con la Biblia y el rosario bajo el brazo y se dirigió hacia la puerta.

—¿Qué ocurre, Laura? ¿Qué te pasa, cielo?

Al seguía durmiendo.

Laura se arrojó a los brazos de Carmen, como solía hacer de pequeña. Aún abrazadas, Carmen la condujo hasta el pasillo y cerró la puerta del dormitorio detrás de ellas sin hacer ruido.

—¿Qué pasa, cielo? –le susurró.

—¡Está jugando otra vez conmigo, tía Carm! ¡Está haciéndolo *otra vez*! –murmuró Laura presionando su rostro contra el hombro de Carmen– Me ha tirado del sostén mientras me cambiaba y, cuando he cogido el rosario, la cruz se ha caído; literalmente, como si alguien la hubiera *arrancado,* y después ha empezado a tirar de las mantas y a tocarme y…, y…, y…

Carmen rodeó a Laura con el brazo y la obligó a avanzar por el pasillo mientras le decía:

—Vale, vale, cálmate, todo ha terminado. Volveremos a tu habitación y…, hmm…, ¿qué te parece si leemos juntas la Biblia un rato?

Y eso fue lo que hicieron. Laura se acurrucó bajo las sábanas y Carmen se sentó en un costado de la cama. A la luz de la lámpara que había sobre la mesita de noche, mientras Stephanie dormía profundamente en la cama auxiliar situada a unos pocos metros, Carmen empezó a leer en voz baja los Salmos con la esperanza de aplacar los miedos de Laura.

Durante un rato la idea pareció funcionar. La habitación estaba en silencio y lo único que se oía era la melodiosa voz medio susurrada de Carmen mientras leía.

—«Recuerda la palabra que diste a tu siervo, en ella me hiciste poner toda mi esperanza —leyó—. Éste es mi consuelo en la tristeza, pues tus promesas me dan la vida».

Poco a poco, la respiración de Laura se ralentizó y se hizo más rítmica. Tenía los ojos cerrados y el cuerpo relajado.

Entonces, repentinamente, se incorporó sobre la cama y apartó las sábanas. Con los ojos muy abiertos y el cuerpo trémulo, dijo entrecortadamente con los labios temblorosos:

—¿Lo notas? ¡Tienes que *notarlo*, tía Carm! ¡Ya está aquí, ya está aquí!

Carmen se detuvo a media frase; las palabras se le quedaron atascadas en la garganta como si fueran trozos de cristal porque, de repente, sintió cómo el miedo la dominaba.

Durante unos instantes no pudo respirar, como si todo el oxígeno de la habitación hubiera sido succionado por... *algo,* y empezó a hacer más frío. No tuvo la más mínima duda de que había otra presencia en la habitación con ellas.

—¡Está aquí! –susurró Laura–. ¡Dios mío, por Jesucristo, está aquí!

Carmen miró a su alrededor y cogió el rosario. Sujetándolo con fuerza en su puño y con la Biblia cerrada entre las piernas, recitó a toda velocidad:

—Padre nuestro que estás en los cielos, santificado sea tu nombre... –Aumentó el tono de voz a medida que le costaba respirar, como si una fuerza invisible la estuviera asfixiando–, ... venga a nosotros tu reino, hágase tu voluntad en la tierra como en el cielo, danos hoy nuestro pan de cada día y perdona nuestras ofensas como nosotros perdonamos a los que nos ofenden... –Su voz se convirtió en un grito cuando la atmósfera de la habitación se volvió aún más opresiva y el aire se llenó con el hedor a basura abandonada–, ... no nos dejes caer en la tentación y líbranos del mal. Amén, Señor, amén, Jesús, por favor, Dios, *líbrame de él.*

Laura soltó un suspiro e intentó recuperar el aliento mientras no dejaba de jadear.

—Se ha ido. Se ha ido, tía Carmen. Se ha marchado.

Acto seguido, Carmen volvió a abrir la Biblia por los salmos. Cuando los encontró, empezó a leer con voz temblorosa:

—«Que los justos se regocijen en el Señor, porque la alabanza es hermosa para el bienaventurado. Alabad al Señor con el arpa, cantadle con...

—¿Notas eso? –la interrumpió Laura mientras volvía a sentarse, su voz más frenética que antes. Se arrojó sobre Carmen, rodeándole los hombros con los brazos.

Súbitamente, desde el catre que había junto a la cama, una voz diminuta, estridente y asustada gritó:

—¡Mami! *¿Qué ocurre?*

Cuando Carmen estaba a punto de responder, se quedó sin aliento al ser proyectada hacia atrás por una fuerza húmeda y viscosa; aunque era completamente invisible, Carmen notó cómo le rozaba el brazo.

Se incorporó sobre un brazo y vio cómo la misma fuerza invisible se deslizaba por debajo del camisón de Laura, se aferraba visiblemente a sus pechos y empezaba a acariciárselos.

La lámpara que había sobre la mesilla de noche, la única fuente de luz de la habitación, empezó a parpadear tenuemente, amenazando con apagarse.

—Oh, Dios mío –gimió Carmen al tiempo que Stephanie se ponía a gritar. Carmen comenzó a rezar de nuevo el padre nuestro, esta vez en voz muy alta–. ¡Padre nuestro que estás en los cielos! ¡Santificado sea tu nombre!

Laura empezó a gritar.

—¡Oh, Jesús! ¡Oh, Dios mío!

La entidad se movió de un lado a otro bajo el camisón de Laura, estrujándole dolorosamente el pecho derecho, después el izquierdo, después otra vez el derecho, y así sucesivamente.

—¡Venga a nosotros tu reino! ¡Hágase tu voluntad!

Stephanie salió del catre y se acurrucó al lado de la cama mientras le abrazada las piernas a su madre. La niña seguía gritando.

—¡En la tierra! ¡Y en el cielo!

Sin dejar de gritar en ningún momento, Laura empezó a retorcerse sobre la cama mientras golpeaba a la forma grumosa que continuaba moviéndose por debajo de su camisón y que no dejaba de estrujarle brutalmente los senos e introducirse en su entrepierna.

—Danos hoy nuestro pan de ca… cada di… día. —El rosario se le deslizó de la mano y se le atragantaron las palabras. Se cubrió la boca con las manos mientras observaba impotente lo que le estaba ocurriendo a su sobrina.

Stephanie comenzó a cantar con voz entrecortada y llorosa:

—Jesús me ama, eso lo sé… porque la Biblia me lo dice…, los pequeños le pertenecen…, son débiles, pero Él es fuerte…

Carmen dejó la Biblia a un lado y se agachó para darle una palmadita en la espalda a Stephanie.

—Por favor —le dijo en voz baja—, cálmate, cielo. Por favor, cariño, cálmate. —Con la otra mano, buscó a tientas el rosario y, cuando lo encontró, empezó a rezar muy rápidamente el avemaría mientras apartaba lentamente a Stephanie de sus piernas y se dirigía hacia la puerta.

—Dios te salve María, llena eres de gracia, el Señor es contigo, bendita eres tú entre todas las mujeres y bendito es el fruto de tu vientre, Jesús, santa María madre de Dios, ruega por nosotros, pecadores, ahora y en la hora de nuestra muerte.

Amén, Dios te salve María, llena eres de gracia, el Señor es contigo, bendita eres…

Poco después de empezar a rezarlo por segunda vez, Stephanie comenzó a llorar.

—¡No te vayas, por favor, mami, no te vayas!

Carmen se detuvo y le dijo rápidamente:

—Cariño, tengo que ir a llamar al padre Wheatley, le necesitamos, le necesitamos *urgentemente,* así que, por favor…

La puerta del dormitorio se abrió y apareció Al envuelto en su bata. Con los ojos y la boca muy abiertos, preguntó casi sin aliento:

—¿Qué demonios está pasando? —Sin embargo, sólo necesitó un instante para *entender* lo que estaba pasando—. Oh, Dios santo —suspiró—. Oh, Dios, oh, Jesucristo, ¿qué está pasando? Por Jesucristo, ¿qué ocurre…?

—¡Ve a buscar el teléfono! —le dijo Carmen con tono apremiante.

Al regresó en un instante con el teléfono inalámbrico y se lo entregó. Se mantuvo alejado de la cama, donde Laura todavía estaba siendo atacada por el brazo invisible que la estrujaba, la manoseaba y la agarraba bajo el camisón.

Carmen marcó el número de teléfono del padre Wheatley con un dedo tembloroso. Aunque ni siquiera había comprobado la hora, sabía que era muy tarde y que, probablemente, estuviera durmiendo.

No se equivocaba. Cuando el padre Wheatley respondió, su voz sonaba ronca y atontada:

—¿Diga?

—¿Padre Wheatley?

—Hmmm, sí, yo mismo.

—Soy Carmen Snedeker, padre. Le llamo porque…, bueno, está pasando algo…, hmmm…

—¿Qué pasa, Carmen? –la interrumpió él.

Carmen se lo contó. Las palabras brotaron de su boca atropelladamente mientras le explicaba lo que había sucedido, lo que estaba sucediendo en aquel momento, y le dijo que necesitaban su ayuda desesperadamente.

Cuando terminó, Carmen esperó un buen rato mientras el silencio dominaba la línea. Entonces, el padre Wheatley se aclaró la garganta y dijo adormilado:

—De acuerdo, Carmen, haremos una cosa. Siéntate con Laura y reza el rosario con ella. Hazlo una y otra vez si es necesario, hasta que se calme y se olvide de todo esto y pueda volver a dormir.

Y colgó.

Carmen se quedó un rato con el teléfono pegado a la oreja y con la boca abierta. No podía creérselo. Entonces, lo arrojó al suelo y se inclinó sobre Laura sosteniendo el rosario con fuerza.

—Cielo, todo se arreglará –le dijo en voz alta–. Todo irá bien, Laura. –Y comenzó a rezar el rosario como el padre Wheatley le había dicho.

Hasta que algo intentó arrancárselo de las manos.

Se detuvo y se quedó mirando la ristra de cuentas. Estaba tenso, como si alguien estuviera tirando de él para quitárselo.

Y lo consiguió.

El rosario se rompió y las cuentas se desperdigaron por la alfombra y el suelo, tintineando contra la madera y las paredes.

Carmen observó como las cuentas rodaban por el suelo.

—Dios te salve María, llena eres de gracia –reanudó la bendición con voz ronca–, el Señor está contigo.

La entidad bajo el camisón de Laura empezó a retirarse.

—Bendita eres tú entre todas las mujeres y bendito es el fruto de tu vientre, Jesús.

Se deslizó por debajo del camisón y desapareció.

—Santa María, madre de Dios, ruega por nosotros, pecadores, ahora y en la hora de nuestra muerte.

El olor a basura podrida también se desvaneció.

Laura dejó de gritar y de retorcerse en la cama. Se quedó inmóvil durante un buen rato; de hecho, los tres se quedaron inmóviles, y después se incorporó lentamente.

—Tía Carmen –dijo con voz ronca–, ¿tenemos que quedarnos aquí?

—No, cielo. No, no nos quedaremos aquí.

Un poco más tarde, Al y Laura estaban sentados a la mesa del comedor mientras se tomaban el té que Carmen había preparado. Stephanie prefirió una taza de chocolate caliente.

Carmen fue a la sala de estar, encendió la luz y buscó la revista que le había dado Tanya. Cuando la encontró, pasó varias páginas hasta encontrar el artículo sobre Ed y Lorraine Warren.

Lo leyó por encima hasta dar con la ciudad en la que vivían: Monroe. Cogió una libreta y un lápiz, descolgó el teléfono de la salita y llamó a información.

El número estaba en la lista y Carmen tomó nota de él.

Regresó al comedor con la revista y le mostró el artículo a Al. Tras darle algo de tiempo para que lo leyera detenidamente, le dijo:

—Si nuestro cura no quiero ayudarnos, tendremos que recurrir a *otras personas.*

Después de observar la revista con el ceño fruncido un rato más, Al le preguntó:

—¿Cuáles son sus honorarios?

—No lo sé.

—¿Cómo sabemos que podemos confiar en ellos? Es decir, cazar fantasmas y demonios me parece una forma muy rara de ganarse la vida.

—Tendremos que averiguarlo, ¿no crees?

Tras pensárselo durante unos momentos, finalmente asintió y dijo:

—De acuerdo, adelante, llámales.

Con las manos temblorosas, Carmen regresó apresuradamente a la sala de estar para llamar a los Warren.

Después de unos cuantos tonos, respondió una mujer medio dormida.

—¿Diga?

—¿Lorraine Warren?

—Hmmm, yo misma. ¿Con quién tengo el placer de hablar?

—Eh, me llamo Carmen Snedeker y he leído un artículo sobre usted y su marido en una revista y creo que mi familia necesita su ayuda porque… –De repente, Carmen le explicó a la señora Warren en un incontrolado torbellino de palabras lo que había ocurrido en su casa aquella noche y lo que había estado sucediendo desde hacía ya varios meses. Incluso empezó a sollozar mientras hablaba, incapaz de contener las lágrimas.

—Cielo, cielo –dijo Lorraine Warren, quien ya parecía estar mucho más despierta–. Cálmate y escucha. No entiendo ni una palabra, ¿de acuerdo, cielo? Cálmate un poco.

Carmen lo intentó, respiró hondo y volvió a reanudar su explicación mientras Lorraine escuchaba en silencio. Cuando terminó de hablar, le dijo:

—Está bien, cielo. Vas a hacer lo siguiente. Si esta noche vuelve a pasar algo, haz que tu marido sostenga una cruz o un rosario, da igual, y tú recita esto, o si lo prefieres, grítalo con todas tus fuerzas: «¡En el nombre de Jesucristo, te ordeno que abandones este lugar *ahora* y que regreses al lugar del que provienes!». ¿Lo has entendido?

Carmen asintió distraídamente, se dio cuenta de lo que estaba haciendo y dijo:

—Sí, sí, lo entiendo.

—Pero, escucha, eso es sólo para esta noche, ¿de acuerdo? Haz eso esta noche, y sigue rezando el rosario, *entero*. Y mañana, sobre las nueve, nos vuelves a llamar, ¿de acuerdo?

—Por supuesto. Mañana te vuelvo a llamar.

—Intenta dormir un poco, ¿vale? Si hay espíritus demoníacos en la casa, debes saber que se alimentan de la debilidad humana. Si no duermes, estarás más débil; y, créeme, los espíritus se aprovecharán de eso. Esta noche rezaré por vosotros.

272

—Sí, vale. Esto…, gracias.

—Que Dios te proteja, cielo. Adiós.

Carmen colgó el teléfono lentamente y se lo quedó mirando durante un buen rato. No podía esperar a que fueran las nueve en punto de la mañana…

VEINTITRÉS

EMPIEZA LA INVESTIGACIÓN

A la mañana siguiente, mientras los demás intentaban arrancar unas cuantas horas más de sueño, salvo Al, quien ya se había despertado y llamado al trabajo para informar que se tomaba el día libre porque estaba enfermo, Carmen se paseó frente al teléfono de ocho a nueve, momento en el que volvió a marcar el número de los Warren.

Esta vez Lorraine estaba mucho más despierta, y Ed se unió a la conversación en otro aparato.

Carmen repasó todo lo que le había dicho a Lorraine en las horas previas al amanecer, pero lo hizo mucho más tranquila y calmada que antes. Al terminar, preguntó con un exceso de entusiasmo:

—¿Creen que podría estar pasando porque…, bueno, porque tal vez alguien murió aquí?

—Bueno –respondió Ed –, por lo que nos has contado, parece muy poco probable. No, no parece ese tipo de situación, para nada. Pero tendremos que investigarlo personalmente antes de poder estar seguros.

—¿Por qué lo preguntas, cielo? –quiso saber Lorraine.

—Bueno…, hay algo sobre la casa que…, hmmm…, aún no os he contado. En realidad, hmmm…, antes era una funeraria.

Tras un breve silencio, Ed dijo:

—¿En serio? Con que una funeraria, ¿eh? –Otro silencio prolongado y luego–: ¿Qué piensas, Lorraine?

—Bueno –dijo ésta–, es difícil de decir. Primero tendríamos que ir a echar un vistazo.

—Sí. Mira, Carmen, nos gustaría visitar tu casa de inmediato, esta misma mañana, si puede ser, para echar un vistazo. Si no tienes inconveniente, por supuesto.

—¿Inconveniente? ¡Oh, *por supuesto que no!*

—¿Por qué no nos das la dirección y nos dices cómo llegar? –le pidió Ed.

Carmen hizo lo que le pedía, esforzándose por hablar despacio para que pudieran entenderle.

—Bueno, tardaremos aproximadamente una hora en llegar allí –dijo cuando Carmen hubo terminado–, de modo que me gustaría darte algunos consejos antes de llegar. En primer lugar, de ahora en adelante debéis permanecer todos juntos, toda la familia. No os separéis, por si se producen más ataques antes de que lleguemos.

—Y asegúrate de llevar siempre encima el rosario –agregó Lorraine–. Y que todo el mundo haga lo mismo si tenéis suficientes. Y reza el avemaría y el padre nuestro tantas veces como quieras.

—Llegaremos tan pronto como podamos, Carmen. Siempre y cuando no tengas inconveniente.

—Ninguno. Todos estamos ansiosos por conoceros. Estamos… muy asustados.

—Es bueno tener miedo, cielo –le aseguró Lorraine–. Pero recuerda que tienes el poder de Dios de tu parte.

Anotaron su número de teléfono por si tenían problemas para encontrar la casa y se despidieron.

Cuando colgó, se sentía un poco mejor…, pero sólo un poco.

◆ ◆ ◆

Aunque los Warren no tardaron mucho en llegar, a Al y Carmen el tiempo se les hizo eterno. Mientras esperaban, hablaron sobre cómo podrían mantenerse todos juntos cuando llegara la hora de irse a la cama. Decidieron que instalarían los colchones en el suelo de la sala de estar, de ese modo todos podrían estar cerca mientras dormían. Sí, sería incómodo, pero, tal y como les habían dicho los Warren, sería más seguro si volvía a pasar algo en mitad de la noche.

Cuando llegaron los Warren, Al y Carmen aún eran los únicos de la casa que estaban despiertos. Se pusieron nerviosos al ver la camioneta recorrer el camino de entrada. ¿Cómo serían aquellas personas? ¿Y si los Warren no creían en su historia?

Al y Carmen observaron por una de las ventanas cómo bajaban de su vehículo.

Tenían el mismo aspecto que en las fotos de la revista. Lorraine era alta y llevaba un voluminoso bolso gris colgado al hombro. Ed también era alto, corpulento e imponente, y tenía unos hombros anchos y un pecho poderoso que mantenía tensa una camisa azul oscuro. Los dos caminaban con autoridad y la cabeza levantada mientras se acercaban a la casa.

Al y Carmen los recibieron en la puerta principal, los invitaron a pasar y los acompañaron a la sala de estar, donde se sentaron en el sofá.

Al y Carmen esperaban mantener al principio una pequeña conversación intrascendente y superficial para romper el hielo. Pero se equivocaban.

—Antes de empezar —dijo Ed Warren levantando su enorme mano—, nos gustaría que supierais que, si decimos algo que pueda parecer que dudamos de lo que nos contáis, no es así en absoluto. Sin embargo, debemos *asegurarnos,* de todas las formas posibles, de que los incidentes que han tenido lugar han sido realmente provocados por fuerzas sobrenaturales. Por tanto, debéis entender que no es nada personal, que sólo es parte de nuestro trabajo. Es algo que *tenemos* que hacer.

—Y, además, es necesario que grabemos la conversación —añadió Lorraine sacando una grabadora de su bolso. Miró a Carmen y sonrió—. Espero que no te importe, cielo.

Carmen se sintió tan reconfortada por su sonrisa que no pudo evitar devolvérsela mientras se sentaba en una silla delante del sofá. Al también parecía más relajado, y se acomodó en su sillón preferido tras darle la vuelta para poder estar frente a los Warren.

—Lorraine —dijo Carmen—, podéis hacer lo que queráis, siempre y cuando nos escuchéis… y nos ayudéis.

Lorraine se inclinó ligeramente y le palmeó la rodilla a Carmen.

—Haremos todo lo que podamos, cielo. De eso podéis estar seguros. –Dicho aquello, dejó la grabadora encima de la mesita auxiliar y la puso en marcha.

Ed se inclinó hacia delante, entrelazó las manos y apoyó los codos en las rodillas.

—Bien, ¿por qué no nos contáis, desde el principio y como os sintáis más cómodos, qué ha estado pasando exactamente en la casa? Cualquiera de los dos.

Pausada, ininterrumpida y metódicamente, Al y Carmen proporcionaron al matrimonio Warren todos los detalles de su experiencia, desde el principio.

Cuando terminaron, se produjo un silencio prolongado.

Ni Lorraine ni Ed les interrumpieron en ningún momento para hacer un comentario o una pregunta. Carmen y Al pudieron contar su historia en sus propias palabras, por turnos y, a veces, hablando al unísono. Los Warren les observaron y escucharon atentamente.

—Nos gustaría haceros algunas preguntas –dijo Ed finalmente, aunque con una sonrisa–. Hmmm… si no os importa…, ¿podríais decirme si alguien de la familia bebe alcohol en exceso?

Al y Carmen se miraron el uno al otro.

—Al se toma alguna cerveza por la noche –dijo Carmen sin apartar la mirada de él.

Al le hizo un pequeño, minúsculo gesto de negación con la cabeza.

—Pero no… no como está sugiriendo –dijo Carmen–. No. No, por supuesto que no.

—¿Alguien en la casa toma drogas? –preguntó Ed–. Y me refiero a cualquier tipo de drogas: ilegales, medicamentos con receta, cualquier cosa que pueda estar… alterando su mente.

Al y Carmen volvieron a mirarse, aunque esta vez lo hicieron brevemente y con cara de incredulidad. Al empezó a negar con la cabeza y Carmen dijo:

—¡No, no, *no!* O sea, nosotros no…, bueno, nosotros, hmmm, no hemos…

—¿Y el chico? –preguntó Ed– Stephen, quiero decir. ¿Qué hay de él?

La siguiente mirada entre Al y Carmen fue considerablemente más larga.

—No estamos seguros –intervino Al–. Me refiero a que no lo sabíamos. Stephen actuaba de un modo extraño, sí, pero… nunca supimos si era por *eso*.

Ed asintió y dijo:

—Está bien, está bien. ¿Qué hay de intereses sobrenaturales? ¿Alguien en la familia ha intentado utilizar alguna vez una *ouija*? ¿De cualquier modo o en cualquier momento?

Al y Carmen negaron con la cabeza al unísono.

—No, no, *en absoluto* –dijo Carmen.

—¿Alguien ha estado en una sesión espiritista o ha consultado a un médium?

—No, para nada.

—Está bien, está bien –dijo Ed–. Perfecto.

—¿Os importaría si doy una vuelta por la casa? –preguntó Lorraine–. Sola, quiero decir. Sin nadie que me acompañe.

—No, claro que no –dijo Al.

Carmen meneó la cabeza.

—Por supuesto que no. –Y, sonriendo, añadió–: Aunque está hecha un desastre.

—Ah, no pasa nada, créeme –se rio Lorraine, desestimando el comentario de Carmen con un gesto de la mano mientras se levantaba–. No es eso lo que ando buscando.

—Lorraine es una médium de trance ligero –les explicó Ed–. Eso significa que puede caminar por una casa y *percibir* cosas que otras personas no pueden percibir.

En otras palabras, al pasear por la casa, es posible que pueda hacerse una idea de lo que está ocurriendo. Podría darnos una pista sobre el origen del problema.

—Adelante, entonces –dijo Al.

—Por favor –dijo Carmen–, ve a donde quieras.

Lorraine les sonrió a los dos y asintió amablemente.

—Gracias. Volveré dentro de un rato.

Vieron como se daba la vuelta y salía de la habitación. También vieron cómo levantaba ligeramente la mano derecha y la movía un poco hacia adelante y hacia atrás, como si buscara el camino a través de la oscuridad.

En cuanto Lorraine se perdió por el pasillo, Carmen reaccionó, se volvió hacia Ed y le preguntó:

—Lo siento, lo he olvidado por completo. ¿Quieres un café o un té?

—Eres muy amable –respondió Ed con una sonrisa–, pero por qué no esperamos que vuelva Lorraine.

◆ ◆ ◆

Lorraine tenía todos los nervios de su cuerpo alertas y preparados. Su mente estaba abierta a cualquier cosa, a lo que fuera que pudiera haber en el aire, en aquel pasillo o en la habitación contigua o en el sótano, a lo que fuera que estuviera esperándola para revelarle algo.

Caminó lentamente por el comedor, haciendo oídos sordos a las voces que charlaban suavemente en la sala de estar. Atravesó la cocina, deteniéndose a cada paso que daba, y después salió al pasillo. Lo recorrió un par de veces en ambas direcciones. Entonces, se detuvo un instante en la parte superior de la escalera…, ¿eso que había sentido era un cosquilleo, el débil zumbido de *algo* que no estaba muy lejos? A continuación, bajó al sótano.

Estaba muy oscuro allí abajo, incluso a aquella hora, poco antes del mediodía. También hacía más frío que en el piso de arriba, y el aire estaba cargado con una leve humedad. Sin embargo, tanto el frío como la humedad eran más intensos de lo normal; envolvieron la atenta mente de Lorraine, por lo que ésta supo que se trataba de un frío psíquico y que el origen de los incidentes que asolaban la casa muy probablemente estaba en el sótano.

Atravesó la habitación de Michael con la mano aún extendida y moviéndose lentamente de un lado al otro, unos pocos centímetros en cada dirección. Las paredes estaban llenas de pósteres de estrellas del deporte, había varios libros en la mesita de noche, entre ellos una Biblia, y cromos de béisbol y revistas de coches sobre la cómoda. No vio nada nocivo ni peligroso, nada que pudiera atraer el tipo de actividad que Al y Carmen habían descrito.

Atravesó las puertas francesas y entró en la habitación contigua.

Algo cambió.

Se sintió distinta.

Una náusea familiar empezó a formarse en su estómago.

Pero, fuera lo que fuese, todavía no había encontrado la fuente del problema.

Pasó por la habitación donde solía dormir Stephen e hizo una mueca ante las sensaciones que la embargaron, los sentimientos oscuros, amenazantes y de *impotencia*. Sin embargo, todo aquello no le dijo nada, sólo le producía un gran dolor, de modo que siguió adelante.

Al cruzar la pasarela de cemento, los sentimientos negativos se volvieron más oscuros.

Entonces se adentró en la habitación contigua, donde la cadena elevadora esperaba ataúdes que nunca más volvería a izar y el depósito para la sangre esperaba fluidos corporales que nunca más se derramarían por sus inclinadas paredes; a continuación, entró en la siguiente habitación, el lugar donde, aunque Lorraine lo desconocía, tiempo atrás se embalsamaban los cuerpos. Fue allí, en aquella pequeña y oscura habitación de suelo de cemento donde, finalmente, encontró la entidad que había estado buscando. Ésta la rodeó con sus brazos gélidos y, conteniéndola rígidamente, como si estuviera congelada, le transfirió una visión borrosa, glacial:

… cadáveres, algunos completamente chamuscados, figuras rígidas con la carne carbonizada…, niños y niñas, hombres y mujeres, expuestos como después de un terrible incendio, una explosión o algún tipo de horrible catástrofe… aunque peor, mucho peor, algo mucho más horrible…

… manos ásperas, manos masculinas que se estiraban para acariciar los cadáveres, para tocar sus partes más privadas de manera horrible…, dedos cerrándose sobre genitales masculinos flácidos y muertos…, entrando en los orificios fríos y muertos de las mujeres…, tirando y sondeando… y haciendo cosas aún peores…

… risas…, risas ásperas y guturales…, risas de gozo y emoción depravada…, gruñidos de pasión enfermiza y maligna…

La entidad llenó su mente y cegó sus ojos para que no viera nada más que aquella visión horrible y repugnante: aterradoras imágenes de perversión, cosas que ni siquiera había imaginado jamás, cosas que ni siquiera había soñado con ver alguna vez en su vida.

Y, sin embargo, estaban teniendo lugar ante su mirada horrorizada y distante, una mirada que, para cualquier observador, parecería estar centrada en una pared desnuda.

Tenía la mano derecha extendida y le temblaban los dedos. Se presionó el pecho con la mano izquierda mientras trataba de respirar, cogiendo aire en pequeñas bocanadas de pánico.

Y entonces la dejó en paz, se alejó de ella como unas manos que le hubieran estado rodeando firmemente la garganta.

Se alejó y…

Desapareció.

Lorraine se dio cuenta de que estaba de pie, con la espalda apoyada en la pared. Tenía todo el cuerpo tenso; cada músculo de su cuerpo estaba tenso como las cuerdas de un piano. Se obligó a relajarse, bajó el brazo derecho, y sintió el intenso dolor de la relajación atravesando todos sus tensos músculos. Cerró los ojos, respiró lenta y profundamente y se apoyó ligeramente en la pared que quedaba a su espalda.

Los ojos le palpitaban con la sacudida de la sangre corriendo por sus venas. El corazón le latía con fuerza en el interior del pecho, empujado por la avalancha de adrenalina que todavía inundaba su cuerpo.

Algo se arrastró por sus pies.

Inspiró profundamente, con un jadeo irregular, y arañó la pared con las uñas.

Algo le rasgó la pierna justo por debajo de la rodilla.

Lorraine bajó la mirada.

Era un hurón, flaco y sinuoso, que intentaba llamar su atención.

El animal levantó la mirada, hizo un ruido agudo con sus negros labios y se pasó una pata sobre la cara un par de veces.

Lorraine sintió un alivio reconfortante. Sonrió al animal y luego se rio de sí misma, de su miedo. Cuando se agachó para acariciar al hurón, éste salió corriendo de la habitación.

Tenía los ojos húmedos y la visión borrosa, por lo que se llevó ambas manos a la cara para secarse las lágrimas de los ojos. Y después regresó al primer piso.

◆ ◆ ◆

Cuando Lorraine volvió al salón, Al y Carmen seguían hablando con Ed; Michael, aún adormilado, se había unido a ellos. Había estado acostado en la cama de sus padres y, aunque no había dormido lo suficiente, ya estaba despierto.

Carmen se puso de pie en cuanto vio a Lorraine y le preguntó enérgicamente:

—¿Quieres una taza de té? ¿O un café, tal vez?

Lorraine asintió distraídamente y respondió con voz ronca:

—Un té me sentaría bien.

—Sí, yo también tomaré un poco de té –dijo Ed mientras se ponía de pie. Se acercó a Lorraine y le dijo en voz baja–: Dime, ¿qué ha pasado?

Lorraine se limitó a sacudir ligeramente la cabeza.

Ed la cogió por el brazo.

—¿Quieres hablar a solas?

Ella asintió.

Ed se volvió hacia Al.

—¿Hay algún lugar donde podamos hablar un minuto en privado?

Al los acompañó al dormitorio principal y cerró la puerta antes de volver al salón.

—¿Qué crees que pasa? –le susurró Carmen en la cocina.

Al se encogió de hombros.

—No lo sé. Sólo me han dicho que querían hablar a solas un minuto.

—Pues no puede ser una buena señal, ¿no? –dijo Carmen.

Al volvió a encogerse de hombros y se marchó a la sala de estar para hacerle compañía a Michael; no le apetecía empezar a preocuparse por lo que estaba pasando, como hacía Carmen.

Cuando los Warren salieron del dormitorio, el té estaba listo y esperándoles en la sala de estar. Se sentaron juntos en el sofá y se inclinaron hacia adelante como si tuvieran algo importante que decir. Y así era.

Después de que Al y Carmen se sentaran, con Michael tendido en el suelo, los ojos somnolientos, pero atento a lo que pasaba, Ed Warren empezó a hablar.

—No tenemos buenas noticias –dijo en voz baja–. Creo que está bastante claro que nos enfrentamos a una fuerza de naturaleza demoníaca. Es muy vieja, muy astuta y, sin duda, extremadamente malvada.

Entonces intervino Lorraine en un tono de voz más tranquilizador.

—Pero podemos enfrentarnos a ella. Y podemos derrotarla. —Súbitamente, levantó el dedo índice y cerró los ojos—. Lo siento. Eso no es del todo exacto. Podemos combatirla todo lo que queramos. Pero sólo la derrotaremos con la ayuda de Dios.

Ed dio un sorbo de té y dejó la taza sobre la mesita.

—Dejadme explicaros cómo funciona exactamente esto —dijo a renglón seguido—. Las manifestaciones de este tipo siempre siguen un patrón de cinco pasos. En primer lugar, se produce la invasión. Y, después, vienen la infestación, la opresión, la posesión y, finalmente, si se le permite llegar tan lejos, la muerte. —Visiblemente incómodo, Ed dio otro sorbo de té y después se recostó en el sofá.

Y continuó:

—Lo primero que ocurre es la fase de invasión, o también denominada fase de *invitación*. Durante esta fase, el demonio accede de algún modo a una o varias personas, o incluso a una familia entera. Por lo general, la invitación es voluntaria. Tal vez la persona invita al demonio al aventurarse en alguna práctica sobrenatural, como, por ejemplo, asistiendo o celebrando en casa una sesión espiritista, usando una *ouija* o indagando en rituales satánicos. O, tal vez, incluso haciendo algo tan aparentemente inocente como jugar con las cartas del tarot. De todos modos, a veces la persona no invita al demonio directamente, sino que otra persona hace algo que dirige la atención demoníaca hacia él o ella. Creemos que éste podría ser vuestro caso. Pensamos que pudo haber sucedido algo en la casa antes de que os mudarais a ella, quizá incluso hace mucho tiempo, que podría estar provocando la actividad demoníaca.

Ed les dio un momento para que absorbieran toda la información, cambió de posición en el sofá, dio otro sorbo de té y continuó.

—Durante la siguiente etapa, la infestación, los demonios hacen todo lo posible, *literalmente,* para volver locos a los habitantes de la casa. Causan estragos en el entorno físico. Mueven cosas de sitio, rompen objetos, golpean las paredes y producen sonidos aterradores. También pueden hacer que veas cosas que no existen, visiones, podríamos llamarlas, o hacer que oigas cosas que no están ahí, cosas absolutamente aterradoras. Tratan de hacerte sentir que estás solo en el mundo, que nadie va a creerte. Te hacen creer que estás perdiendo la cabeza.

Ed respiró hondo mientras observaba detenidamente a Al y Carmen para ver su reacción. Entonces continuó con su explicación:

—Y entonces, en un momento dado, comienza la opresión. Esto ocurre cuando la fuerza demoníaca pasa de alterar el entorno de la vivienda a centrarse en los propios habitantes de la casa. Esta fase puede ser muy dañina. Ha habido casos de parálisis, ceguera, enfermedades mentales o físicas. Te humilla y puede convertirte en la víctima de juegos sexuales enfermizos y repugnantes.

»Entonces, cuando te ha desgastado lo suficiente…, cuando estás lo suficientemente débil y enfermo…, cuando estás constantemente aterrorizado y has perdido toda esperanza…, en ese momento es cuando finalmente se instala y empieza la fase de la posesión.

Lorraine se inclinó hacia delante con una mano levantada.

—Pero podemos dar gracias al buen Dios de que vuestro caso aún no haya llegado tan lejos. –Sonrió–. Y el poder de nuestro Dios se encargará de que no lo haga nunca.

—Podríamos decir que, a partir de este momento –anunció Ed–, Lorraine y yo vamos a convertirnos en abogados defensores. Después, llevaremos nuestros hallazgos a la Iglesia y confiaremos en que ésta decida a nuestro favor, que decida *hacer* algo al respecto.

—Nos gustaría volver esta noche –dijo Lorraine–. Si os parece bien, vendremos con algunos de nuestros investigadores y asignaremos a uno de ellos una vigilia de veinticuatro horas de la casa.

—A uno o quizá a dos –intervino Ed–. Nos gustaría que siempre hubiera alguien en la casa para grabar la actividad sobrenatural. Sé que no es agradable, que es una invasión de vuestra privacidad y todo eso, pero es una parte importante del proceso. Y…, bueno, si he de seros sincero, sé que todo esto parece sacado de un episodio de *La dimensión desconocida* o algo así, pero no lo es, de verdad. Por el momento, es vuestra vida. Queremos ayudaros. Pero vais a tener que dejarnos hacerlo.

Al y Carmen intercambiaron una mirada larga y silenciosa. Entonces, Al dijo:

—Necesitamos que alguien nos ayude. Urgentemente. Y queremos que hagáis todo lo que sea necesario.

Veinticuatro

LOS INVESTIGADORES

Cuando los Warren regresaron por la noche, la familia estaba reunida en la sala de estar. Michael y Stephanie no habían ido a la escuela aquel día; estaban demasiado cansados y preocupados incluso para llegar tarde a clase.

La camioneta volvió a estacionar en el camino de entrada y, detrás de ésta, lo hizo un utilitario blanco. Ed y Lorraine bajaron del coche y les siguieron cuatro personas, tres hombres y una mujer. Cuatro personas más bajaron del utilitario, acarreando cámaras de vídeo y equipo de grabación.

—Madre mía –le susurró Carmen a Al mientras miraban por la ventana–. ¿Qué pensarán los vecinos?

Recibieron a los Warren en la puerta y Lorraine dijo jovialmente:

—Lo siento mucho, pero os avisamos que íbamos a invadir vuestra privacidad. –Una vez ya en el interior de la casa, añadió–: Hemos venido con nuestros investigadores y otras personas para que graben en vídeo todas las habitaciones de la casa, así tendremos siempre disponible un registro de la disposición. Necesitaremos entrevistaros de nuevo, en vídeo, para tener grabada toda vuestra historia.

—Bueno –dijo Carmen con tono vacilante–, entonces será mejor que empecemos cuanto antes…

La casa cobró vida con el sonido de voces entrando y saliendo de todas las habitaciones, hombres y mujeres con cámaras de vídeo sobre los hombros, gente sosteniendo focos, otras hablando en voz baja a pequeñas grabadoras mientras describían la casa o registraban sus impresiones.

Mientras sucedía todo esto, Ed y Lorraine entrevistaron a Al y Carmen ante una cámara de vídeo. Volvieron a repasar toda la historia, pero en esa ocasión lo hicieron más lenta y detenidamente. Stephanie, Michael o Laura intervinieron cuando tenían algo interesante que añadir.

Aunque les pareció una eternidad, cuando el sol desapareció por el horizonte y los grillos empezaron a cantar en el exterior, todo había terminado. Los que habían venido con el utilitario, las cámaras de vídeo y el equipo de grabación quedaron en volverse a encontrar con los Warren al día siguiente, agradecieron a Al y Carmen su paciencia, les desearon lo mejor y se marcharon, dejándolos con los Warren y los tres investigadores, a quienes apenas habían tenido oportunidad de conocer en mitad de toda la confusión.

Uno de ellos era Chris McKenna, el nieto de Ed y Lorraine. Era un hombre agradable, tierno y de aspecto afable, con el cabello rubio y los ojos un poco tristes. Desde niño, sentía fascinación por el trabajo de sus abuelos.

John Zaffis era el sobrino de Ed y Lorraine, un hombre alto y delgado con una energía desbordante. Mientras los demás hablaban, parecía tener dificultades para permanecer sentado.

El último investigador era un hombre llamado Sal Valenti, el cual había asistido a varias conferencias de Ed y Lorraine y también a los cursos que éstos impartían. Como John y Chris, era miembro de la Sociedad de Investigación Psíquica de Nueva Inglaterra, la organización fundada por el matrimonio Warren.

El trabajo de los investigadores consistía en vigilar el hogar de la familia Snedeker las veinticuatro horas del día, anotar todos los incidentes que se producían, sus impresiones, sus sensaciones y también las de todos aquellos que los rodeaban.

John preguntó cortésmente si podía tomarse un café y fue a la cocina para servírselo.

Todos se sentaron en la sala de estar y hablaron en voz baja durante un rato.

—Creo que es importante que os conozcáis entre vosotros –dijo Ed–. Os guste o no, es la única forma en la que podemos hacerlo. La alternativa sería no hacer nada. Creo que lo mejor es que primero todo el mundo se presente y que después tratéis de conoceros mejor.

Por supuesto, no fue fácil familiarizarse en un período tan corto de tiempo. Sin embargo, Laura y Chris se cayeron bien desde el primer momento. Poco después de conocerse empezaron a reírse como si hubieran sido amigos desde hacía mucho tiempo.

Al y Carmen también hablaron con los tres hombres y descubrieron que eran muy amables; incluso se disculparon con ellos por las molestias que les estaban causando. Además, les aseguraron a los Snedeker que no tenían ningún problema para dormir donde les dijeran.

—Bueno, de hecho –dijo Al–, habíamos pensado en instalar los colchones aquí, en el suelo del salón, para estar todos juntos. El señor Warren nos dijo que no nos separáramos.

—Es una buena idea –dijo Lorraine–. Y creo que sería *especialmente* inteligente si nadie baja al sótano. No es… un buen lugar en el que estar.

—Por eso pensamos que traeríamos a todos aquí –intervino Carmen mirando a los tres hombres–. Siempre y cuando no os importe compartir el espacio con el resto…

—En absoluto –dijo Chris.

John negó con la cabeza mientras sonreía.

—Lo que consideréis oportuno nos parece bien.

Sal asintió silenciosamente con una sonrisa para comunicarles que estaba de acuerdo con su compañero. Era obvio que era nuevo en aquello y que estaba un poco nervioso.

Conversaron un poco más a medida que avanzaba la noche y, al cabo de un rato, Ed y Lorraine se levantaron.

—Tenemos que irnos –dijo Ed, y mirando a los investigadores, añadió–: ¿Queréis coger vuestras cosas ahora del coche?

Los tres hombres salieron de la casa para ir hasta el vehículo.

Ed miró a Al y Carmen y les dijo:

—Decidnos cómo va después de la primera noche. Tenéis nuestro número. Sé que, a veces, pueden surgir conflictos de personalidad que dificulten las cosas. Si ése es el caso, por favor, decídnoslo. Pero espero que hagáis todo lo posible por vuestra parte mientras trabajáis con ellos. Están aquí para ayudaros. Juntos, llegaremos al fondo del problema, y después lo consultaremos con la Iglesia.

Al y Carmen les dieron las buenas noches a los Warren y éstos los dejaron con sus nuevos invitados, los tres hombres cuyo trabajo consistía en descubrir la causa de todos sus problemas.

Veinticinco

Demonios bajo escrutinio

Las siguientes semanas fueron un infierno, no sólo para los Snedeker, sino también para los investigadores.

Era como si a las fuerzas que deambulan por la casa sin que nadie las viera no les hiciera ninguna gracia que tres desconocidos las estuvieran vigilando de cerca. Incluso podría decirse que estaban enojadas, y empezaron a actuar con un poder desconocido hasta entonces, como si estuvieran vengándose.

◆ ◆ ◆

Una noche, Al se fue a dormir antes que Carmen y se tumbó en uno de los numerosos colchones extendidos por el suelo de la sala de estar.

Peter y Stephanie ya estaban profundamente dormidos en sus respectivos rincones, acurrucados bajo las sábanas y mantas y la cabeza apoyada en la almohada. John había estado despierto durante casi veinte horas seguidas y entonces roncaba ligeramente en el colchón que quedaba frente al sofá.

Cuando Al finalmente se acomodó bajo las mantas, Carmen y Laura seguían charlando en voz baja con Chris y Sal en el comedor. Había bebido más de la cuenta y se sentía pesado y cansado. No tardó mucho en notar como se le cerraban los párpados y se le ralentizaba la respiración.

Entonces, se despertó súbitamente y se quedó mirando el techo con los ojos muy abiertos durante un buen rato. Y el proceso de volver a coger el sueño empezó nuevamente…

Volvió a despertarse de golpe. En esta ocasión, se dio la vuelta, intentando encontrar la posición más cómoda.

Empezó a adormilarse nuevamente…, ni completamente dormido ni aún despierto del todo…, y entonces fue cuando ocurrió…

Manchas de una luz blanca azulada revoloteaban y giraban detrás de sus párpados cerrados. Empezaron a reunirse a medida que se acercaban más y más las unas a las otras…, cada vez más grandes…, y empezaron a formar una imagen…

Medio dormido, volvió a tumbarse de espaldas y a abrir los ojos, pensando que tal vez estaba experimentando algún molesto efecto secundario de haber tomado demasiada cerveza. Sin embargo, no era el caso.

Cuando abrió los ojos, esperaba ver el techo, pero, en lugar de eso, las luces giratorias y danzarinas que cada vez parecían estar más cerca seguían ahí. Incluso con los ojos abiertos, se dio cuenta de que detrás de éstas había un fondo negro oscuro y no el techo, como cabía esperar.

Mientras las observaba asombrado, las luces se acercaron al unísono, cada vez más, y formaron lentamente una forma…, una forma que le resultó muy familiar… y que avanzó rápidamente hacia su rostro…: la figura de Jesucristo clavado en la cruz…, pero aquel Jesucristo no se parecía al de las imágenes a las que estaba acostumbrado…, aquél tenía un rostro horriblemente mutilado…, retorcido en una máscara de dolor terriblemente deformada…, unos ojos que sobresalían de las cuencas…, una lengua hinchada que descollaba de unos labios gruesos y agrietados, que se movieron y empezaron a hablar:

—*No puedo ayudarte, Allen… No puedo hacer nada… Estoy muerto… ¿Lo entiendes?*

La figura de Jesucristo cada vez estaba más y más cerca.

—*¡Estoy… MUERTO! ¡Ya no EXISTO!*

Se acercó más y más hasta que Al olió su pútrido aliento, hasta que creyó poder sentir aquella lengua gorda y protuberante en su rostro…

—¡No puedo OÍRTEEEE, Al! ¡No puedo OÍRTEEEEE, Al! ¡NOOO… ESTOY… AQUIIIÍ!

Entonces, la imagen apestosa y sangrienta del monstruoso Cristo cayó sobre él y…

Al se incorporó sobre el colchón mientras gritaba sin parar.

John se levantó y corrió hacia él.

—¿Qué pasa? –le preguntó sin aliento–. ¿Qué pasa, Al? ¿Qué ocurre?

Al levantó los brazos hacia el techo.

—¡Jesús! ¡Era Jesús! ¡Ha venido a mí! ¡Me ha dicho que no podía ayudarme! ¡Me ha dicho que estaba muerto! ¡Me ha dicho que no estaba aquí! –Al contuvo el aliento y el pánico sacudió todo su cuerpo.

John apoyó firmemente una mano sobre su hombro.

—Tranquilo, Al, sólo ha sido algo que el demonio quería que vieras, eso es todo, para desanimarte.

Mientras John hablaba, los demás llegaron corriendo del comedor y se reunieron alrededor de Al. Estaban muy preocupados por él después de haber oído sus gritos.

—No pasa nada –insistió John–. Esto va a seguir pasando. Éste es el tipo de cosas que va a haceros. Quiere asustaros. A todos. Quiere que renunciéis a vuestra fe. Quiere desanimaros. Pero, creedme, no podéis permitírselo.

Para entonces, Al ya se había calmado un poco. Miró a John y dijo:

—Ya estoy mejor. De verdad, estoy bien.

Cuando John fue a buscar su cuaderno para registrar el incidente, Carmen se sentó junto a Al.

—¿Seguro que estás bien? –le susurró mientras rodeaba su cuerpo con un brazo y le abrazaba.

—Sí, ya estoy mejor. Pero…, pero espero que no me vuelva a ocurrir. Ha sido… –sacudió la cabeza y respiró hondo–… realmente horrible. Créeme.

—¿Quieres que me quede contigo hasta que te duermas?

—¿Te importa?

—Por supuesto que no, cariño, por supuesto que no.

Y Carmen se quedó un rato con él. Le acarició el pelo y le habló en susurros hasta que volvió a dormirse, hasta que tuvo la certeza de que la fuerza que moraba en su casa no volvía a mostrarle ninguna visión más.

◆ ◆ ◆

Un par de semanas después, Al y Carmen estaban sentados en los escalones del porche, disfrutando de una cálida noche de verano. Ya era tarde y Laura y los niños estaban durmiendo.

En el interior de la casa, los tres investigadores seguían despiertos, hablando en voz baja mientras vigilaban a los que dormían.

Al y Carmen charlaron en voz baja, disfrutando de aquel extraño momento de privacidad.

—Las cosas han sido duras –dijo Al rodeando a Carmen con el brazo y atrayéndola hacia él.

—Ni que lo jures –dijo Carmen con una risotada mientras apoyaba la cabeza en su hombro.

—Lo superaremos –dijo él, antes de añadir en voz baja–: Eso espero.

—Eh, ya verás como sí. Estoy convencida. Lo que me preocupa es todo lo que, al parecer, tendremos que pasar *antes* de que las cosas mejoren.

—Sí, sé a lo que te refieres.

Durante las semanas anteriores, habían llamado a sus amigos y familiares para decirles, con el mayor tacto posible, aunque también con la firmeza necesaria para que lo entendieran sin darles demasiados detalles desagradables, que lo mejor era que no les visitaran, al menos por un tiempo. Como consecuencia de ello, habían recibido multitud de llamadas telefónicas de amigos y familiares preguntándoles si algo iba mal, si alguien estaba enfermo o si estaban teniendo problemas conyugales.

Al y Carmen decidieron contarles sólo a unos pocos lo que estaba ocurriendo en realidad. Se lo dijeron a la familia de Al, a la hermana de Carmen, Lacey, y a su vecina, Tanya. Esta última fue la que se mostró menos sorprendida, aunque sí un poco escéptica. Carmen le explicó que había llamado a los Warren y que sus investigadores estaban instalados en la casa en aquel momento.

Estaban disfrutando de un momento de privacidad en el porche delantero, Al tomándose una cerveza y Carmen bebiendo un té y fumando un cigarrillo. No hablaron mucho, se limitaron a estar sentados muy cerca, escuchando las amortiguadas voces de los investigadores en la casa, disfrutando, durante unos instantes, de la sensación de estar solos y cerca el uno del otro.

De repente, la taza de té se deslizó de la mano de Carmen, haciéndose añicos dos escalones más abajo y salpicándole los pies de té caliente.

Al hizo una mueca ante el estropicio y se sobresaltó, pero Carmen no se inmutó ni reaccionó.

—¿Carmen? –dijo Al en voz baja.

El cigarrillo cayó de entre sus dedos y rodó por los escalones. La ascua brilló más intensamente a medida que el cigarrillo se alejaba del resplandor de la luz del porche y se adentraba en la oscuridad de la noche.

Carmen se desplomó sobre los escalones con un gruñido, como si un par de manos invisibles la hubieran empujado. Sus piernas se sacudieron. Abrió la boca y sacó la lengua rígidamente mientras sus codos se quedaban bloqueados y sus dedos se crispaban formando dos rígidas garras.

—¡Por Dios, *Carm!* –gritó Al, inclinándose hacia ella y dejando caer la botella de cerveza. Ésta se rompió y un líquido espumoso se derramó escalones abajo.

Con los ojos increíblemente abiertos, la garganta de Carmen empezó a ennegrecerse gradualmente y a hincharse hasta formar un enorme y abultado globo de carne parecido a la papada de una rana cuando croa.

—¡Dios mío, venid aquí, venid aquí *ahora* mismo! –gritó Al.

La puerta principal se abrió y Chris, John y Sal salieron precipitadamente de la casa cuando los miembros rígidos y temblorosos de Carmen empezaban a relajarse y ella dejaba escapar un suspiro largo y borboteante.

◆ ◆ ◆

Durante unos instantes, aunque muy breves, Carmen pudo oír voces a su alrededor. Pero no tardaron en desvanecerse y alejarse de ella, lejos, muy lejos, hasta que ya no fue capaz de oírlas más… *Estaba en otro* lugar, en uno oscuro y frío, tan oscuro que apenas veía nada, tan irreal y onírico que no era capaz de sentir nada.

Dondequiera que mirara, sólo veía oscuridad, una oscuridad tan espesa y opresiva que era casi tangible. No había nada…, nada a su alrededor…, nada que ver…, nada que tocar…, nada.

Entonces levantó la vista.

A una gran altura por encima de ella vio un círculo de luz tenue, repugnante y rojizo, y comprendió que estaba en el fondo de un agujero muy profundo. Mientras observaba fijamente el círculo de luz sobre ella, aparecieron dos caras.

Una era masculina y la otra femenina, ambas muy pálidas y enmarcadas con un pelo negro y fibroso. Sus bocas se abrieron en amplias sonrisas simultáneamente, revelando unos dientes pequeños, grises, llenos de caries y ligeramente separados entre sí.

—¡Puta *de mierda!* —gritó el hombre con una voz llena de flemas que resonó en la oscuridad.

—¡Zorra *estúpida!* —soltó la mujer.

Carmen se acurrucó en la oscuridad, encogida ante sus insultos mientras los rostros continuaban soltando obscenidades, humillándola y riéndose de su miedo.

—¿Crees que puedes enfrentarte a nosotros? —preguntó el hombre.

—¿Crees que tienes un dios más poderoso que nosotros? —se rio la mujer—. ¡Tu dios es un debilucho!

—¡Un cobarde!

—¡Tu dios es un maricón de mierda y no te va a ayudar ahora!

—¡Nos perteneces! ¡Tu alma es nuestra!

Sus voces reverberaban en la oscuridad que rodeaba a Carmen y su saliva la salpicó. Sus palabras se clavaron en ella como colmillos sucios y abruptos.

Al y los tres investigadores se inclinaron sobre Carmen, escucharon los ronquidos y gorgoteos que emitía su hinchado y magullado cuello:

—Sa… santaaa Ma… María, m… madre de Di… Dios, rrruega por nosotros pecadores, a… ahora y en la hora de nuestra muerte, a… a… ammmmén…

Al empezó a llorar y los tres hombres levantaron a Carmen del porche y la llevaron al interior de la casa.

Las caras que se asomaban por el borde del agujero continuaron profiriendo obscenos insultos y blasfemas maldiciones a Carmen, burlándose de su Dios y de su familia, recordándole que tanto ellos como los millones como ellos eran demasiado poderosos para que ella, o cualquier miembro de su familia, pudiera resistirse o vencerlos.

Y, entonces, súbitamente, aquellos horribles rostros empezaron a acercarse y a hacerse cada vez más grandes, sus sonrisas más amplias y sus grotescos y podridos dientes cada vez más detallados. Al mismo tiempo, Carmen fue ascendiendo desde el fondo de aquel pozo profundo y estrecho, cada vez estaba más y más cerca de la parte superior, de las caras, de aquellas caras horribles, pálidas y demacradas con sus sonrisas repugnantes y sus ojos hundidos, como los de los cadáveres, que la observaban mientras se elevaba cada vez más, hasta que sus pies se posaron firmemente en el suelo, con el agujero (o eso creía) justo detrás de ella. Sin embargo, cuando se dio lentamente la vuelta y miró hacia abajo, no vio nada, sólo tierra dura y seca veteada de grietas oscuras, anchas e irregulares que se extendían en todas direcciones, como si alguien hubiera cosido varios rayos entre sí.

No vio a sus torturadores por ninguna parte. Al parecer, se habían esfumado.

Cuando volvió a mirar al frente, vio que estaba en un camino… un largo camino de tierra seca y agrietada. Había muy poca luz, sin embargo, como si fuera de noche… y, aun así, tampoco tenía la sensación de que lo fuera.

Carmen echó la cabeza hacia atrás y vio un cielo lleno de unas maliciosas nubes negras que circulaban a una velocidad vertiginosa.

Pero había una luz que salía de algún lugar… una luz enfermiza, cancerosa que iluminaba lo que fuera que hubiera a ambos lados del camino.

Sin embargo, Carmen no se atrevió a mirar. Le daba miedo. Empezó a caminar, lentamente al principio, cojeando ligeramente por culpa del miedo y del terrible agotamiento que la embargaban. Pero, poco después, aumentó el ritmo, sus pies crujiendo sobre el cuarteado camino. Entonces empezó a llorar en silencio; las lágrimas le corrieron por las mejillas mientras se preguntaba dónde estaba y qué había sido de su esposo, de su familia, de su casa…, mientras se preguntaba qué había sido de ella.

Más adelante, el camino se estrechaba hasta terminar en un diminuto punto, a lo lejos. Parecía continuar infinitamente, más allá de lo que sus *ojos le permitían distinguir, y las irregulares grietas se desvanecían en la memoria visual mucho mucho más allá, en la corrupta oscuridad.*

Notó una presión en el pecho y comprendió que era el pánico, el pavor que acompaña a comprender que se está muy lejos de casa…, como Dorothy en El mago de Oz… *o como Alicia en* A través del espejo… *estaba en un lugar terrorífico y extraño, y era muy* real… *y no tenía la menor idea de cómo volver.*

Siguió caminando, los hombros doloridos por culpa de la tensión y el pecho latiéndole de miedo.

Al y los tres investigadores dejaron a Carmen sobre uno de los colchones del salón.

—Por Dios, ¿qué le está pasando? –dijo Al con voz ronca y los ojos llenos de lágrimas.

—Está sufriendo un ataque –dijo John.

—¿Y no deberíamos llamar a un médico o una ambulancia? –preguntó Al–. Por Dios, es evidente que le pasa *algo*. ¡Parece que se está muriendo!

—Sí, le pasa *algo* –dijo Chris inclinándose sobre ella–. Está siendo atacada por la fuerza demoníaca que está actuando en esta casa. Hemos visto cómo pasaba otras veces.

—Sí, Al, todos lo hemos visto –dijo John para tranquilizarlo–. Los médicos no encontrarán nada. De hecho, es posible que el ataque haya terminado antes de que pueda verla uno. Dime, ¿dónde están los rosarios?

—Creo que hay uno…, hmm… –Al miró en derredor hasta que vio uno encima del televisor. Tropezó con los colchones camino de la tele y cogió el rosario. Regresó apresuradamente y se lo ofreció a John.

—No, no –dijo éste–. Es para *ti*. Cógelo con fuerza y reza el avemaría y el padre nuestro.

—No dejes de hacerlo –intervino Chris con firmeza–, hasta que hayamos terminado. –Miró a John y Sal y les dijo–: Vamos a tener que hacer la invocación y seguir con ella todo el tiempo que sea necesario.

Ambos asintieron.

—Oh, Jesucristo querido, es malo, ¿verdad? –susurró Al.

—Nada que Dios no pueda solucionar –dijo Chris con confianza. A continuación, al tiempo que Al empezaba a rezar el avemaría, los tres investigadores entonaron al unísono–: ¡En el nombre de Jesucristo! ¡Te ordeno que abandones este lugar! ¡Y que regreses al lugar del que has salido! ¡En el nombre de Jesucristo!

Al se arrodilló junto a la cabeza de Carmen mientras el cuello de ésta continuaba oscureciéndose e hinchándose y los tres hombres repetían la invocación una y otra vez. Le apoyó una mano en el hombro mientras con la otra agarraba el rosario y rezaba casi a gritos el avemaría y el padre nuestro. Chris, John, y Sal continuaron invocando el nombre de Cristo.

Carmen jadeó mientras trataba de recuperar el aliento, avanzando por el interminable camino. Finalmente, miró a derecha e izquierda el paisaje que la rodeaba.

Lo primero que vio fueron las cruces…, cruces colosales hechas de madera resistente, clavadas firmemente en el suelo… del revés… a ambos lados de la carretera hasta donde se perdía la vista.

Alrededor de las cruces, retorciéndose mientras brotaban del suelo, había manchas oscuras e informes que parecían estar intentando, sin demasiado éxito, abandonar la dura y agrietada tierra y liberarse.

Anómalos haces de luz se colaban silenciosamente por entre unas nubes negras que se movían rápidamente por el cielo; de repente, una voz grave y profunda, el mismísimo sonido de la enfermedad, pensó Carmen, una voz que salía de ninguna parte en particular y de todas al mismo tiempo, le habló:

—Son almas, Carmen…, almas perdidas que ahora nos pertenecen…, me pertenecen… tal y como tú me perteneces…, como tú y todos los miembros de tu familia me pertenecéis…

Carmen se detuvo en el camino y gritó a pleno pulmón, rezando a Dios para que alguien la oyera, para que alguien la encontrara y viniera a ayudarla.

Cuando Al oyó que Carmen emitía un pequeño sonido estrangulado en lo más profundo de su garganta, dejó de rezar el padre nuestro y se inclinó sobre ella, colocando una mano al lado de su cabeza y susurrándole:

—Carmen, cariño, ¿qué te ocurre? ¿Qué te pasa?

Chris, John y Sal habían estado invocando a Cristo una y otra vez y, de repente, Chris dijo:

—No está aquí, Al, no está con nosotros. Continúa rezando, y sigue…

Al oír aquello, Al le dijo al oído a Carmen con gran determinación:

—¿Dónde estás, Carmen? ¿Cariño, *dónde* estás?

Cuando ésta empezó a responder lo mejor que pudo, los tres investigadores dejaron la invocación y escucharon.

—Oscuro –dijo Carmen en un murmullo, la saliva acumulándose en las comisuras de sus labios–. Lugar oscuro… en un… lugar… en un lugar *oscuro* –añadió, obligando a las palabras a abandonar su pecho y su garganta.

—Oh, Dios mío, ¿dónde está? –gritó Al mirando a los tres hombres.

—La tiene él –dijo John–, y tenemos que traerla de vuelta.

Inmediatamente después, volvieron a alzar sus voces mientras continuaban con la invocación y, tras un buen rato, Al terminó de rezar el padre nuestro y empezó con el avemaría.

Carmen siguió gritando y cayó de rodillas al suelo mientras miraba a su alrededor, a todas aquellas almas…, todas las almas oscuras y atrapadas…, sintiendo su opresión y su asfixia por la necesidad de liberarse, por su deseo de alejarse de lo que fuera que los había condenado a un lugar como aquél…

La voz que parecía salir de todas partes al mismo tiempo, la repugnante voz llena de flemas que parecía salir del fondo del pozo más profundo del infierno empezó a reír. Era una risa profunda, gutural y henchida de una alegría maliciosa y decadente.

Carmen se cubrió la cara con las manos y volvió a gritar una vez más; era incapaz de soportar aquella risa, que se unía a la sensación claustrofóbica provocada por todas aquellas almas oscuras y enfermizas que se retorcían en el árido suelo.

Después de lo que le pareció una eternidad, la risa empezó a desvanecerse y, junto a ésta, la sensación de opresión.

Lentamente…, muy lentamente…, Carmen apartó las manos de la cara.

Cuando abrió sus cansados ojos, vio a Al. Su rostro preocupado se cernía sobre ella y sus labios formaban una línea recta y tensa.

—¿Carm? –susurró con voz ronca– Oh, por Jesucristo, *¿Carm?*

—Al –jadeó ella al tiempo que le cogía la mano. Se la agarró con fuerza, como si alguien pretendiera llevárselo de su lado.

Entonces vio a Chris, John y Sal arrodillados a su lado, una sonrisa pintada en el rostro de todos.

—Gracias a Dios –dijo Sal–. Amén.

Chris se limitó a sonreír, pero era una sonrisa tan ancha que parecía que fuera a ponerse a reír en cualquier momento.

—Has vuelto –dijo finalmente.

—Sí, supongo que sí –susurró Carmen.

Casi dos horas después, Carmen dormía inquieta junto a Al en el salón. Chris, John y Sal hablaban en voz baja en el comedor mientras tomaban café.

Al, con el pantalón del pijama y una bata, estaba tumbado de costado mientras observaba cómo dormía Carmen. Las arrugas de su frente denotaban la preocupación, el miedo y la confusión que sentía.

Carmen se movía continuamente mientras dormía. Cerraba los ojos con fuerza y fruncía el ceño.

Al rezó en silencio, sin apartar los ojos de su mujer. Se alegraba de que Laura y los niños no hubieran presenciado lo ocurrido.

Y, entonces, Carmen se puso rígida y arqueó la espalda como si estuviera sufriendo un dolor agónico. De nuevo, el cuello empezó a hincharse y oscurecerse, adoptando un tono negro púrpura.

Al se incorporó, la cogió por el hombro y gritó:

—Está pasando otra vez, venid aquí, está sucediendo de nuevo. ¡Oh, Jesús! ¡Por *Jesucristo*!

Se oyeron unos pasos apresurados recorriendo el pasillo y entrando en la sala de estar y los tres investigadores saltaron por encima de los colchones para llegar junto a Al y Carmen.

John sostenía un crucifijo con una mano y lo extendió frente a él mientras decía en voz alta y autoritaria:

—En el nombre de Jesucristo, te ordeno que abandones este lugar…

Chris y Sal se unieron rápidamente a él en la recitación de la invocación.

Carmen echó la cabeza hacia atrás y, cuando abrió los ojos, los tenía de un blanco reluciente. Empezó a emitir gorgoteos ahogados y sus brazos y piernas temblaron y se convulsionaron violentamente.

De repente, Al se puso de pie y, con los puños a los costados y los dientes apretados, gruñó furiosamente:

—¡Maldita sea, soy más fuerte que ella! ¡Ven a por *mí,* hijo de puta, házmelo a *míííí…!*

Los tres hombres se callaron al mismo tiempo y se volvieron hacia Al.

—¡Al, no digas eso! –le gritó Chris.

—*¡Para!* –vociferó Sal agarrándolo por el brazo.

John se arrodilló junto a los pies de Carmen y continuó sólo la invocación. Ahora estaba casi gritando, sosteniendo aún la cruz en dirección a Carmen como si fuera un arma.

Pero Al los ignoró.

—¡Házmelo a *mí,* maldita sea! –continuó gritando–. *Voy* a enfrentarme a ti, maldito hijo de perra, maldito…

Las palabras se le quedaron atrapadas en la garganta brusca y repentinamente, como si fueran espinas de pescado, clavándosele cada vez más al tiempo que emitía un gorgoteo estrangulado. Abrió mucho los ojos y la sangre abandonó su rostro, dejándolo de un tono pálido y enfermizo.

Entonces, fue propulsado contra el colchón como si unos brazos poderosos pero invisibles lo hubieran empujado. Soltó un gruñido estrangulado.

—Oh, Dios mío –susurró Sal.

Al aterrizó sobre las manos y las rodillas, la cabeza ligeramente desplomada hacia adelante.

Los movimientos erráticos de Carmen empezaron a disminuir al tiempo que la hinchazón y el ennegrecimiento de su cuello iban desapareciendo lentamente. El problema ahora parecía ser Al.

John siguió invocando frenéticamente el nombre de Cristo, el sudor perlándole la frente.

Mientras Chris y Sal le observaban, la parte inferior del batín de Al subió de un tirón hasta su cabeza, la goma de los pantalones del pijama fue desgarrada y algo tiró de ellos violentamente hacia abajo, dejando al descubierto su trasero.

Al gritó con un tono de voz tan agudo y estridente que sonó como el de una mujer, y todo su cuerpo empezó a sacudirse como si algo le estuviera embistiendo una y otra vez. Los gritos continuaron, unos gritos llenos de dolor y de pánico.

Carmen empezó a moverse. Abrió los ojos y parpadeó varias veces mientras se incorporaba.

—¿Qué ocurre? –preguntó, y entonces miró a Al–. Oh, Dios mío, ¿qué le está pasando?

John dejó de recitar la invocación y respiró hondo.

—Está sufriendo un ataque –dijo con voz ronca–. Como tú… hace sólo unos segundos.

Aturdidos e indefensos, todos observaron a Al durante un buen rato, perfectamente conscientes de lo que le estaba pasando.

—Oh, Dios mío –dijo Carmen entrecortadamente, y se puso a llorar. Se acercó a Al y le rodeó los hombros con el brazo mientras él seguía gritando y chillando sin parar; Carmen jamás había visto gritar de aquel modo a su musculoso y fornido marido. Mirando por encima del hombro, les gritó a los otros hombres–: ¡Haced algo! ¡Para eso estáis aquí, maldita sea! *¡Haced* algo!

Pero sus oraciones no surtieron efecto. Cuando todo terminó, Carmen se acurrucó a su lado y lo sostuvo muy cerca de su cuerpo.

—Oh, Dios mío, cariño, lo siento. Siento tanto que hayas tenido que pasar por eso. –Al haber tenido anteriormente la misma experiencia, Carmen sabía lo humillante que era y lo impotente que se había sentido durante la violación; le resultaba terriblemente doloroso que Al hubiera tenido que pasar por la misma y humillante experiencia.

◆ ◆ ◆

Otra noche quedó atrás en una casa que había llegado a convertirse, sin saber aún cómo, en la boca del infierno.

Aunque Al, Carmen y Laura no fueron los únicos en ser atacados por la entidad que había elegido su casa como objetivo, por algún motivo que desconocían no mostró demasiado interés en los niños más pequeños; durante su estancia, los tres investigadores sufrieron algún tipo de agresión por parte de la entidad. Los atormentó mientras dormían, los pellizcó, los pinchó y los abofeteó sin parar tanto durante el día como de noche. Los objetos continuaron moviéndose por toda la casa, aparentemente por sí solos, casi como si tuvieran vida propia.

Un día, a primera hora de la tarde, después de que Al hubiera vuelto de trabajar, cenaron todos juntos en el exterior, como si fuera un pícnic. Cuando volvieron a entrar en casa, Sal fue el primero en darse cuenta de que estaba sucediendo algo extraño en el salón. Avisó a los otros investigadores y, naturalmente, todo el mundo fue a echar un vistazo.

Todos los colchones instalados en el suelo del salón estaban respirando. La sección central se abultaba lentamente, como si inhalaran aire, y después volvía a relajarse y nivelarse.

Ed y Lorraine visitaban la casa a menudo y se quedaban unas cuantas horas, presenciando de primera mano muchos de los incidentes que los investigadores ya habían validado.

Presenciaron varios ataques; fueron testigos de objetos que se movían solos por la casa; olieron los hedores y vieron los destellos de movimiento por el rabillo del ojo, unos movimientos que no parecían tener ninguna causa.

Durante una de sus visitas, oyeron un estruendo metálico que parecía salir del dormitorio principal. Al estaba trabajando, los niños no estaban en casa y Sal y John estaban descansando en la sala de estar, de modo que Ed, Lorraine, Carmen, Laura y Chris avanzaron vacilantes por el pasillo en dirección al dormitorio. Carmen y Laura llevaban un rosario cada una, y Ed y Chris, crucifijos.

En el dormitorio, el sonido era mucho más fuerte y subía desde el suelo; la madera vibraba ligeramente. Todos se detuvieron en el interior del cuarto.

Finalmente, Lorraine dio un paso adelante y apoyó suavemente una mano en el piecero de la cama.

—Aquí es mucho peor —dijo en voz baja.

—¿De dónde viene? —preguntó Ed, moviéndose lentamente por la habitación.

Lorraine levantó la mano derecha delante de ella como había hecho durante su primera visita a la casa y cerró los ojos.

—De aquí no —susurró—. De otro lugar.

—Oh, Dios mío —dijo Carmen—, parece el sonido de la polea…, el elevador de cuerpos del sótano. Está justo debajo de esta habitación. De hecho…, está justo debajo de la cama.

De repente, el sonido cobró sentido; el ruido metálico se parecía mucho al que harían las cadenas de una polea, una polea justo como la que había en el frío y húmedo sótano debajo de ellos.

Uno a uno, desfilaron por la puerta que había al fondo de la habitación y que conducía al sótano. Cuando se encontraban en mitad de las escaleras, el traqueteo se detuvo de golpe.

Al llegar al sótano, vieron que la pesada cadena se balanceaba ligeramente y que las juntas emitían un suave chirrido.

No fue la última vez que sucedió, ni el último de los numerosos incidentes extraños que presenciarían Ed y Lorraine.

Durante otra de sus visitas, Lorraine tuvo otra visión aterradora, no muy distinta a la que había tenido la primera vez que había recorrido sola la casa.

Le ocurrió cuando estaba en la parte superior de la escalera, cerca del baño, mirando hacia la habitación del sótano justo antes de bajar. Los Snedeker hacía tiempo que ya no bajaban al sótano. La visión fue tan vívida e inesperada que, por un momento, ni siquiera se dio cuenta de que lo era, hasta que comprobó que no podía moverse porque estaba paralizada.

Un hombre apareció al pie de las escaleras. No salió de otra habitación ni nada parecido, simplemente *apareció,* como si se hubiera formado a partir del aire que le rodeaba. Llevaba una camiseta sucia y unos pantalones holgados y demasiado largos que alguna vez habían sido de color crema pero que entonces estaban tan manchados y sucios que parecían más marrones que otra cosa. Los harapientos dobladillos estaban vueltos alrededor de los pies del hombre, quien sólo llevaba un par de calcetines blancos muy sucios. Su orondo y abultado vientre le presionaba la camiseta y le colgaba sobre el cinturón; una tenue sombra llenaba el enorme hueco del ombligo. Tenía el cabello negro y ralo, y le caía más allá de los hombros; la coronilla se le estaba quedando calva y su pálido cuero cabelludo asomaba por entre dispersos mechones de pelo. Debajo del brazo izquierdo llevaba un par de botas de trabajo marrones. Se estaba levantando y abrochando los pantalones sucios con unos dedos rechonchos al final de unas gruesas manos. Respiraba con dificultad, en jadeos sibilantes, como si acabara de realizar un gran esfuerzo.

El hombre levantó la cabeza y sus ojos llorosos e inyectados en sangre se encontraron con los de Lorraine, abiertos como platos por el miedo. Cuando le sonrió, vio que el hombre tenía los dientes irregulares y descoloridos. Sus labios eran gruesos y estaban secos y agrietados; una lengua reluciente se deslizó a través de ellos para humedecerlos justo antes de empezar a subir lentamente la escalera.

—Cuerpos bonitos –dijo el hombre en voz baja y llena de flemas, húmeda y gutural–. Cuerpos bonitos y fríos. Cuerpos fríos y firmes.

Seguía subiendo la escalera peldaño a peldaño; cada vez estaba más cerca…

—No te muevas cuando los toques. No discutas cuando los sostengas o los lamas. –Se puso a reír.

… cada vez más cerca, un peldaño después del otro…

—De hecho, puedes hacer con ellos lo que *quieras*. –Se rio entre dientes al llegar a la parte superior de la escalera. Hizo ademán de coger la mano de Lorraine y le dijo–: Ven, te lo mostraré. Si quieres, puedes mirarme. ¿Ves? Ya vuelvo a estar preparado. –Se rio mientras dejaba caer las botas y se llevaba una mano a la entrepierna.

Lorraine bajó la vista y vio cómo se agarraba el horrible bulto que había crecido entre sus piernas. La cremallera de los pantalones todavía estaba abierta y Lorraine vislumbró lo que le pareció un grumo de carne púrpura, manchada de tierra, tal vez sangre.

Lorraine cerró los ojos y se alejó del hombre todo lo que pudo. Empezó a gritar y notó como su espalda topaba contra la puerta del baño. Cuando volvió a abrir los ojos, estaba sentada en el suelo y el hombre había desaparecido. Ed estaba arrodillado a su lado, susurrándole con preocupación:

—Lorraine, ¿qué te pasa? ¿Qué ocurre?

—Necrof… necro… cosas horribles, Ed…, en esta casa pasaron cosas horribles.

—¿Necrofilia?

Lorraine asintió.

—He visto algo…, un hombre… me ha contado lo que hizo…, quería que mirara…

En cuanto se calmó y pudo ponerse de pie y hablar coherentemente, les explicó a los demás lo que había visto y qué significaba.

—Este tipo de cosas –dijo Ed–, la necrofilia, quiero decir, el sexo con cadáveres, el tipo de cosas que, según Lorraine, sucedieron aquí en el pasado, son malignas. Atraen la actividad demoníaca. Este tipo de cosas pueden convertirse fácilmente en objetivo de la atención demoníaca.

—Aunque es posible que no sea la explicación definitiva –dijo Lorraine con voz ronca mientras sostenía con una mano un vaso de agua con hielo–, es evidente que está relacionada con la visión que tuve la primera vez que estuve aquí. Estoy bastante segura de que eso es lo que sucedió aquí… y creo que es lo que provocó los problemas que os acosan.

—Entonces, ¿qué hacemos? –preguntó Carmen en voz baja–. ¿Cómo podemos detenerlo?

Ed y Lorraine se miraron unos instantes en silencio. No tenían ninguna duda de que lo que estaba sucediendo en la casa era completamente real. Aunque sabían cuál era el siguiente paso, desconocían cuál sería el resultado, por eso no querían fomentar falsas esperanzas en la familia Snedeker.

—Ahora –dijo Ed–, nos pondremos en contacto con la Iglesia.

—Ya lo hicimos –dijo Al, un tanto enojado–. ¡Y no sirvió de nada!

—Lo sé –respondió Ed–. Pero ahora les llamaremos *nosotros*. Les contaremos lo que hemos descubierto, lo que hemos visto y cuál creemos que es el problema. El único inconveniente es que…, y no estoy diciendo que vaya a pasar, pero…

—¿*Qué?* –dijo Al con impaciencia.

—Podrían darnos la misma respuesta que os dieron a vosotros.

Veintiséis

Bajo el escrutinio de la Iglesia

Llamó al timbre y, después, se apartó de la puerta y esbozó una sonrisa. Con una mano sostenía una bolsa negra.

Cuando Carmen abrió la puerta, la sonrisa del hombre se hizo más ancha. Alargando la mano, dijo:

—Usted debe de ser la señora Snedeker. Soy el padre George. He hablado con los Warren y estoy al tanto de sus problemas.

—Oh, padre, me alegro mucho de que esté aquí –dijo Carmen, la desesperación tiñendo su voz mientras le invitada a entrar.

La percibió de inmediato: un aura oscura y opresiva que parecía dominarlo todo. No obstante, continuó sonriendo; no quería alarmar a la señora Snedeker.

—Entonces, ¿qué le han contado los Warren? –le preguntó ella de pie en el pasillo.

—Que en la casa se estaba produciendo una actividad sobrenatural muy desagradable y que creían que era de naturaleza demoníaca, y que necesitaban la ayuda de la Iglesia.

Eso no era todo lo que le habían dicho, pero el padre George no se lo dijo. De hecho, le ocultó muchas cosas.

Por ejemplo, no le dijo que, además de clérigo, había estudiado demonología y que estaba tan familiarizado con el tema como los

Warren. No le dijo que, después de hablar con los Warren, supo que necesitaban urgentemente su ayuda. Y, por supuesto, tampoco le dijo que, nada más entrar en la casa, había percibido que el problema era muy serio y que estaba en un estado muy avanzado, y que, sin la atención espiritual inmediata, sólo podía ir a peor.

Carmen lo acompañó al comedor, donde le presentó a Laura y a Peter. Le explicó que los investigadores, Chris y John (Sal ya se había marchado), estaban descansando en la sala de estar y necesitaban dormir. Tras prepararle un té, le preguntó qué quería hacer.

—Bueno, ¿qué le parece si me doy una vuelta por la casa, la bendigo, echo un poco de agua bendita en cada habitación y veo lo que me encuentro? Después, si no le importa, me gustaría volver dentro de uno o dos días con otro sacerdote y, quizá, celebrar una misa.

—Me parece bien –le dijo Carmen–. ¿Me necesita para algo?

—No, en absoluto. Ha sido muy amable. –Le regaló una gran sonrisa mientras se ponía de pie y se inclinaba para coger la bolsa del suelo–. ¿Le importa si recorro solo la casa?

—No, claro que no –dijo Carmen, un poco nerviosa–. Adelante. Pero la verdad es que…, bueno, no es la casa que era antes. Todos los colchones están en la sala de estar, así podemos dormir todos juntos, y…

—Por favor, no se disculpe ni me dé explicaciones. Lo entiendo, de verdad. –Volvió a sonreír mientras asentía. Acto seguido, salió del comedor y avanzó por el pasillo mientras abría la bolsa.

En cuanto estuvo seguro de que ya no podía verle, la sonrisa se desvaneció de su rostro. Había tenido que hacer un gran esfuerzo para sonreír continuamente desde que había llegado a la casa; el propio aire parecía estar impregnado de perversidad. Tanto Carmen Snedeker como su sobrina Laura mostraban los signos de haber tenido que vivir en una atmósfera como aquélla. Estaban desaliñadas, hinchadas, deprimidas y cada movimiento que hacían parecía costarles un gran esfuerzo; tenían los ojos inyectados en sangre y vidriosos, y su forma de hablar, incluso cuando parecían ansiosas, era lo suficientemente lento y vacilante como para poner en evidencia la situación en la que se encontraban. Recitó una oración silenciosa por ellas mientras recorría el pasillo.

Primero entró en el dormitorio, después en el cuarto de baño y, finalmente, volvió a recorrer una parte del pasillo, rociando agua bendita y bendiciendo cada habitación en la que entraba, cada sección de la casa. Y entonces…

… se encaminó hacia las escaleras.

Lo sintió incluso en el escalón superior y rezó para que Dios le diera fuerzas mientras bajaba, pues era consciente de que algo maligno le esperaba en el sótano. Pese a que los Warren le habían advertido, a medida que se acercaba al último escalón, comprendió que su advertencia se había quedado corta. Notó como algo le estrujaba el estómago, se lo retorcía, incluso tuvo ganas de vomitar.

Por fin alcanzó el pie de las escaleras y, muy lentamente, con las manos temblándole levemente, bendijo la primera habitación y, después, la siguiente, donde la sensación que le embargaba se hizo aún más intensa. En el pasillo aún parecía más fuerte, más oscura…, casi sofocante.

Continuó bendiciendo una habitación tras otra. En un momento dado, se dio cuenta de que estaba llorando, y llevaba haciéndolo desde hacía un buen rato, porque tenía las mejillas húmedas. Estaba en la habitación donde, tiempo atrás, había estado la morgue, las paredes aún manchadas con la sangre de los muertos. Al continuar con la bendición, sus palabras empezaron a convertirse en balbuceos y comprendió que estaba pasando algo. Una forma oscura, transparente, una masa informe de movimientos fluidos, se derramó en oleadas de la pared del fondo de la habitación y avanzó hacia el padre George.

Éste roció más agua bendita y levantó el crucifijo mientras retrocedía hacia la puerta. Entró a trompicones en la habitación contigua, se dio la vuelta, corrió por el pasillo y subió apresuradamente las escaleras.

Se detuvo delante del cuarto de baño para recuperar el aliento, calmarse y secarse las lágrimas de la cara con el pañuelo que llevaba en el bolsillo trasero del pantalón. Rezó a Dios para que le ayudara a ocultar el miedo que sentía ante Carmen Snedeker y los demás, quienes ya habían pasado por lo que, evidentemente, era más que suficiente.

Se encaminó a la sala de estar, donde los investigadores seguían durmiendo, la bendijo en silencio y, a continuación, pasó con cuidado por encima de los colchones para poder acceder al resto de los dormitorios.

Cuando terminó, regresó al comedor y sonrió a Carmen y Laura.

—Si les parece bien, me gustaría volver tan pronto como sea posible con otro sacerdote para celebrar una misa. ¿Qué tal esta misma noche? ¿O quizá mañana por la mañana?

—Claro –dijo Carmen con voz ronca–. Pero… ¿por qué ha cambiado de idea? ¿Ha pasado algo?

—Oh, no, no. Sólo… he estado repasando mi agenda, eso es todo. Gracias por su paciencia y hospitalidad. Ahora tengo que marcharme.

Carmen se levantó y lo acompañó hasta la puerta.

—Padre –le preguntó en voz baja–, ¿cree que…, hmmm…, todo se va a solucionar? Quiero decir…, ¿volveremos a recuperar *nuestras* vidas?

El padre George le dedicó la mejor de sus sonrisas, la más reconfortante. Apoyando suavemente una mano sobre el hombro de Carmen, le dijo:

—Todas las cosas terminan solucionándose para los que aman al Señor.

Carmen sonrió, como si sus palabras la hubieran hecho sentirse mejor. El sacerdote abrió la puerta y dijo:

—Nos volveremos a ver dentro de muy poco.

Avanzó por el camino de entrada y, cuando oyó que se cerraba la puerta, se sorprendió al ver que aún estaba temblando por el ataque que habían sufrido sus sentidos en el interior del hogar de los Snedeker.

El padre George regresó aquella misma tarde con otro sacerdote, quien se presentó con el nombre de padre Gary.

Al los recibió en la puerta, les estrechó la mano mientras se presentaba y los acompañó a la sala de estar.

Todos estaban allí: Carmen y los tres niños, Laura y los dos investigadores restantes, Chris y John.

De pie junto a la puerta de la sala, el padre George presentó al padre Gary a toda la familia y dijo:

—Nos gustaría celebrar una misa esta misma noche. Si todos están de acuerdo, por supuesto.

Nadie se opuso. Michael apagó el televisor mientras los demás se ponían de pie, algunos sobre los colchones, otros en el suelo.

—¿Qué quiere que hagamos? –preguntó Al.

—Bueno, ¿si pudiéramos disponer de una mesa? –El padre George se volvió para mirar la mesita auxiliar que habían pegado a una de las paredes para hacer sitio para los colchones.

—Oh, por supuesto –dijo Al, y John le ayudó a colocar la mesita sobre los colchones y delante de los dos sacerdotes.

—Ahora –anunció el padre Gary con cierta timidez–, si pueden reunirse todos frente a nosotros…, si no les importa estar de pie encima de los colchones, claro.

—Ya estamos acostumbrados –se rio Chris.

Todos hicieron lo que les había pedido el sacerdote.

Al cabo de unos instantes, el padre George y el padre Gary empezaron la misa, que dijeron en latín.

Durante ésta, sucedió algo silencioso y maligno que nunca debería haber sucedido durante una misa.

Carmen y Laura fueron las primeras en darse cuenta. De hecho, fueron las *únicas* en darse cuenta, aunque eso no lo descubrirían hasta más tarde. Pero vieron exactamente lo mismo, y de forma simultánea.

La nube sombría penetró en la habitación, fluyendo líquida y silenciosamente. Primero, rezumó sobre la zona que ocupaba el padre George y, después, alrededor del padre Gary, hasta envolver a ambos con una sombra enfermiza.

Pese a no hacer ninguna indicación a nadie de lo que estaban viendo, Carmen y Laura notaron como se les aceleraba el corazón, se quedaban sin aliento y se les secaba la garganta mientras contemplaban como la sombra ondulante rodeaba a los sacerdotes en silencio, burlonamente, sin que éstos reaccionaran de ningún modo. Era como si la entidad estuviera riéndose de su pequeño ritual inofensivo.

Poco después, Laura sintió cómo algo se movía entre sus piernas. Llevaba unos pantalones cortos de color caqui y una blusa blanca de algodón. Eran como pequeñas manos manoseándole las piernas, como las manos de un niño que quisiera que le cogieran en brazos. Le acariciaron la piel desnuda y tironearon del borde de los pantalones cortos. Tenía las palmas de las manos húmedas y frías, y los dedos rechonchos suplicaban con cada uno de sus movimientos.

…cógeme, por favor…, llévame en brazos…, abrázame…, por favor abrázame fuerte, cerca de tus pequeñas tetas para que pueda chuparlas,

para chuparlas hasta dejarlas secas, zorra, zorra cachonda, tienes los labios del coño completamente mojados y tu agujero está abierto de par en par para que algo…

Laura se estremeció ante las palabras que cruzaron su mente como un azote ardiente. Parpadeó varias veces y los ojos se le llenaron de lágrimas. Intentó concentrarse en la misa; lo intentó con todas sus fuerzas. También hizo todo lo posible por no gritar, que había sido su primer impulso.

La misa continuó sin interrupción y, aparentemente, sin incidente alguno.

Sin embargo, mientras Laura soportaba en silencio el roce de las pequeñas manos en sus piernas y la voz en su cabeza, lo que parecían ser unos rígidos dedos se dedicaban a palpar a Carmen por todo el cuerpo; unos dedos invisibles que no dejaban de toquetearla, como si un niño pequeño estuviera dando vueltas sin parar a su alrededor, un niño malcriado y enojado, un mocoso que quería algo que no podía tener y se enfadara por ello. Sin embargo, Carmen no se movió. Se concentró en la misa y rezó en silencio pidiéndole a Dios que le diera fuerzas.

Y mientras a Laura la manoseaban y le hablaban, mientras Carmen sufría los toqueteos de unos dedos invisibles, Chris también empezó a notar algo. Parecía como si una mano le estuviera tanteando la zona de la entrepierna. Al principio, tuvo la sensación de que sólo era por fuera de los pantalones, como si algo rozara la tela que había alrededor de la cremallera en busca de un orificio de entrada. Entonces, como si en realidad no lo necesitara, traspasó la tela de los pantalones y también la de los calzoncillos y Chris notó cómo unos dedos finos y helados le agarraban el pene.

Al principio, los dedos se dedicaron a aplicar presión y a frotar ligeramente, como los dedos de una amante que tratara de excitarlo, de predisponerlo para hacer el amor; pero aquellos dedos eran demasiado huesudos y estaban demasiado fríos, como los de un cadáver…, un cadáver que llevara muchos años muerto.

No obstante, los suaves movimientos no tardaron en convertirse en una fuerte presión. La mano empezó a tirar con fuerza, con demasiada fuerza, hasta que Chris tuvo que hacer un gran esfuerzo para contener los gritos. Pero lo consiguió. Mantuvo su atención en la misa mientras rezaba en silencio, pidiéndole a Dios que le diera fuerzas, hasta que finalmente la presión se detuvo.

◆ ◆ ◆

La semana siguiente, la casa de los Snedeker se convirtió en el centro de lo que sólo podríamos describir como la enfurecida represalia de las fuerzas demoníacas, las cuales, hasta la celebración de la misa, había campado a sus anchas y actuado impunemente.

Una noche, a última hora, mientras Chris estaba sentado a la mesa del comedor hojeando una revista y atento a cualquier incidente que pudiera producirse, el descanso de Laura fue interrumpido por lo que, en un principio, pensó que era un sueño.

Se sacudió violentamente y se le subió el camisón; el dobladillo de éste se le enrolló alrededor del cuello. Unas manos imposiblemente frías empezaron a manosearle los pechos, a estrujárselos y amasárselos bruscamente.

Unos dedos finos como palitos la pellizcaron, juguetonamente al principio. Sin embargo, cada vez lo hacían más fuerte, hasta que los pellizcos empezaron a hacerle daño, hasta que se hicieron realmente dolorosos, hasta que se le hizo *insoportable*. Laura trató de gritar, deseando que la pesadilla terminase.

Pero no tenía voz, y la pesadilla no terminó.

Todo lo contrario. Empezó a notar algo más que manos o dedos. Algo sólido le rozó un pecho y después el otro, algo frío como el acero y muy afilado.

Entonces comprendió que se trataba de un filo, el filo de un cuchillo sostenido por una de las manos que la habían estado manoseando un momento antes.

El filo le rozó ligeramente uno de sus erectos pezones de arriba abajo. Entonces, de un modo tan sutil que, en un primer momento, ni siquiera se dio cuenta, el cuchillo empezó a cortar…, a moverse de un lado a otro…, de un lado a otro…

Laura sentía cómo la hoja penetraba en su carne, cómo se movía de lado a lado por debajo del pezón, el cual, estaba segura, debía de estar desgajándose del resto de su pecho.

Abrió los ojos de par en par, tanto que se hizo daño en los músculos que los rodeaban. Sin embargo, no veía nada.

Entonces comprendió que no era un sueño… y que estaba ciega.

Intentó gritar…, no tenía voz…, sólo pudo suspirar…, susurrar…, murmurar… y, entonces, reuniendo toda la fuerza que le quedaba, gritó a todo pulmón, hasta quedarse afónica y sin aliento.

Jadeó para volver a llenar los pulmones de aire y gritó de nuevo, esta vez llorando.

—*¡Me está cortando! ¡Estoy ciega!*

Todos lo que se encontraban cerca de ella se despertaron de golpe, incluido Peter, quien lo hizo entre sollozos. Chris llegó corriendo y tambaleándose por el pasillo y entró en el salón.

Laura se incorporó sobre el colchón, apartó la sábana y la manta y se agarró los pechos mientras seguía gritando sin parar con los ojos completamente abiertos.

Chris encendió la luz y la miró directamente a los ojos. En seguida se dio cuenta de que la chica no veía nada, que estaba ciega.

Todo terminó tan súbitamente como había empezado.

Laura se recostó sobre la almohada y se relajó, gimiendo mientras se frotaba los ojos durante unos instantes. Acto seguido, se quedó mirando todas las caras preocupadas que se cernían sobre ella.

Chris se arrodilló a su lado después de ir a buscar la grabadora y John hizo lo mismo.

—Cuéntanos qué ha pasado –le dijo Chris sin aliento.

Laura se lo contó todo, lentamente y tartamudeando todo el rato.

Cuando hubo terminado, los dos investigadores se miraron.

—Están atacando los ojos –susurró Chris.

—Lo que significa que tenemos que actuar cuanto antes –respondió John en voz baja–. Están muy cabreados…

◆ ◆ ◆

Una noche, mientras los demás trataban de dormir en los colchones instalados en la sala de estar, Chris y John se sentaron a la mesa del comedor. Chris dormitaba con la cabeza apoyada sobre los brazos cruzados mientras John ojeaba distraídamente el periódico del día. Estaba leyendo por encima las tiras cómicas cuando oyó el sonido por primera vez: pasos… subiendo lentamente las escaleras.

Dejó el periódico sobre la mesa, alargó una mano y sacudió a Chris por el brazo. Éste no se movió. Volvió a sacudirlo, esta vez más fuerte, y siseó:

—¡Chris, vamos, *despierta!* –Se detuvo al comprender lo que estaba pasando. Ya lo había vivido antes. A veces, las presencias demoníacas ponen a algunas de las personas de una casa en estado de trance profundo mientras dejan a otras conscientes para que presencien algún tipo de manifestación. John se levantó, se colocó detrás de Chris y le separó los hombros de la mesa; cuando lo soltó, Chris volvió a caer sobre la mesa como un peso muerto.

—Oh, Dios mío –susurró John mientras los pasos seguían subiendo la escalera. Ahora también percibió otro sonido: una voz que murmuraba y susurraba y que cada vez parecía más próxima a medida que los pasos ascendían las escaleras lentamente…

La chaqueta vaquera estaba colgada en el respaldo de la silla en la que había estado sentado un momento antes. John se agachó y buscó en uno de los bolsillos hasta encontrar la pequeña linterna que siempre llevaba encima. De repente, la habitación, toda la casa, aparentemente, se volvió tan fría como una cámara frigorífica. John cogió la chaqueta de la silla y se la puso mientras salía del comedor.

En el oscuro pasillo, apuntó el fino haz de luz hacia la parte superior de la escalera, en la otra punta. Aunque seguía sin ver nada, aún oía los pasos y la voz, que entonces articulaba palabras:

—¿Lo… sabes? ¿Lo… sabes?

John recorrió el pasillo rápidamente, el miedo atenazándole el pecho, la mano libre en el interior del otro bolsillo de la chaqueta, rodeando el crucifijo mientras rezaba en silencio.

Iluminó con la linterna la sala de estar, barriendo con ella las formas inmóviles en el suelo.

—¿Hay alguien despierto? –preguntó con la voz quebrada. Un poco más fuerte, insistió–: ¿Alguien me oye?

—¿Sabes… lo que hicieron? –preguntó la voz, ahora más fuerte, las palabras más claras. No era una voz masculina ni femenina, y sonaba como borboteos húmedos.

John olió algo desagradable…, putrefacto.

Cuando volvió a hablar, su aliento formó una nube de vaho delante de su cara.

—¡Venga, *despertad!* ¡Que alguien se *despierte!*

Nadie se movió. Ni siquiera se revolvió.

—Oh, Dios mío –murmuró John mientras salía de la sala de estar, consciente de que no iban a despertar, que no *podían.*

De nuevo en el pasillo, giró lentamente hacia la derecha y se sacó el crucifijo del bolsillo cuando los lentos pasos alcanzaron la parte superior de la escalera. Apuntó la linterna hacia la otra punta del pasillo y soltó un jadeo irregular que quedó atrapado en su atenazada garganta.

La linterna iluminó carne desnuda, con motas blancas y moradas; era una carne suelta, flácida que se sacudió y osciló cuando la cosa que estaba en lo alto de las escaleras, de espaldas a John, empezó a darse la vuelta lentamente.

John no pudo moverse durante un buen rato; sólo pudo mirar con la boca abierta, los ojos como platos y los brazos y piernas temblorosas.

Era una mujer. Estaba encorvada, tenía un cuerpo en forma de pera, unos pechos tubulares y unos pezones llenos de estrías que se extendían por sus redondeados extremos. Los pechos oscilaban de un lado al otro y le caían sobre una barriga amplia y temblorosa mientras la mujer renqueaba lentamente por el pasillo en dirección a John. El vientre casi le cubría la desagradable mata de vello púbico que le crecía entre unos muslos gruesos y toscos. El cabello, muy largo y oscuro, y parcialmente canoso, le colgaba en mechones grasientos y enmarañados. Las uñas de dedos y pies eran fragmentos gruesos y negros que se curvaban hacia abajo sobre los dedos y sus ojos giraban libremente dentro de las cuencas. El haz de la linterna se paseó a sacudidas sobre una carne manchada de grandes coágulos púrpuras. No tenía dientes y los labios resbalaban sobre las encías al hablar:

—¿Sabes… sabes… *sabes…* lo que nos *hicieron…* ahí abajo? ¿Lo *sabesssss?*

John, que había estado conteniendo la respiración, volvió a coger aire y levantó el crucifijo al tiempo que decía débilmente, su aliento condensándose en la oscuridad:

—Dios te salve María…, llena eres de gracia…, el Señor está contigo…, bendita eres tú entre las mujeres…

«¿Qué estoy haciendo? –se dijo–. He hecho esto antes. ¡Sé lo que tengo que hacer!».

—¿*Sabessss*… lo que les *hicieron*… a nuestros *cuerpos?* –dijo el cadáver con voz ronca. Cada vez estaba más cerca; el hedor a carne putrefacta era cada vez más abrumador a medida que se acercaba–. ¿*Sabes* las cosas que nos hicieron?

Estiró aún más el brazo con el que sostenía la cruz mientras gritaba:

—¡En el nombre de Jesucristo, te ordeno que abandones este lugar y regreses al lugar del que has salido!

—¿Y sabes *qué?* –preguntó la mujer, ignorando sus palabras mientras los labios blandos y flácidos esbozaban una amplia sonrisa que dejó asomar unas encías rosas y moradas y una lengua que se contoneaba–. ¿*Sabessss*… *qué?* ¡A nosotros nos encantaba! –siseó el cadáver, y empezó a reír a carcajadas húmedas y gorgoteantes–. Nos encantaba que nos *sobara,* que nos *follara* y que nos *chupara*…

—¡En el nombre de Jesucristo, te ordeno que abandones este lugar…

—… y que nos *lamiera* y que nos *metiera los dedos* y que nos *montara*…

—… y que regreses al lugar del que has salido!

—¿Me oyes, capullo impío, mamón? ¡*Nos encantaba!*

Y, entonces, el cadáver dejó de renquear y empezó a avanzar por el pasillo a un ritmo imposible. De repente, como si John se lo hubiera perdido mientras parpadeaba, ya no era un cadáver.

Le brotaron alas de la espalda, unas alas enormes y correosas, como las de un murciélago, recubiertas por mechones de pelo gris, y la cabeza ya no era la de una mujer muerta desde hacía mucho tiempo, sino reptiliana y puntiaguda, sin labios y con unos ojos diminutos y relucientes. Se abalanzó hacia él ágilmente mientras su cuerpo, el cual ahora estaba cubierto de piel arrugada y con escamas que le colgaba en pliegues sueltos y ondulantes, se balanceaba de un lado al otro. John también reparó en que su enorme miembro viril, que se estrechaba adoptando la forma de un cono, estaba completamente erecto. La criatura corría sobre unas patas reptilianas terminadas en garras.

John gritó tan fuerte que pensó que los ojos se le iban a salir de las cuencas:

—*En nombre de… de… de…*

Pero no pudo continuar con la invocación porque la criatura le alcanzó. Sintió su aliento ardiente y repugnante en el rostro mientras que, con sus poderosos brazos, le daba la vuelta y lo arrojaba al suelo boca abajo. Y, entonces, se subió a su espalda y sus alas malolientes lo abrazaron desde atrás como los brazos de un amante.

John empezó a gritar.

Pero, poco después, perdió el conocimiento…

Cuando despertó al cabo de un rato, no sabía cuánto *tiempo* había pasado, aún estaba estirado en el frío suelo de madera del pasillo. Se puso a gatear inmediatamente en dirección al comedor mientras trataba de gritar, pero incapaz de emitir poco más que un murmullo. La linterna seguía en el suelo y su fino haz de luz iluminaba la madera.

Chris salió corriendo del comedor.

—¡John! ¿Qué ha pasado?

John tardó un buen rato en poder articular palabra.

◆ ◆ ◆

No pasó una sola noche sin que alguien gritara de terror al menos una vez, aunque normalmente ocurría varias veces durante la noche; a veces era un solo grito, otras, más de uno a la vez.

Nadie pudo dormir toda la noche de un tirón, y los investigadores apenas pegaban ojo, algo que era más que evidente por sus ojos hinchados e irritados y, a veces, por el modo en el que arrastraban las palabras al hablar y por sus lánguidos movimientos.

Ed y Lorraine visitaban la casa casi todos los días y rezaban con ellos. Sin embargo, era evidente que la fuerza demoníaca que dominaba la casa se estaba haciendo cada vez más fuerte y que dentro de poco tiempo no podrían hacer nada para contenerla. Llamaron asiduamente al padre George para saber cuánto tiempo tendrían que esperar los Snedeker para que la Iglesia se decidiera a actuar y éste siempre les contestaba lo mismo:

—Estoy haciendo todo lo que puedo.

Lo que no les dijo era que, desde su visita a casa de los Snedeker, tanto él como el padre Gary habían sido víctimas de una serie de ataques similares a los que se producían en el interior de la casa, tanto durante el día como de noche. No obstante, era cierto que estaba haciendo *todo* lo posible para que la Iglesia le permitiera llevar a cabo un exorcismo en el hogar de los Snedeker.

De hecho, todo el mundo estaba haciendo todo lo posible.

Pero los ataques continuaron, día tras día, noche tras noche…, las voces y los olores…, los objetos que se movían solos…, los ataques físicos…, los pinchazos, los manoseos y los palpamientos…, los ataques sexuales…, hasta que todos los habitantes de la casa creyeron que estaban perdiendo la cabeza.

Y, finalmente, llegó la ayuda.

Veintisiete

El padre Nolan

La Iglesia Católica finalmente dio el permiso para realizar un exorcismo y un sacerdote con experiencia en la práctica del antiguo ritual fue elegido para la tarea.

El padre Sean Nolan era un hombre musculoso, ancho de hombros, de un metro sesenta de altura y que mantenía el mismo régimen de actividad física que había seguido cuando formaba parte del cuerpo de Marines.

Cuando recibió el encargo de practicar un exorcismo en casa de la familia Snedeker, inició inmediatamente los preparativos. Éstos consistían, básicamente, en un entrenamiento que se prolongaba durante una semana: tres días de constante oración en solitario seguidos de tres días más de ayuno y estudio. Sólo comía frutas y verduras, y aumentó considerablemente su rutina de ejercicios.

Sabía que para la batalla que se avecinaba debía reforzar su condición física, mental y, aún más importante, sus recursos espirituales. Porque eso era exactamente lo que iba a ser: una batalla despiadada y brutal. Había llevado a cabo varios exorcismos anteriormente, por lo que era muy consciente de los peligros que le esperaban al sacerdote durante el enfrentamiento con la encarnación del mal en estado puro.

Era consciente de los riesgos que estaba asumiendo, los ataques salvajes y humillantes, la posibilidad de una muerte horrible, pero también sabía que sólo el Señor podía salvarlo… si mantenía la mente clara y una férrea fe en Dios. De modo que se preparó intensamente, recurriendo a la oración como un atleta recurre al ejercicio físico y usando el estudio de la Biblia como un boxeador usaría las pesas.

Porque el padre Nolan sabía que, una vez que diera comienzo el exorcismo, no podría dar marcha atrás… por mucho que deseara detenerlo.

◆ ◆ ◆

Mientras tanto, a medida que se acercaba el día del exorcismo, Al y Carmen Snedeker cada vez estaban más preocupados.

Un día, justo antes del amanecer, después de que ambos se hubiesen despertado y fueran incapaces de volverse a dormir, se sentaron a la mesa del comedor uno frente al otro mientras se tomaban una taza de té.

Los niños y Laura aún estaban dormidos, al igual que John. Chris estaba en el baño, dándose una ducha.

—¿De verdad crees que servirá de algo? —susurró Al aún un poco adormilado.

—Bueno…, supongo que no tenemos muchas más opciones, ¿no crees?

—Sí, pero ¿y todas las otras cosas? Las bendiciones. La misa. Parece como si sólo hubiera servido para cabrearlo aún más. ¿De qué va a servir un exorcismo?

—Si las cosas empeoran, supongo que siempre podemos mudarnos.

—¿Con qué dinero? ¿Cómo? ¡No nos lo podemos permitir! —exclamó Al en voz baja—. Apenas tenemos para llegar a fin de mes, Carmen. Todavía estamos pagando las facturas médicas. Si hubiéramos tenido un seguro médico mejor, sí, claro, seguramente ahora podríamos mudarnos. Pero nuestro seguro es una mierda. Aún no hemos terminado de pagar la mayoría de esas malditas facturas.

—Por favor, Al, no hables así. Teníamos que hacerlo. El pobre Stephen estaba…, no contrajo cáncer a propósito, ¿no?

Al inclinó la cabeza y suspiró:

—Sí, lo sé. Maldita sea. Pobrecillo. Espero que esté bien.

Al principio, le habían visitado regularmente y le habían llamado a menudo.

Pero, al cabo de un tiempo, empezó a rechazar sus llamadas. Entonces, un buen día dijo que no quería verlos más y uno de los médicos les dijo que era mejor que se mantuvieran alejados de él durante una temporada; Stephen estaba inmerso en una terapia muy agresiva, les explicó, y eso podía resultar terriblemente agotador, aunque también extremadamente beneficioso.

—Si quieres podemos cancelarlo –dijo Carmen–. El exorcismo, quiero decir.

—Sí, claro, ¿y qué dirían de nosotros? Pareceríamos los típicos farsantes que cambian de idea cuando están bajo presión, eso es lo que pareceríamos. No. Seguiremos adelante.

—¿Y si después las cosas empeoran?

—Bueno… –Al se encogió de hombros–. Supongo que tendremos que lidiar con ello.

◆ ◆ ◆

Antes del día del exorcismo, el padre Nolan pidió a Al y Carmen que sacaran a Michael, Stephanie y Peter de la casa para que, cuando él llegara, sólo estuvieran presentes Al y Carmen, Laura, Ed y Lorraine y los dos investigadores, Chris y John.

El padre Nolan llegó vestido con ropa de calle: pantalones negros, una camisa azul cielo y una chaqueta deportiva gris. También llevaba una pequeña maleta negra, ligeramente más grande que un maletín. Recorrió el caminito de entrada en dirección a la puerta.

Aunque era poco después del mediodía de un día cálido, reluciente y soleado, cuando el padre Nolan entró en la casa, el invierno lo envolvió completamente.

Hacía mucho más frío del que debería hacer en el interior de una casa en pleno verano. Y aunque las cortinas estaban recogidas y las persianas abiertas, también estaba más oscuro de lo normal.

El aire estaba cargado de algo mucho peor que la electricidad estática; era una energía maligna que le produjo un repugnante hormigueo por todo el cuerpo.

Supo de inmediato que se enfrentaba a una fuerza mucho peor y mucho más fuerte de lo que había previsto, algo que llevaba demasiado tiempo en aquel lugar y que había logrado echar raíces, como una vid grotesca y asfixiante.

—No estamos seguros de lo que necesita que hagamos, padre –dijo Carmen de pie en el pasillo–, pero estamos dispuestos a hacer lo que sea necesario.

—Son muy amables –repuso el padre Nolan con una cálida sonrisa y dándole una ligera palmadita en el brazo–. Para empezar, necesitaremos un altar improvisado.

—¿Servirá la mesita auxiliar?

—Por supuesto. Además, creo que todos los presentes que sean católicos deberían confesar sus pecados y recibir la absolución.

—Creo que aquí todos somos católicos.

—Perfecto. Voy a cambiarme de ropa y podemos empezar.

—Esto, padre, si no le importa que se lo pregunte, ¿por qué ha venido así vestido?

—Bueno, he pensado que sería mejor para todos. Últimamente ya han recibido a suficientes sacerdotes en su casa y, de este modo, los vecinos no harán demasiadas preguntas embarazosas.

Ni siquiera se le había ocurrido. Carmen esbozó una sonrisa y dijo apreciativamente:

—Gracias.

—¿Dónde puedo cambiarme?

Lo acompañó al dormitorio principal situado al final del pasillo. Cuando el padre Nolan hubo entrado, cerró la puerta detrás de él.

Al salir de la habitación, llevaba puesta una toga blanca y un alzacuellos morado. Colocaron la mesita auxiliar como altar improvisado en la sala de estar, en la cual aún había colchones extendidos por el suelo.

Todos los presentes se confesaron y el padre Nolan les dio la absolución. A continuación, bendijo la casa por tercera vez.

Todo el mundo se reunió frente al altar improvisado de la sala de estar.

—En primer lugar –dijo el padre Nolan–, me gustaría decir misa para limpiarnos a todos… y también la casa.

Todos estuvieron de acuerdo de inmediato y, poco después, el padre Nolan dio comienzo a la misa.

Una vez más, como ya sucediera durante la misa anterior, los presentes experimentaron luchas silenciosas con la presencia que dominaba la casa. Carmen sintió una mano fría recorriéndole superficialmente todo el cuerpo, y unos dedos que le sondeaban y hurgaban en sus partes íntimas. Se retorció y cambió el peso de su cuerpo de un pie al otro, pero continuó concentrada en la misa mientras hacía todo lo posible por ignorarlo.

Un dedo le hurgó en los ojos a Laura, primero el izquierdo y, después, el derecho, una y otra vez. Después pasó a hurgar ambos a la vez, hasta que finalmente Laura los cerró con fuerza e inclinó la cabeza en lo que parecía ser un acto de reverencia en lugar de autoprotección.

Al empezó a oír una voz. No procedía de ningún lugar en concreto, sino que se originaba *dentro* de él, en su cabeza. Sin embargo, la voz era tan fuerte y clara que tuvo la impresión de que alguien le estaba gritando a escasos centímetros de la cara:

—¿De qué coño crees que servirá todo *esto*, Allen? ¿Crees que este Dios va a ayudarte ahora? *¿Por qué?* Hasta el momento no ha hecho nada por ti, ¿no? Dime, ¿qué ha *hecho?*

Al respiró hondo, miró fijamente al padre Nolan y, al cabo de un rato, dejó de oír la voz.

No obstante, seguía sintiéndose inquieto.

Ed Warren empezó a sentir una extraña sensación en el pecho. Iba y venía, pero le resultaba muy familiar. Era una intensa presión no muy distinta a la que había sentido en 1985 cuando había sufrido un ataque al corazón.

Lorraine veía destellos blancos detrás de los ojos, como si tuviera una débil luz estroboscópica dentro de la cabeza. Cada destello blanco y brillante llevaba consigo una imagen: un cadáver desnudo sobre una mesa…, unas ásperas manos sobre unos senos muy pálidos, casi azulados…, un cuerpo masculino vivo subido encima del cadáver, el rostro convulsionado por la pasión…

Y en lo más profundo de su mente, Lorraine distinguió una carcajada distante y resonante…, una risa cruel y burlona…

Y entonces terminó la misa.

El padre Nolan se los quedó mirando y suspiró mientras sonreía.

—Ahora —dijo—, me gustaría empezar el exorcismo. Pero, antes, quiero decir algunas cosas.

Todo el mundo le escuchaba atentamente. El ataque demoníaco se había detenido.

—En primer lugar —dijo el padre Nolan—, el ritual puede alargarse un poco. Durante varias horas, probablemente. Y me gustaría asegurarles —continuó riéndose entre dientes— que ninguna de sus cabezas va a girar sobre sí misma. Si han visto la película, ya deben de saber a lo que me refiero. No será fácil. La fuerza a la que nos enfrentamos seguramente devolverá el golpe, pero no será nada parecido a lo que sale en la película. Sin embargo, es posible que se vuelva muy desagradable y complicado. Sólo quiero que estén preparados.

—¿Cuánto tiempo ha dicho que puede durar? —preguntó Carmen tímidamente.

—Horas. Podría tardar varias horas. Depende de lo que ocurra.

Todos asintieron levemente.

—De acuerdo —dijo el padre Nolan en voz baja—, ¿están preparados para empezar?

—Sí —dijeron Al y Carmen al unísono.

Y Carmen añadió:

—Por favor.

Veintiocho

El exorcismo

En cuanto comenzó el exorcismo, Ed Warren reparó en una transgresión del protocolo que le permitió darse cuenta de que la situación era aún peor de lo que había sospechado. Aún más, le hizo darse cuenta de que la Iglesia era consciente de la gravedad de la situación y que habían enviado a un sacerdote que iba a actuar en consecuencia.

El ritual que utilizó el padre Nolan era el *Rituale Romanus,* el ritual romano del exorcismo, el cual se realizaba en latín y que, en cuarenta y dos años de experiencia en la investigación de fenómenos psíquicos y sobrenaturales, Ed *nunca* había visto usar a un sacerdote para expulsar a los demonios de una casa. Aunque solía utilizarse en los exorcismos de personas católicas después de que la Iglesia hubiera concluido que estaban realmente poseídas por un demonio, *nunca* se había usado para exorcizar una casa.

A medida que avanzaba el exorcismo, Ed volvió a sentir la presión en el pecho que había sentido durante la misa. El corazón empezó a latirle con tanta fuerza bajo las costillas que pudo sentirlo incluso en la garganta. Respiró hondo e hizo todo lo posible por ignorar la sensación mientras el exorcismo continuaba.

Carmen volvió a notar otra vez la mano, aunque en esa ocasión los manoseos eran más bruscos. Estaba agotada, abrumada. Empezó a pensar que esa vez no podría ganar aquella batalla.

Esa vez, Laura sintió algo más que un simple dedo hurgándole en los ojos. Esa vez empezó a hurgarle todo el cuerpo, presionándola sin piedad, en todas partes, con *fuerza*… Sin embargo, comprendió por qué lo hacía: si empezaba a gritar, el exorcismo se detendría de golpe… y no quería que sucediera algo así.

Por tanto, continuó rezando en silencio y tensó la espalda, decidida a ignorar completamente el ataque que estaba recibiendo.

La voz que Al había oído en el interior de su cabeza durante la misa regresó durante el exorcismo. Y lo hizo con fuerzas renovadas, *gritándole:*

—¡Estúpido hijo de puta! *¡Capullo!* ¿Crees que esto servirá de algo, estúpido *debilucho?* ¿Crees que esto *cambiará* algo, mamón de los cojones, lameculos?

Cerró los ojos durante un momento y se dijo: «Si la ignoras, desaparecerá y todo habrá terminado».

El exorcismo siguió adelante.

Las baratijas que había sobre los estantes de los armarios empezaron a tintinear.

Los cuadros colgados en la pared empezaron a vibrar, los marcos repiqueteando contra la pared.

Cuatro horas después, a Ed Warren empezó a dolerle el brazo izquierdo y a palpitarle a medida que aumentaba la presión en su pecho.

Se le acumuló el sudor en la frente y en el labio superior y empezó a gotearle lentamente por la cara. Cada vez le costaba más respirar, y la cabeza empezó a latirle dolorosamente.

Le agarró la mano a Lorraine, se la apretó con fuerza y se inclinó hacia ella al tiempo que le susurraba al oído:

—No puedo creer lo que me está pasando.

Lorraine notó como le temblaba la mano a su marido, algo muy poco habitual en él, y cuando vio que el sudor le caía por la cara, empezó a preocuparse de verdad.

—¿Qué te pasa? –le susurró volviéndose hacia él y haciendo todo lo posible por no interrumpir la ceremonia.

Ed se llevó una mano al pecho.

—Creo que… es el corazón –susurró mientras aumentaba el dolor en su brazo y lo que parecía una correa de acero le comprimía cada vez más el pecho.

—Voy a tener que salir de aquí –jadeó mientras le apretaba aún más la mano a Lorraine y trataba de recuperar el aliento.

Lorraine lo guio a través de la sala de estar en dirección al pasillo, pero entonces sucedió algo y se detuvieron de repente.

Toda la casa se inclinó, por lo que Ed y Lorraine pasaron de caminar por el suelo a *trepar* por él.

Todo el mundo se puso a gritar y se agarró a la persona que tenía al lado para recuperar el equilibrio.

El padre Nolan se agarró a la mesita auxiliar, pero no perdió el ritmo; continuó el ritual con una voz aún más atronadora, los ojos muy abiertos y apretando la mandíbula con firmeza y determinación.

Lorraine no se desanimó ante lo que sabía que no era más que una ilusión bastante convincente, y continuó acompañando a Ed fuera de la habitación. Salieron al pasillo y entraron en el comedor, donde Ed se dejó caer pesadamente en una silla, cruzó los brazos sobre la mesa y apoyó la cabeza débilmente sobre éstos.

Mientras la casa parecía que volvía a nivelarse, el padre Nolan siguió adelante mientras los demás recuperaban el equilibrio.

Pero ahí no terminó todo.

A medida que avanzaba el ritual, una especie de olas recorrieron fluidamente el suelo del salón, provocando que todo el mundo perdiera el equilibrio continuamente.

Unos zarcillos de humo se elevaron de la alfombra y adoptaron la forma de unos brazos con manos en los extremos…, las manos empezaron a hurgar y arañar…, a aferrarse a las piernas mientras brotaban del suelo…, *notaban* las manos por todo el cuerpo…, manos con garras afiladas que desgarraban la ropa intentando alcanzar la piel y seccionar la carne. Y, entonces, tan repentinamente como habían aparecido, se esfumaron.

El ritual continuó.

El padre Nolan tenía el rostro empapado de sudor y le temblaban las manos. La tensión que debía soportar se hacía evidente en sus ojos y en sus temblorosos labios.

Súbitamente, las voces llenaron la habitación; voces graves, roncas y guturales que todos pudieron oír y que se acercaban a ellos desde todas direcciones…, voces húmedas y gorgoteantes que venían acompañadas de un olor…, un hedor horrible y repugnante…, el hedor de la carne putrefacta, en descomposición.

—Nos *encantaaaaba…*

—Que nos follara y nos chupara…

—Que nos tocara y nos acariciara…

—Era maravilloso…

Entonces empezaron a aparecer, brotando de las paredes y atravesando los muebles como un fluido en forma de cuerpos humanos…, tanto hombres como mujeres…, desnudos y magullados, sus cuerpos hinchados y llenos de manchas blancas, azules y moradas…, los ojos del revés, por lo que sólo era visible una capa blanca y deslumbrante…, algunos balanceando sin fuerza los brazos a los costados del cuerpo a medida que se acercaban, otros con un brazo, o los dos, extendido mientras arrastraban los pies…, las voces continuaban:

—… ningún dios puede detenerlo…

—… no *quiero* que pare…

—… me gustaba, absolutamente *todo*…

—… cuando nos lamía la piel, cuando nos tocaba y acariciaba…

—… cuando nos follaba y chupaba…

—… cuando nos sobaba y lamía…

El padre Nolan elevó aún más el tono de voz y se enderezó completamente. Terminó el ritual con una energía imposible, gritando las palabras en latín con voz ronca y frenética.

Los cadáveres desaparecieron.

El nauseabundo hedor se esfumó de la habitación.

El padre Nolan estaba empapado en sudor. Se quedó mirando a los presentes durante un buen rato mientras recuperaba el aliento. Pese a estar en óptimas condiciones físicas, parecía haber alcanzado el límite de su resistencia.

Se apartó del altar improvisado, salió de la sala de estar y fue hasta el comedor con un frasco de agua bendita en una mano.

Se detuvo delante de Ed Warren y le dirigió una mirada de gran preocupación.

—¿Cómo está? –le preguntó a Lorraine, sentada junto a Ed con el brazo alrededor de sus hombros.

—Bueno…, no estoy segura —susurró esta con voz ronca—. Hace unos años sufrió un ataque al corazón, ¿sabe? Si no se recupera pronto, tendremos que llamar a una ambulancia.

El padre Nolan roció a Ed con agua bendita e hizo la señal de la cruz al tiempo que murmuraba unas palabras en latín. Acto seguido, se inclinó y le preguntó en voz baja:

—¿Se encuentra bien, ¿Ed?

Éste levantó la cabeza de la mesa y tosió.

—S… sí, creo que sí.

—Bien. Yo también lo estoy. —Se puso de pie y dijo con voz poderosa—: Por el poder de Jesucristo, los *dos* estamos bien.

Como si una pesada manta hubiera sido alzada de repente de la casa, la sensación de opresión, la atmósfera oscura y sofocante que la había dominado durante tanto tiempo, desapareció justo en aquel instante.

Fue tan evidente que los que aún estaban en la sala de estar suspiraron de sorpresa al percibir el cambio.

La casa parecía más brillante, como si, por primera vez en mucho tiempo, el sol finalmente pudiera penetrar los cristales de las ventanas e iluminar el interior de la casa.

Ed Warren apartó la silla de la mesa y se puso de pie lenta, cautelosamente. Lorraine seguía rodeando con un brazo sus anchos hombros.

Ed se volvió hacia el padre Nolan, esbozó una sonrisa débil y le dijo:

—Creo que ha funcionado, padre. Creo que ha funcionado.

Veintinueve

Unos cuantos meses después

Se iban a mudar. Por fin.

Laura y Mary habían vuelto a Alabama, con su madre. Stephen había salido del hospital, pero aún se negaba a volver a casa. Por el momento, estaba viviendo con su tía, hasta que terminara la mudanza. Ni siquiera sabía qué iba a hacer una vez que estuvieran instalados en la nueva casa; seguía mostrándose muy receloso con ellos y, una vez terminara la mudanza, tendrían que retomar su relación desde allí e intentar reconstruirla.

Pero lo más importante en aquel momento era que, por fin, estaban abandonando la casa que había convertido sus vidas en un infierno.

EPÍLOGO

Los Snedeker se marcharon de la casa de la calle Meridian y nunca más regresaron a ella. De hecho, sólo pasar por delante les ponía los pelos de punta y hacía que les sudaran las palmas de las manos.

Se mudaron a otra casa en otra ciudad del estado de Connecticut, donde iniciaron el lento proceso de recuperación. Mientras escribo este libro, todavía viven allí.

Y, también durante la escritura de este libro, la casa blanca de estilo colonial de dos plantas de la calle Meridian sigue en pie, como también lo hace el árbol retorcido, bamboleante y cadavérico del patio delantero. Varios inquilinos han ido y venido desde que los Snedeker se marcharon y, en la actualidad, la casa está ocupada.

Poco después de marcharse, los Snedeker oyeron rumores de que los nuevos inquilinos habían tenido alguna que otra experiencia extraña en la casa. Se enteraron de que los nuevos inquilinos estaban haciendo indagaciones sobre los anteriores ocupantes de la casa; querían saber si éstos sabían algo sobre lo que les estaba sucediendo.

Carmen sintió lástima por ellos. Temió por ellos…, rezó por ellos. Una tarde, le sugirió tímidamente a Al que podían ponerse en contacto con los ocupantes de su antigua casa para intentar ayudarles.

Al se volvió hacia ella de golpe y su rostro empalideció al tiempo que abría mucho los ojos.

—¿Estás de coña? –repuso en un susurro entrecortado–. No… no quiero *hablar* con nadie que viva en esa casa, ni siquiera por teléfono. Si…, bueno, si no les gusta vivir allí, que se larguen.

—Pero ¿y si son como nosotros? —insistió Carmen—. ¿Y si no *pueden?* ¿Qué pasa si no tienen más opción?

Al giró la cabeza y siguió mirando la televisión.

—Entonces… supongo que sólo podemos rezar por ellos.

Pero Al tenía razón. Los nuevos ocupantes de la casa terminaron marchándose.

Sin embargo, otra familia llegó a la casa…

… y otra…

… y otra más…

ÍNDICE